성공한 사람들의
리더십 노하우

성공한 사람들의
리더십 노하우

김승묵 지음

"리더십은 성과다"

최근 리더십이 사회 전 분야에 걸쳐 경영의 핵심 이슈로 등장하고 있다. 과거에는 기업 경영에 있어서만 리더십이 관심을 끌었으나, 이제는 기업은 말할 것도 없고 국가, 학교, 병원, 스포츠, 사회단체 등 모든 분야에서 리더의 중요성이 강조되고 있다.

21세기 경영학계의 거목이었던 피터 드러커는 "리더십은 자질이 아닌 성과"라고 정의함으로써 리더가 지닌 자질이 중요한 것이 아니라, 그로부터 발휘된 조직의 성과가 중요함을 강조하였다. 아무리 법 없이도 살 수 있는 공자와 같은 도덕적 자질을 갖추고 조직 구성원으로부터 신뢰와 존경을 받는 지도자라 해도 그 조직이 추구하는 목적이나 업적을 달성하지 못한다면 리더로서의 자질이 부족하다는 것이다. 그렇기 때문에 이 책에서 배울 수 있는 리더십은 조직 구성원들에게 동기를 부여하여 조직의 목적을 달성하는 것이 리더의 중요한 역할인 것이다. 즉 혼자서 전문가적 능력을 발휘하여 명성을 얻은 사람에게는 리더십이라는 개념보다는 성공의 개념이 더 적합하겠지만, 리더십을 인정받기 위해서는 반드시 조직과 그 구성원이 존재해야 하는 것이다.

요즘 많은 대학에서 경쟁이라도 하듯이 리더십을 정규 과목으로 개설하고 있으며, 각 기업체나 공공기관 등에서도 훌륭한 리더를 양성하기 위한 새로운 프로그램 개발에 투자를 아끼지 않고 있다.

중·고등학생을 대상으로 한 리더십 캠프 열풍도 이를 잘 대변해 주고 있으며, 초등학생에게까지 리더십을 강조하고 있는 실정이다. 이렇게 사회 각층에 리더십이 크게 부각되는 이유는 그만큼 조직에서 관리자나 경영자의 역할이 중요하기 때문이다. 우리는 리더 한 사람의 역할이 기업을 흥하게 하고 망하게 하는 모습을 수없이 보아왔다. 흔히 말하기를 리더는 태어나는 것이 아니라 만들어진다고 하는데, 역사상 훌륭한 정치가나 경영인은 선천적으로 태어나기보다는 시대적 상황과 성장과정을 통해 학습되고 치열한 경쟁을 거치면서 만들어진다는 사실을 알 수 있다.

이 책에서는 이와 같이 스스로 노력하고 치열한 경쟁 속에서 리더로 우뚝 선 19명의 사례를 제시하였는데, 그들의 성장 배경, 시대적 상황, 그리고 조직을 다루는 능력 등을 통해 어떻게 리더가 되었는지를 배울 수 있다. 그러나 현 대통령은 퇴임 후 평가받아야 할 것이므로 당선될 때까지만 언급하였다.

리더의 힘은 어디서 나오는 것일까. 그것은 그 사람 개인 힘이 아니라 리더와 함께 있는 사람들의 노력에 의해 성과가 나타나고, 그 결과가 리더의 업적으로 귀속되면서 자연스럽게 리더로서 정상에 오르게 되는 것이다. 그러므로 어떻게 하면 구성원들에게 동기를 부여하여 조직의 목적을 달성할 것인가가 리더십의 핵심이라 할 수 있다.

2012년 11월

김승묵

LEADERSHIP

성공한 사람들의 리더십 노하우

Contents

성공한 사람들의 리더십 노하우

LEADERSHIP

Part 01

국내 편

조선의 4대 임금 **세종대왕**

뛰어난 용인술(用人術)로 조선을 부흥시키다

세종대왕 (1397~1450)
· **1397**년(1세) 태종의 셋째 아들로 출생 · **1408**년(12세) 충녕군에 책봉되고 결혼
· **1418**년(22세) 왕위에 오름(조선 4대) · **1433**년(37세) 한사군 설치
· **1443**년(47세) 훈민정음 창제 · **1450**년(54세) 승하(양력 3월 16일)

세종대왕의 리더십 포인트

- 훌륭한 리더는 훌륭한 인재를 경영할 뿐이다.
- 사람에 대해 편견을 갖지 마라.
- 자신의 안위를 돌보는 일에 빠지지 마라.
- 권한을 위임하라.
- 항상 솔선수범하라.
- 훌륭한 인재를 반드시 우대하라.

뛰어난 용인술(用人術)로
조선을 부흥시키다

세종은 조선의 3대 임금이었던 태종의 셋째 아들로 태어나, 1418년 22세 나이로 아버지 뒤를 이어 조선의 4대 임금에 오른다. 약 32년 동안 임금에 재위하면서 정치, 경제, 사회, 문화, 법률, 과학, 농업, 의학, 국방 등 모든 분야에 훌륭한 기적을 쌓아 민족문화의 창달과 조선왕조의 기틀을 튼튼히 하였다. 국가 최고경영자로서 자신의 정적까지도 끌어안는 포용력과 신분을 가리지 않는 인재등용으로 국민 대통합을 이루었으며 훈민정음 창제, 대마도 정벌, 태종실록 편찬, 한사군 설치, 측우기 제작, 고려사 편찬, 갑인자 발명, 용비어천가 제정, 집현전 설치 등 업적을 헤아리자면 끝이 없을 정도다.

　세종은 개국 초기 여러 가지 어려움 속에서 조선의 정체성을 확립하는 대과업을 완수하고 오늘날 우리나라 역사상 가장 위대한 인물로 우뚝 서게 된다. 이러한 위대한 업적을 이룩하는 데는 국가의 최고 경영자로서 각 분야별로 뛰어난 인재를 등용하고 그들에게 권한을 위임하여 대신들이 왕성한 창의력을 발휘하도록 도와주는 그의 위대한 리더십이 있었기 때문에 가능한 일이었다.

세종의 어린 시절

세종은 큰 형 양녕대군과 둘째 형 효령대군이 있었다. 당연히 아버지의 뒤를 이어 임금으로 등극할 줄 알았던 큰 형 양녕대군은 사춘기의 반항심과 올바르지 못한 처첩 행실로 세자직을 박탈당했으며, 둘째 형 효령대군은 피로 얼룩진 궁중생활에 염증을 느끼고 일찍 출가함으로써, 내심 궁중을 떠나 출가할 마음을 갖고 있던 세종이 작은 형에게 선수를 빼앗기고 본의 아니게 세자로 책봉된다. 작은 형 효령이 아우 세종에게 "현세의 미륵이 되어라"라고 조언하며 궁을 떠나자, 모든 짐은 세종의 어깨에 내려앉았다.

위화도 회군을 통해 정권을 잡고 조선을 개국한 할아버지 태조 이성계는 불안한 상태에서 자식들에게 왕위를 넘겨주었으나, 아버지 태종이 집권하는 동안 개국 초기의 혼란과 무질서를 말끔히 평정하고 강력한 왕권 중심의 통치체계를 이룩하였다. 하지만 아버지가 재임하는 동안 많은 사람들이 희생당하게 되는데, 형제는 말할 것도 없고 왕권에 걸림돌이 되는 수많은 사람들의 목숨을 서슴치 않고 처단하였다. 후에 태종이 죽음을 맞이하면서 신하들에게 다음과 같은 탄식을 하였다고 한다.

"내가 그토록 많은 사람들을 죽이고 권력과 영광을 누렸건만 죽음 앞에서는 중생들과 다를 바가 없구나. 이 짐을 받아들이자니 너무 무섭구나."

그러나 이 모든 일들이 아들의 태평시대를 열기 위해 태종 스스로가 악역을 담당했노라며 세종에게 다음과 같은 유언을 남겼다.

"역사의 모든 악업은 내가 짊어지고 가겠으니 주상은 성군의 이름을 만세에 남기시오."

세종은 청소년 시절에 불교철학에 심취했으며 부처의 일생을 그리워했다. 그가 말년에 지은 '월인천강지곡'은 복잡한 인생의 현실 속에서 부처의 일생에 대한 이상이 스며들어 있는 훌륭한 시이다. 세종은 인생의 허무를 누구보다 일찍 깨우치고 이를 노래한 위대한 서사 시인이었음을 알 수 있다.

세종은 즉위 이전 왕자 시절부터 권력의 무상함과 무모함을 눈으로 직접 지켜 본 장본인이었다. 권력의 전횡(專橫)과 쟁취, 그리고 유지라는 미명 하에 자행되는 무자비한 폭력 앞에서 인간이 얼마나 비참하고 처절하게 무너지는가를 지켜보았다. 어린 시절부터 궁중에서 피로 얼룩진 인간사의 허무를 뼈저리게 경험하였으며, 성장기에는 권력 투쟁으로 쓰러져가는 수많은 죽음을 목격하면서 세종에게는 삼만 일도 못 사는 인간에 대한 연민의 감정이 모래 속의 진주알처럼 자기정화 과정을 거치게 되었다.

세종의 국가경영 바탕에는 바로 이 허무에서 출발하는 인간에 대한 연민과 사랑이 전제되어 있다. 그런 의미에서 세종에게 허무란 '부정적'이라기보다는 '긍정적'이었고, 그 허무에 바탕을 둔 인간사와 인생에 대한 연민은 그의 리더십의 정신적 기둥이었다.

유교가 국가의 근본이었던 조선 시대의 임금이 1448년 7월 궁궐 안에 불당을 건립한 사실을 보더라도 이를 잘 알 수 있다.

아버지 태종의 죽음을 앞두고 세종은 고뇌에 빠지게 되는데, 태종은 아들인 세종의 태평 시대를 열기 위한 준비기라고 말했고, 세종은 그의 시대를 어떻게 열어 가야 할 것인지를 고민했던 흔적이 초기의 여러 정책에서 나타나고 있다.

세종은 그 시대가 자신에게 무엇을 요구하는가를 면밀하게 검토했다. 이는 아버지 시대와의 차별화 전략을 찾는 것이었으며, 태종의 권력 기반 확립으로 인해 골육상쟁, 반목, 질시 등으로 얼룩진 조정朝廷을 상생과 화합의 분위기로 반전시켜야만 했던 것이다. 또한 왕조 초창기의 정통성 확립을 위해 널리 인재를 선발하여 육성하는 일도 시급했다. 이는 고려가 망하고 새로운 왕조가 들어서면서 많은 인재들이 새로운 조정에 기여하는 것을 변절이라고 여겨 산이나 고향으로 은둔해버렸기 때문이다. 그리고 새로운 임금 또한 과거 왕조가 가지고 있던 인재들에게 신뢰를 주지 않았다. 그러나 가장 시급했던 것은 백성의 허기진 배를 채우는 일이 무엇보다 급했기에 총력을 기울여야 하는 점이었다.

세종이 왕위에 오르기까지의 길도 그리 순탄치는 않았는데, 세자 책봉에 있어서도 그는 장남이 아닌 셋째 아들로서 '현세의 미륵'이 되기 위해 묵묵히 공부와 마음의 수양을 하면서 아버지 태종의 피로 점철된 세상에서 숨죽이고 끝까지 참을 줄 알았다. 어린시절 세종은 아버지 태종이 형제들을 모두 죽였고 이로인해 계속되는 곡소리를 들어야만 했다. 숨도 제대로 못 쉬며 언제 자신도 죽을지도 모른다는 공포감에 사로잡혀 있었다.

세종은 스스로를 지키기 위해 모든 면에서 신중해야 했다. 신하들은 그가 어떤 행동을 하거나 결단을 내릴 때 자신의 속뜻은 밝히지 않고 신하들의 의견만 묵묵히 듣는 것을 우유부단하다고 했지만, 모든 면에서 신중을 기하는 것만이 생존을 위한 처신이었다. 이로인해 오히려 참는 것을 즐기는 법도 터득하였고, 말하고 싶은 욕망을 나름대로 제어하는 기술도 연마했다고 할 수 있다.

세종이 임금으로서 정사를 돌보면서 행한 어록 및 언행들을 살펴보면, 공자의 그림자와 향기가 진하게 풍겨오는 것을 알 수 있다. 누구에게나 마음의 스승이 있기 마련인데, 세종의 정신적 스승은 분명히 공자였다. 세종 자신도 공자의 제자라고 말하는 것을 스스로 표현하였다.

공자의 많은 가르침 중에 다음과 같은 논어의 이야기는 세종에게 인간 품성의 크기를 키워 준 대목이었다고 한다.

"군자는 세 가지를 경계할 바가 있다. 첫째, 젊을 때에는 혈기가 안정되지 못한지라 색을 경계해야 한다. 둘째, 장년에 이르면 바야흐로 혈기가 강한지라 투쟁을 경계해야 한다. 셋째, 노년에 이르면 혈기가 이미 쇠한지라 탐욕을 경계해야 한다. 이 세 가지를 경계하며 살아가는 것이 가장 쉽고 성공적인 처세의 지름길이다."

"천자가 참으면 나라에 해가 없고, 제후가 참으면 큰 일을 이루고, 관리가 참으면 승진하고, 형제가 참으면 집안이 부귀하고, 부부가 참으면 일생을 해로하고, 친구끼리 참으면 이름이 깎이지 않고, 자신이 참으면 재앙이 없어진다."

공자는 세종에게 지적 자부심과 넘치는 학식으로 자칫 자만할 수 있는 성품에 대해서도 다음과 같이 경종을 울려 주고 있다.

"생각이 총명하고 뛰어나더라도 어리석은 듯 함으로써 지켜야 하고, 덕德이 천하를 덮더라도 겸양하는 마음으로 지켜야 한다. 용맹이 세상을 진동하더라도 겁내는 듯 함으로 지켜 나가며, 부유함이 사해四海를 차지했다하더라도 겸손함으로 지켜야 한다."

이처럼 많은 공자의 말씀들은 세종의 인생 고비마다 큰 지혜를 주었고 스스로 갈고 닦을 수 있는 지침이 되었다.

세종에게 영향을 준 사람은 아버지와 공자뿐 아니라 또 한사람이 있었는데, 세종보다 네 살 위였던 경안공주였다. 경안공주는 얼굴도 예쁘고 총명했으며 누구보다도 세종을 아끼고 학문에 정진할 수 있도록 보살폈다.

세종이 학문을 게을리하고 궁중생활에 회의를 느끼며 고뇌에 차있던 어느 날, 병색이 완연한 누이는 석양에 가려진 창백한 모습으로 세종을 위로했다.

" '황새가 언덕 위에서 우니 아내가 집에서 탄식을 한다'는 시구를 아시는지요? 열심히 학문에 매진하고 옥체를 건강하게 보존한다면 내 마음이 기쁠 것입니다."

그러나 안타깝게도 경안공주는 스물세 살의 꽃다운 나이로 세상을 떠났다.

세종은 누이의 말을 듣고 궁중에서 논어를 열심히 읽어 다음과 같은 교훈을 얻었다고 한다.

"당신을 좋아하는 사람이든 싫어하는 사람이든 반드시 모든 사람을 살펴야 한다."

이 가르침에 따라 왕위에 올라 국정을 살필 때 신분에 대한 편견을 갖지 않고 능력 있는 사람을 등용하게 된다.

세종은 집무실에서 하루에 보통 30건 이상의 정기적인 상소와 100여 건이 넘는 지방에서 보고된 장계狀啓, 그리고 일상적인 왕실의 공무서류들을 읽었다고 한다. 뿐만 아니라 오후에는 석강夕講에 참석했으며, 석강이 끝나면 휴식을 취한 후 낮 동안의 업무가 밀려 있으면 야간 집무에 몰입하기도 했다.

세종은 스스로 이 모든 집무를 충실히 이행했고, 신하들은 건강을 위해

쉬어야 한다고 걱정할 정도였다. 집현전 학자 중의 하나인 신숙주는 세종의 열정적인 에너지, 신하들을 이끌어나가는 카리스마와 리더십에 감복했다고 한다. 이처럼 최고의 자리에서 한 나라를 다스린다는 일은 결코 쉬운 일이 아니며 아무나 할 수 있는 것도 아니다.

분야별 전문인재 발굴과 배치

세종은 인물의 특성을 파악한 뒤 적재적소에 배치하여 능력을 발휘하도록 하였다. 중앙은 물론 지방의 수령들도 수시로 평가하여 적성에 맞는 자리에 앉히고 창의력을 발휘하도록 도와주었다.

훈민정음 : 성삼문, 신숙주 등 집현전 학자들

역　사 : 정인지, 김종서

법　제 : 황희, 허조

예　악 : 맹사성, 박연

과　학 : 장영실, 이천

농　업 : 정초, 변효문

국　방 : 최윤덕, 김종서

의　학 : 진순의, 권채

우수인재 육성

세종은 각 분야별로 전문가를 키우고 활용했다. 어린학생들을 선발하여 중국에 유학을 보내고 각 지방의 도별로 교수와 훈도를 두고 유능한 생도를 모아 국가에서 비용을 대며 학문에 전념하도록 하였다. 또한 신료들의 학문증진을 위해 '사가독서'라는 독특한 제도를 시행하였는데, 이는 신하들에게 독서를 위해 휴가를 주는 제도로서 이는 오늘날 대학 교수들에게 주는 안식년 제도의 모태이기도 하다.

신분에 관계없이 인재 등용

훌륭한 재상으로 꼽혔던 황희는 원래 태종사람이었으며 고려 말에 급제하였다. 처음에는 충성심을 의심하여 망설였으나 그의 능력과 인격을 믿고 6조 판서를 모두 역임케 하여 20여 년간 정승자리를 맡긴다. 이 기간 동안에 세종이 펼친 정치철학, 법치사상, 민본사상, 평등사상 등은 대부분 그의 조언으로 이루어진 것들이었다. 황희는 신료들 가운데 유일하게 노비출신 장영실을 등용하도록 세종편을 들어주었으며, 임금도 법을 임의대로 고쳐서는 안 된다고 직간하면서 '백성이 나라의 근본'이라는 법치사상과 민본사상을 건의하였다. 황희는 어느 날 세종에게 "그동안 직언을 하다가 파직당하기 여러 번이었으나 성군을 만나서 영광이었습니다"라고 세종의 신뢰에 대해 무한히 감사 표현을 하였다고 한다.

또한 장영실은 천한 신분인 동래현의 관노(노비)로서 아버지는 중국에서 귀화한 사람이고 어머니는 기녀였다. 그는 아버지 때 궁궐에 들어와 각종 허드렛일을 하는 노비였다. 그러나 머리가 총명하여 세종은 벼슬을 주고 등용하려 하였으나 많은 신료들이 극구 반대하며 상소를 올렸다.

그러나 신분에 얽매이지 않고 발탁하여 종6품의 벼슬을 주어 등용하였다. 결국 장영실은 정밀 물시계인 자격루와 옥루를 만들고 측우기를 발명하여 세종께 보답하였다. 오늘날 과학계의 최고 권위인 "장영실상"의 주역이 된다.

포용의 리더십

최만리는 훈민정음 창제를 극렬히 반대했던 집현전 학자로서 세종에게 두 번이나 상소하여 세종의 심기를 건드렸으나, 세종은 격한 감정을 억누르며 그를 설득함으로써 임금으로서의 대범한 모습을 보여주었다.

법률 분야에서 세종을 보좌했던 영의정 허조는 항상 세종의 정책에 비판적이고 반대편에서 세종을 괴롭혔으나 그를 내치지 아니하고 믿어주었으며, 국사를 논할 때마다 참석시켜 그의 비판을 진지하게 경청하였다. 허조는 죽음을 앞두고 눈물을 흘리면서 자신을 끝까지 믿어준 세종에게 고마움을 표시하고 눈을 감았다고 한다.

위민사상(爲民思想)과 여민동락(與民同樂)

세종실록에 보면 세종은 노인, 죄수, 고아, 노비 등 사회적 약자를 보호하기 위해 많은 정책과 마음을 펼쳤으며 특히 한글창제는 위민사상의 결정판이었다.

백성을 위한 정치적 목표를 분명히 갖고 "왕이 여민동락하면 임금이 아무리 화려한 궁궐에 살아도 그 집이 자기들을 먹여 살리고 잘살게 하기 위한 집이라 하여 백성들 스스로 벽돌을 쌓고 나무와 꽃을 심는다"고 하였다.

언젠가 궁궐에서 노인들을 대상으로 경노잔치가 벌어졌는데, 어느 신하가 천민출신 노인들을 피로연에 참석하지 못하게 할 것을 간청하자, 세종은 다음과 같은 말로 그를 설득하였다.

"양로의 목적은 노인을 공경하는데 있으니 그를 차별하지 말아라." 또한 관노에게 출산 1개월 전부터는 근무를 면제해 주고 100일의 출산휴가를 주었다. 남편에게도 휴가를 준 것은 세종이 아니면 불가능한 일이었다. 그 외에도 백성에게 누명을 씌운 관리는 엄벌하되 왕에게 험담한 백성은 용서를 하는 너그러움을 보여 주었으며, 약자와 노인에 대한 배려로 그 시대 노인들이 가장 행복한 시기였다고 한다. 세종은 "백성은 나라의 근본이요"를 제 1의 정치철학으로 삼고 백성들의 삶의 질 향상을 위해 혼신을 다했다.

세종의 회의규칙

세종은 신료들과 회의를 할 때 일방적으로 전달하기보다는 신하들의 의견을 많이 듣고자 다음과 같은 방법으로 회의를 진행하였다.

- 회의와 관련되는 책을 함께 읽는 것으로 회의를 시작하는 독서경영을 통해 중요한 대목들을 집중 토론하고 브레인스토밍을 함
- 긴급사안 발생시 어떤 사안을 찬성하는 신하와 반대하는 신하들을 참여시켜 격론을 벌이다가 뜻을 모으는 합금식 회의를 중요시 함
- 신하들에게 어전에서 땅에 엎드리지 말고 자신의 의견을 바른 자세로 건의토록 함
- 소수의 의견도 경청하되 한 사람 말만 가지고 결정하지 아니함
- 아무리 작은 일이라도 많은 사람들과 토론한 뒤 결정함으로써 독단에 따른 실수를 최소화하고 경계하는 자세를 잃지 아니함
- 왕의 뜻을 적은 글을 신하들에게 내려 의논하게 되면 많은 신하들이 무조건 찬성할 수 있으므로 세자의 이름을 적어 세자의 의견인 것처럼 하여 자유롭게 토론하도록 함

그리고 중요한 의사결정에서는 반대의견을 낼 수 있도록 하는 사간원을

제도화 하였다.

인재육성의 산실 '집현전'

세종이 인재를 육성하고 등용하는데 중요한 역할을 한 곳이 바로 집현전이었다. 집현전은 세종 2년(1420)에 설립되어 세조 2년(1456)까지 약 37년 동안 1,000여 명의 학사를 배출하였는데, 말 그대로 조선 최고의 싱크탱크로서 역할을 수행하였다.

집현전의 기능은 다음 3가지로 요약할 수 있다.

첫째, 인재를 모아 육성하는 기능

세종은 매월 집현전 학자들에게 과제를 주어 시험을 치르게 하고 공부한 내용을 기록했다가 월말에 보고토록 하였다.

둘째, 임금과 학문적 토론을 하고 정책을 자문하는 기능

세종은 집현전에서 월 평균 6~7회의 경연을 열도록 하여 국정토론의 중심지로 만들었다.

셋째, 서적의 수집과 편찬, 그리고 보관하는 기능

치국治國에 도움이 되는 서적을 편찬케 하고 국가의 중요한 모든 일을 기록하고 보존케 하였다.

세종은 집현전 학자들에게 항상 당부하기를 "힘 있는 자리로 옮겨갈 궁리를 하지 말고, 오로지 학술에 매진하여 고급지식을 생산하도록 하여라."

세종의 인재경영 특징

세종은 정치의 핵심이 인재등용에 있다고 믿으며 왕이 인재를 구하는

절실한 마음을 갖고 자신의 마음에 들지 않더라도 국가를 위해 유익하다면 누구나 써야 한다는 것이 그의 인재 경영철학이다.

허조는 세종이 인재를 쓰는데 중요한 역할을 한 재상으로서 인사시스템을 정립하였으며 인재검증을 간택簡擇, 평론評論, 중의中議 3단계로 하였는데, 간택은 후보자의 경력과 자질 그리고 도덕성을 검증하는 것이며, 평론은 부임할 자리에 적격자인지, 더 나은 사람은 없는지에 대하여 내부 전문가들이 격렬히 토론하는 것이며, 중의는 밖의 여론을 들어보는 것이다. 이 세 단계가 끝나야만 임명을 하게 된다.

세종사람이 아니었던 황희를 도덕적 결함에도 불구하고 18년 동안 정승을 맡긴 이유는 경륜이 출중하고 아이디어가 많으며 인재선발과 관리에 뛰어난 능력을 발휘했기 때문이다.

세종의 인재쓰기 원칙을 보면 다음 4가지로 요약할 수 있다.

첫째, 모든 사람에게는 장단점이 있는데, 지도자는 단점보다는 장점을 발견하고 적재적소에 배치하여야 한다.

둘째, 이질적인 인재들을 합하여 훌륭한 정책을 만들어야 한다. 그 예로서 법가 허조, 유가 황희, 도가 맹사성, 불가 변계량의 이질적 구성원들이 장점을 발휘토록 하여 훌륭한 정책들을 만들었다.

셋째, 정성을 들여 선발하되 일단 발탁한 다음에는 모든 것을 의심하지 않고 맡긴다.

넷째, 유능한 사람이 잘못했을 경우에는 다시 한 번 기회를 준다. 인간이란 자신의 허물이나 잘못을 덮어주면 그것을 만회하고자 더욱 최선을 다하는 것이다.

편견 없는 인재 등용

세종은 당시의 최고 권력자로서의 위치에서도 항상 겸손하였고 사람에 대한 편견을 가지고 있지 않았다. 이는 사농공상의 위치가 뚜렷하게 나뉘어져 있는 시대였고, 임금의 신분으로서 이러한 생각을 가질 수 있었던 세종이 매우 위대하게 느껴지는 대목이다.

세종 시대에 과학 분야에 종사한 사람들은 관료와 과학자, 그리고 신분이 낮은 장인집단으로 나뉘었다. 세종은 그들에게 서열과 신분의 높낮이에 관계없이 대우하였는데, 그들은 모두 세종의 정신적·물질적 지원과 격려에 고무되어 열정과 보람을 가지고 자기에게 주어진 일에 최선을 다할 수 있었다.

많은 과학자 중에 특히 장영실과 세종에 관한 일화는 여러 기록으로 남아 있다. 세종은 장영실에게 종6품의 천문학자로서의 서운관 전문직인 천문학 교수라는 지위와 고을 책임자인 현감이라는 벼슬을 내렸다. 일개 관노官奴에게 그런 자리가 주어진다는 것은 왕조가 만들어 놓은 엄격한 신분제도와 과거제에 의한 인재 등용정책에서는 물론 상상할 수 없었지만, 세종은 그의 성실성과 천재성에 매료되어 파격적인 조치를 취한 것이다. 천재적인 자질을 인정해 줄 뿐만 아니라 신분과 출신에 얽매이지 않은 인재의 발탁은 세종 인간 경영의 백미白眉였다.

솔선수범

세종은 항상 자신의 안위를 돌보는 일에 빠지지 않도록 마음을 단련하였다. 그리고 자신의 생일을 챙기지 않는 것으로 유명하였다. 역대 다른 임금들은 탄신을 크게 축수하고 많은 선물을 진상 받았으며, 전국의 사찰에서는 무병장수를 축원하는 불사가 이어졌지만 세종은 이를 허락하지 않았다. 종친과 외척, 그리고 조정의 훈신勳臣들이 임금의 탄일을 기념하는 잔치를 벌이는 것은 예법에도 없는 일이며 이를 통해 백성들의 수고로움과 노역이 들어가 성가시게 할 뿐이니, 이는 임금의 탄일誕日을 빙자하여 백성들의 삶을 더욱 고단하게 하는 것이라고 했다. 세종은 스스로 자신의 몸을 위하는 일은 일절 끊어버렸다. 백성과 나라를 위한 일에는 밤잠을 설치고 신하들을 닦달했지만, 자신의 안위를 위한 일은 초개草芥처럼 모두 버렸다. 자기 자신을 위한 일에는 냉정하다는 것을 많은 신하들에게 솔선수범으로 보여 주었다. 그가 보인 물자절약과 재활용의 사례는 너무 많아 열거하기 힘들 정도이다.

세종에게 있어 약점 아닌 약점이 있었다면 그것은 재주 있고 능력이 뛰어난 신하를 너무나 아끼고 사랑했던 것이다. 윤회는 당대 학문이 출중한 인물로 아끼며 가까이 한 신하 중의 하나이다.

그러나 윤회는 술이 취하면 주사가 심했으며 임금이 있거나 말거나 아랑곳하지 않고 행동하였다. 여러 신하들이 주사가 심한 윤회에게 벌을 주라는 상소를 올렸지만 세종은 그에게 벌을 내리지 않고 오히려 감쌌으며, 그를 꾸짖을 때에도 윤회의 잘못을 탓하기보다는 술 자체에 대한 경계의 말이 전부였다. 이렇게 감싸고 아끼다 보니 윤회로서도 금주까지는 어렵지만 절주를 하지 않을 수 없었다. 이처럼 재주 있고 능력 있는 신하에게는 너무나도 관대하였다.

세종은 새로운 제국이 반석에 놓이게 하기 위해서는 합리적인 인재의 운용이 절실하다고 생각하였다. 왕실의 종친이라 특혜를 주는 경우도 없었고, 나라와 종사에 이익을 주는 작은 재주라도 가진 사람이라면 그가 어떤 재주를 가졌건 간에 그에 합당한 대우를 해 주었다. 이러한 세종의 인재 등용의 원칙은 즉위하면서부터 철저하게 이루어졌다. 세종은 무위도식하고 있는 종친들과 할일 없이 시간이나 때우는 무리들을 처절하게 척결해 나갔다. 이는 적잖은 저항을 불러일으켰는데, 세종은 용의주도한 계획을 세우고 이를 밀어붙였다. 또한 모든 관원을 전문적인 분야에 배속하여 그들의 능력을 최대한 발휘할 수 있는 체계를 만드는 데도 많은 노력을 들였고, 인재들의 작은 재주도 소중하게 여긴 사례가 무수히 많다.

그 중 판사 김하의 경우가 그러하다. 그는 중국어 실력이 매우 출중하여 세종의 총애를 받는 인물이었다. 조선을 방문하는 중국의 사신은 한양에 올 때마다 김하를 찾았고, 김하는 사신을 맞이하는 자리에서 매양 우스갯소리도 잘하고 너스레를 떨며 좌중의 긴장을 풀어 주는 재주를 발휘하였다. 세종은 그런 김하를 각별히 아끼고 배려하였으며, 그의 외교능력에 크게 의존하여 10만 대군을 막아 내는 큰 힘을 발휘한다고 칭찬하기도 하였다.

리더란 희생과 스스로 모범을 보여야 하는 외로운 자리이다. 그래야 부하가 따른다. 리더의 품성과 성격, 그리고 어떤 노력을 하는지는 부하들이 더 잘 안다. 사람을 움직이는 기술은 결국 잔꾀가 아니라 리더의 전인적全人的인 수행의 과정에서 나오는 것이다.

세종은 백성의 생활 근간인 농업의 발전을 위해 농업 현장을 토대로 하여 우리나라의 형편에 적합한 농서를 발간하라고 집현전에 하교를 내린 적이 있다. 그러나 이 일만큼은 명을 내린 지 오래되었는데도 감감무소식이었고 걸림돌이 도처에 널려 있었다.

전국 고을 수령들이 임금의 명을 받아 자료를 작성하는데 있어 통일된 문서작성 원칙이 제대로 전달되지 않았을 뿐만 아니라 자료를 만들 기초

자료도 없었을 뿐더러, 수령들은 임금이 무엇 때문에 이런 명을 내렸는지 그 목적을 제대로 이해하지 못하였고, 평소에 관심조차 없었던 경우가 많았다.

사정이 이러하니 세종이 직접 나설 수밖에 없었고, 경복궁 후원에 밭을 만들어 보리씨를 뿌렸다고 한다. 이를 위해 세종은 농사 경험이 많은 김포의 한 유명한 노인 농사꾼을 불러 농사에 대해 가르치게 하였는데, 이에 세종은 배울 것이 천지사방 도처에 가득하다는 것을 깨달았다고 한다.

경복궁 뒤뜰 텃밭에 직접 농사를 지어 특정 작물의 성장과 발육을 관찰하는 일지를 작성하였으며, 자尺를 들고 재는 일도 오늘날 농촌진흥청의 연구원처럼 했다고 한다. 임금이 그러고 있으니 아랫사람들의 곤혹스러움은 어떠했을까. 여기서 세종은 그 지위가 높든 낮든 차별을 두지 않고 모든 사람을 인격체로 대하고, 그들이 하는 일에서 최고의 능력을 발휘할 수 있도록 격려와 배려를 아끼지 않았던 훌륭한 리더였다는 것을 알 수 있다.

하찮게 보이는 영역이라 하더라도 여러 사람들이 펼치는 갖가지 가능성을 편견 없이 열어 둔 것이었고, 이런 분야에 신하들을 참여시켜 일을 시키기 위해서는 먼저 움직이고 시범을 보여 주어야 했다. 이를 실천하는 일이야말로 진정한 다스림과 인간경영의 길이 아니었을까.

세종도 인간인 이상 신하들이 하는 이야기를 듣고 있노라면 하루에도 여러 차례 칼을 뽑아 목을 치고 싶을 때가 있었을 것이다. 임금을 기만하며 거짓됨을 아뢰고 심지어는 왕의 인내를 시험하는 듯한 방약무인傍若無人한 자들을 대할 때면 매우 참기 어려웠을 것이다. 성현들이 가르치는 인생살이의 많은 원리가 바로 이 마음의 다스림을 강조하는 것이지만, 실행에 있어서는 생을 마감할 시간이 다가오는 시점까지도 무척 어려운 것이다.

평소에 세종은 공자의 제자인 증자가 지도자로서의 수신修身에 대하여 남긴 다음과 같은 말을 좋아했다고 한다.

"선비된 자는 도량이 한없이 넓어야 하며 의지도 한없이 굳세어야 한다. 그 임무가 막중하고 그 전도前途는 아득하기 때문에 그런 각오를 가지고 사명감에 투철해야 한다. 죽어서야 비로소 임무가 끝나니 죽을 때까지는 자기의 임무에 정진해야 하는 것이다."

세종은 이 글귀를 병풍으로 만들어 하루 한 차례 마음에 새기고 잠자리에 들었다고 한다. 또한 그는 마음을 다스리기 위해 육체의 단련을 잊지 않았으며, 그 다음으로 항상 책을 가까이 하여 옛 성현의 가르침을 본받아 이를 정책에 반영하였다. 이 밖에 음악을 통해 우주의 조화와 삶의 질서를 깨닫는 등 다양한 분야를 개척하며 많은 배움을 얻었다고 한다.

세종의 리더십 핵심은 '인재중시'와 '위민사상'이라고 할 수 있다. 신분에 관계없이 인재를 등용하고 각 전문가를 적재적소에 배치하여 권한을 위임하고 그들로 하여금 국사에 큰 일을 하도록 지원을 아끼지 않았다.

절대적인 왕권주의 사회였지만 신하들과 작은 일까지도 허심탄회하게 토론하여 국사를 결정하였으며, 모든 정치의 기준을 노약자를 배려하고 보호하며 국민을 하늘같이 섬기는 임금으로서 수많은 업적을 이룩하여 가장 위대한 국가의 지도자로 우뚝 서게 된 것이다.

시대의 변혁을 추구

'긍정적'인 허무에서 출발하는 인간에 대한 연민과 사랑을 가진 세종대왕은 시대의 변혁을 꾀한 리더였다. 세종대왕은 항상 시대가 요구하는 바를 면밀히 탐색하여 사전에 철저하게 준비하였고, 최고 집권자로서 또한 훌륭한 리더로서 당연히 따르게 되는 고독을 감내할 줄 알았으며, 기회를 끝까지 기다리는 인내심과 신중함도 그의 리더십의 중요한 요소라고 할 수 있다. 인간이기 때문에 흔들리는 감정과 나약해지는 마음을 고전古典을 통해 마음의 스승으로 간직하며 수양을 하였고, 항상 스스로에게는 냉정하고 철저한 채찍질을 통해 끊임없는 자기계발을 멈추지 않았다.

리더란 희생과 자기모범을 보여야 하는 고달픈 자리이고, 사람을 움직이는 기술은 리더의 전인적인 수행에서 나오는 것이다. 세종대왕은 하루하루 반복되는 궁중의 폐쇄적인 생활에서 탈피하기 위해 모험이 없는 단조로운 삶을 거부했다. 새로운 분야에 늘 관심을 가졌고, 이러한 관심은 백성들에게 삶의 기쁨을 느끼게 하는 대의명분을 가진 모험이었다. 내 몸의 안일을 위하는 일은 일절 끊어버렸고 항상 자신의 안위를 돌보는 일에 빠지지 않게 마음을 닦는 수신에 게을리 하지 않았으며, 신체를 단련하며 늘 책을 가까이 하여 성현들의 가르침을 본받아 실천하려고 노력하였다.

권한을 위임

세종을 보필하는 신료들은 흔히 두 가지로 나뉘었다. 하나는 나이 지긋한 원로 신하들이고, 또 하나는 그들에 비해 비교적 젊은 신하들이었다. 이들은 가치관의 차이로 국사를 논의할 때 마찰을 빚었는데, 세종은 이 차이를 적절히 이용했다. 대신들에게 업무를 대폭 위임한 것이다. 위임을 해놓으니 국정에 대한 불만은 1차적으로 대신들 사이에서 처리되었다. 욕을 먹어도 대신들이 먼저 먹었고, 싸움이 나도 원로와 신진 사이에서 먼저 났다.

그러면 세종은 이를 즐기고 있었던 것일까. 그것이 아니고 세종은 권한 위임을 통해 얻은 여유를 이용해 오히려 전보다 바쁘게 움직였다. 한글 창제, 자격루 제작, 갑인자 주조, 아악 정리 같은 혁신 프로젝트를 앞장서서 밀어붙였던 것이다.

오늘날에도 대단하게 평가하는 이런 프로젝트들은 참신한 비전이었고 혁신이어서 많은 신하들의 이목을 집중시키기에도 충분하였다. 이 과정을 통해 세종은 신뢰와 존경을 이끌어내기 시작했으며, 이때 하위 공직자들이었던 박연, 장영실, 신숙주 같은 젊은 인재들이 등장하여 능력을 발휘하게 된 것이다.

아랫사람에게 권한을 위임하여 그들로 하여금 창의성을 발휘케 하는 것은 평범한 리더에게는 기대할 수 없는 중요한 리더의 덕목이라 할 수 있다.

인재를 구하는 방법

세종은 1447년(세종 29년) 국가에서 치르는 과거시험에 다음과 같은 문제를 출제하였다.

"국왕이 인재를 쓰지 못하는 경우가 3가지가 있다.

첫째는 인재를 알아보지 못하는 경우이며

둘째는 인재를 절실하게 구하지 않기 때문이며

셋째는 국왕과 인재의 뜻이 합치되지 못한 경우이다.

또한 유능한 인재가 임금을 만나지 못하는 경우가 많은데 이것은 두 맹인이 만나는 것과 같다. 어떻게 하면 인재를 분별, 등용, 육성할 수 있는가에 대하여 마음을 다하여 답하라"

이때 장원급제한 사람이 강희맹姜希孟이었는데 그의 답은 이러했다.

"한 시대가 부흥하는 것은 인물(인재)이 있기 때문이오. 쇠퇴하는 것은 유능한 보좌가 없기 때문이다.

세상에 완전한 인물은 없다. 적합한 자리에 적당한 사람을 기용해 인재로 키워야 한다. 전능한 사람도 없다. 적재적소에 일을 맡겨 능력을 키워야 한다. 단점을 보지말고 장점을 취하는 것이 인재를 구하는 가장 기본적인 원칙이다. 그래야 탐욕스런 사람이든 청렴한 사람이든 다 부릴 수가 있다."

이와같이 세종은 인재를 구하는 답을 얻기 위해 모든 귀를 열어놓고 조언을 들었으며 단점보다는 장점을 보고 적재적소에 사람들을 등용하여 그들로 하여금 수많은 업적을 이루도록 함으로서 한 시대를 풍미하고 역사적 성군聖君으로 우뚝 서게 되었던 것이다.

임진왜란의 영웅 **이순신**

조건없이 조국을 사랑하고
위기에서 나라를 구하다

이순신 (1545~1598)

· **1545년**(1세) 서울에서 출생 · **1552년**(8세) 외가인 충남 아산군으로 이사
· **1565년**(21세) 보성 군수의 딸 방씨와 결혼
· **1576년**(32세) 식년 무과에 급제하여 처음으로 관직에 진출
· **1587년**(43세) 두만강 어귀의 녹둔도 둔전관에 임명
· **1592년**(48세) 임진왜란 발발 · **1593년**(49세) 삼도 수군통제사에 임명
· **1597년**(53세) 파직(백의종군), 삼도 수군통제사에 재임명
· **1598년**(54세) 임진왜란 중 순직

이순신의 리더십 포인트

- 반드시 살고자 하면 죽고, 반드시 죽고자 하면 산다. 必生卽死, 死卽必生
- 부하들과 항상 원활한 커뮤니케이션을 하고 관심을 기울여라.
- 공사公私를 명확히 하고 원칙을 준수하라.
- 개인보다 국가(조직)를 더 중요시하라.
- 부모에게 효도하라.

조건없이 조국을 사랑하고
위기에서 나라를 구하다

이순신 장군은 조선 선조(1545) 때의 명장으로 비교적 늦은 나이인 32세 때 무과에 급제하여 관가에 진출함으로써 국가에 충성할 기회를 얻는다. 그러나 오랫동안 변방의 말직으로만 지내다가 유성룡의 천거로 전라좌수사에 승진하여 군비확충에 전력하였다. 당시 시대적 상황은 오랜 당쟁으로 동서분당이 생겨 양파의 대립과 갈등으로 정치적인 혼란이 있었고, 이를 틈타 북으로는 야인들의 침입과 남으로는 일본에 의한 도발로 큰 혼란에 휩쓸리게 되었다. 이때 선조임금은 의주로 피난을 떠나고 7년이라는 긴 전쟁 속에 국가의 운명은 바람 앞의 등불이었다. 이것이 임진왜란이다. 왜군은 대군을 이끌고 부산을 함락시킨 후 서울을 거쳐 함경도 일부까지 진출하여 노략질을 일삼았다.

선조임금이 근심을 안고 압록강을 넘어 피난을 갈 때 그가 남긴 글은 당시의 국정을 상상해보고도 남음이 있다.

"국경이라 달 아래 목놓아 울고
압록강 강바람에 상하는 마음
조정의 신하들아 이꼴이 되고
그래도 동인 서인 싸우려느냐."

이러한 전세 속에서도 이순신 장군이 지키는 바다에서만은 계속 승리하였으나, 이를 시기한 원균 등 모리배들의 모략으로 이순신은 세 번의 파직과 백의종군이라는 시련을 당한다. 그러나 누구도 원망하지 않고 국가에 대한 충성심으로 왜군과 대항하는데, 그들이 정유재란을 일으키며 재침략하자, 이순신은 복위되어 옥포해전부터 노량해전까지 7년간 이어진 전쟁에서 23전 23승이라는 기록적인 전과를 이룬다. 그는 당파싸움의 와중에서 우리나라를 지켜냈으며 전쟁의 승리뿐 아니라 거북선 제조, 난중일기 집필 등 문무에서 많은 공을 세운다. 그뿐 아니라 국가에 대한 충성과 부모에 대한 효심을 통해 사대주의와 분파주의 사상에 찌든 조국을 지켜냄으로써 한민족 역사상 가장 존경받는 인물로 우뚝 서게 된다.

성장과정

1545년 3월 8일, 지금의 서울 중구 인현동에서 4형제 중 3남으로 태어난 이순신은 훌륭한 가문이 아니었다. 이순신의 할아버지 이백록은 조광조의 뒤를 따르다가 기묘사화 때 화를 입었고, 아버지 이 정 역시 그 여파로 벼슬길이 막혀 어머니가 삯바느질을 하며 생계를 이끌어가게 되는데,

더 이상 가난을 이기지 못하고 이순신이 8세 때 어머니의 고향인 충남 아산으로 이사를 간다. 이순신의 어머니는 매우 다정다감하고 자애로운 분이었으나 아들들에게는 엄격하게 교육을 시켰다.

"사내란 목이 달아나도 제 입으로 한 말은 반드시 지켜야 하며, 또한 나라를 위한 일이라면 온 집안의 목숨이 위태롭더라도 해야 한다. 그렇지 않으면 큰 일을 이루지 못하느니라."

어린 시절을 외가인 아산에서 보내면서 친구들과 병정놀이, 군진놀이를 즐겨하였으며 항상 전면에서 리드하는 역할을 하였다. 21세 때 보성군수의 딸 상주 방씨와 결혼하여 아들 셋(회, 울, 면)을 두게 되는데, 아들 둘도 임진왜란 때 전사하는 고통을 겪게 된다.

이순신은 28세 때 국가에서 치르는 훈련원 별과에 응시하나 말타기 시험 도중에 말에서 떨어져 왼쪽 다리가 부러짐으로서 실격을 당했다. 그 후 32세 때 식년 무과에 합격함으로서 비교적 늦은 나이에 관직에 들어가게 된다.

원활한 커뮤니케이션

이순신은 개인의 사사로운 일과 국사國事를 명확히 구분하여 처신하였다. 전라도 수군절도사로 부임하여 처음 한 일은 수병들의 숙소를 방문하여 막걸리를 마시면서 의견을 구하고 실상을 파악하는 일이었다. 장군이 사병들과 벽 없이 대화하고 어울리는 것은 지금 시대에도 상상하기 힘든 일이다. 장수로서 품위가 없다고 모함을 받을 정도로 부하들과 터놓고 지냈으며 어려움에 처한 부하를 돕는 일에 앞장섰다. 1596년 1월 23일 일기에는 다음과 같은 내용이 등장한다.

"아침에 옷 없는 군사 17명에게 옷을 주고는 여벌로 한 벌씩 더 주었다. 하루 종일 바람이 힘차게 불었다."

부하뿐만 아니라 불쌍한 사람들에게도 입고 있던 옷을 벗어준 일이 있다고 일기에는 기록되어 있다.

그리고 전보명령을 받고 부임지에 새로 취임하게 되면 자기보다 나이가 많은 지역의 만호, 현감, 첨사들에게는 예의를 갖추었으며 의사소통을 중요시하여 좋은 의견들을 수렴하고 갈등요소들을 정리해 가는 감성경영을 실천하였다. 또한 임진왜란은 거의 바다에서 전쟁이 이루어지므로 항상 바다의 기상과 조류에 따라 해상작전에 큰 영향을 미치게 되는데, 이순신은 언제나 해전이 이루어지기 전에 작전지역에 가서 그 지역의 어부들을 만나 해상 날씨와 조류에 관하여 의견을 청취하고 실제로 그들과 함께 바다에 나가 지형을 살폈으며 적들의 예상 공격루트를 점검하고 작전계획을 수립하였다. 또한 당시의 판옥선은 왜군의 단병접전短兵接戰을 막기에는 불가능하다고 판단하여 끊임없이 귀선龜船에 대한 자료를 모으고 개량하여 거북선을 만들었다.

당시 수군들은 바다보다 육지에서 더 많이 싸웠기 때문에 배를 타고 훈련하는 것을 무척 싫어하였으나 그는 바다에서 승부하는 것이 유리하다는 전략적 판단에 따라 물길에 대한 연구를 강화하였다. 그래서 울돌목에 쇠줄을 건다거나 해전에 필요한 학익진, 어린진, 일자진 등 끊임없이 수군들을 훈련시킨 결과 임진왜란을 승리로 이끌 수 있었는데, 이는 물길사정을 잘 아는 어부들과 함께 어울리면서 커뮤니케이션을 생활화한 것이 중요한 승리의 요인이었다. 명성에 비해 겸손한 마음가짐으로 인간관계를 중요시함으로서 그를 더욱 인간적인 신뢰를 느끼게 하였다.

원칙 준수

한 번은 직속상관인 전라좌수사 성 박이 예하 부대장이었던 이순신에게 편지를 보내 "내가 거문고를 만들고자 하니 부대 객사 앞뜰에 있는 오동나무를 베어 오라"고 지시한 일이 있었다. 그러나 그는 다음과 같은 이유로 거절한다.

"이 오동나무가 비록 한 그루의 나무에 지나지 않지만, 여러 해 동안 길러 온 국가의 물건이기 때문에 곤란하옵니다."

이순신은 나무를 베어서 상관의 비위를 맞출 수도 있었지만 상사를 아랑곳하지 않고 끝내 그 청을 거절함으로써 미움을 받게 되었다. 또 한 번은 자기의 최고 상관인 병부정랑(정5품) 서 익이 자기의 친지 사람을 참군으로 승진시키기 위해 승진서열 순서를 바꾸어 인사 관계서류를 잘 꾸며달라는 인사청탁을 해왔으나 다음과 같은 이유로 단호히 거절했다.

"서열을 바꾸어 승진시키면 당연히 진급해야 할 사람이 피해를 보게 됩니다. 이러한 불공정한 인사는 군법을 위반하는 행위이므로 서류를 변경할 수 없습니다."

이 일로 말미암아 뒷날 군기경 차관이 된 서 익은 임금에게 이순신에 관하여 허위보고를 했고, 그로 인하여 좌천과 파직된 일이 있었다.

또 하나의 사례는 지금의 국방장관격인 병조판서가 이순신의 전통箭筒: 화살을 담는 통을 달라고 요구한 일이 있었는데, 그는 잘 보일 수 있는 기회라고 생각하기는커녕 수치스러운 일로 생각하고 다음과 같이 정중히 거절했다.

"대감께 전통을 드리는 것은 어렵지 않으나 이것을 주고받으면 다른 사람들이 뭐라고 하겠습니까? 별것 아닌 일로 인하여 대감과 제가 수치스러운 말을 듣는다면 몹시 죄송할 따름입니다."

어느 날 같은 덕수 이씨로서 가까운 집안 사이였던 이율곡이 이순신에게 만나보자고 하였으나, 이순신은 그가 벼슬을 주는 자리에 있는 동안에는 만나지 않겠다는 뜻을 전했다.

'이충무공 전서'에는 이순신의 명성이 매우 높았으나 뇌물을 바치거나 줄을 서지 않아 출세하지 못하는 것을 많은 사람들이 안타까워했다는 기록이 있고, 유성룡의 '징비록'에도 조정에서는 이순신을 이끌어 주는 사람이 없어 급제한지 10년이 지나도록 출세하지 못했다는 기록이 있다.

그러한 이순신의 품성을 알고 선조는 사간원의 심한 반대에도 불구하고 정읍 현감(종6품)으로 있던 그를 전라좌수사(정3품)로 임명하는 파격적인 승진을 명령했다. 이순신이 온갖 모략과 어지러운 세태 속에서도 나라를 위해 큰 공을 세울 수 있었던 것은 유성룡같이 자기의 불이익을 감수하고 적극 지원한 사람이 있었기 때문에 가능했다.

이런 일도 있었는데, 그의 명성이 전 지역에 알려지게 되자 병조판서 김귀영은 자기의 딸을 이순신에게 소실(첩)로 보내려고 중매인을 보낸 일이 있었다. 당시의 세태로는 당연한 사회현상으로 이를 받아들이면 출세가도를 달릴 수 있었지만 그는 일언지하에 중매인을 돌려보냈다.

이와 같이 이순신은 돈과 권력이 따르는 불의에는 전혀 쳐다보지도 않았다. 그로 인해 많은 시련도 있었으나 결국에는 그것이 옳다는 것을 여실히 보여 주었다.

나라에 충성, 부모에 효도

이순신은 충·효 정신이 가장 투철한 위인으로 알려졌다. 『난중일기』에

나라 사랑하는 마음과 부모에 대한 효심이 자세히 기록되어 있다.

예로부터 '충·효는 하나다' 라고 하여 나라를 구할 충성된 신하는 효자의 가문에서 나온다고 하였다. 나라를 위해 최선을 다하고 조국과 하나가 되려는 마음에서 간신들로부터 두 번씩이나 모함을 당해 관직에서 쫓겨나도 누구 하나 원망하지 않고 백의종군하는 모습은 그야말로 국가에 대한 충성심이 없으면 불가능한 일이었다. 또한 부모에 대한 효심이 지극하여 전쟁 중에도 부모님을 걱정하는 모습을 『난중일기』를 통해 알 수 있다.

1583년 아버지께서 73세를 일기로 세상을 떠나자 그는 관직을 버리고 아산으로 내려가 3년 상을 치른 일이 있으며 전쟁 중에도 어머니에 대한 효심이 난중일기 곳곳에 나타나 있다.

> 1593년 5월 4일 맑음
> 오늘이 어머니 생신날이건만 적을 토벌하는 일 때문에 가서 축수의 잔을 올리지 못하니 평생 한이 되겠다.
>
> 1594년 1월 11일 흐리되 비는 오지 않음
> 어머니의 기력이 약하고 숨이 금방 넘어갈듯 깔딱거리는 모습을 보니 눈물이 절로 내렸다. 적을 토벌하는 일이 급하여 오래 머물 수가 없었다.
>
> 1595년 1월 1일 맑음
> 어머니 생각에 마음이 어지러워 밤새 도록 잠을 자지 못했다.
>
> 1596년 4월 11일 맑음
> 새벽꿈이 산란하다. 병드신 어머니 생각에 눈물을 흘렸다.
>
> 1596년 4월 12일 맑음
> 어머니 일행이 초아흐렛날 안흥에 도착했다는 편지를 받았다.
>
> 1596년 4월 13일 맑음
> 하인 순화가 와서 어머니 부고를 전한다. 갯바위로 달려갔다. 하늘의 해조차 캄캄하다. 하늘이 미어지는 이 슬픔을 어찌 다 적으랴!

어머니가 세상을 떠날 때 이순신은 백의종군 신세라 장례에 참여할 수 없었다. 죄지은 몸으로 어머니의 장례조차 모실 수 없었던 자신의 처지를 한탄하며 이순신은 통곡하였다.

이순신은 큰 공을 세우고도 자신을 자랑하기보다 언제나 겸손한 자세를 지켰다. 나라를 욕되게 했다는 말을 자주 했으며, 12척의 배로 수백 척의 왜선을 무찌른 명량대첩을 승리로 이끌고도 하늘의 도움으로 승리했을 뿐이라며 자신의 공을 내세우지 않았다.

이순신은 부모에 대한 효와 함께 국가와 임금에 대한 충성으로 가득했으며 임금에 대한 고마움이 난중일기亂中日記 곳곳에 등장한다.

"사직의 위험과 영험에 힘입어 겨우 조그마한 공을 세웠는데 임금의 총애와 영광이 너무 커서 분에 넘친다. 장수의 직책으로 더 쓸만한 공로도 바치지 못했으며, 입으로는 교서를 외우나 얼굴에는 군인으로서 부끄러움이 있을 뿐이다."

부모에게 진정으로 효도하는 사람만이 나라를 위해 충성할 수 있다는 유교의 가르침을 이순신은 몸소 실천한 것이다.

정보를 중요시하다

이순신은 바다에서 적을 대함에 있어 철저한 분석과 정보를 근거로 승리를 확신하는 상황에서만 전투를 벌였다. 그는 남해안의 복잡한 지형과 조류潮流를 완전히 파악했다. 전라좌수영의 관할 해역과 더불어 대부분의 해전이 벌어진 경상도 해안까지 현장 답사를 게을리 하지 않았다. 피난민과 포로들로부터 정보를 수집하고 정보원과 정탐선을 투입해 적진의 형세와 이동경로 등을 면밀히 관찰했으며, 이를 분석하여 해전에서 기습공격으로 적에게 큰 피해를 주었지만 아군이 적의 기습에 노출되는 상황은 일어나지 않았다.

이순신이 모함으로 인해 백의종군으로 있을 때의 일이다. 원균이 칠천량 해전에서 패하여 삼도수군의 기반이 완전히 무너진 후, 조정은 백의종군에 있던 이순신을 다시 삼도수군통제사에 임명했다. 그러나 이미 수군통제사 이순신에게 남아 있는 전력은 아무것도 없었다. 칠천량 해전 당시 도주한 경상우수사 배설의 전선 12척을 제외하고는 거의 모든 군비가 전무全無한 상황이었다.

이러한 상황을 타개하기 위해 이순신은 육로로의 남행을 단행한다. 전날 모진 고문으로 인해 심신이 쇠약해진 이순신에게 육로를 이용한 남행은 고된 강행군이었다. 또한 그의 행로가 왜군이 진군하는 길과 일치했기 때문에 매우 위험한 위치에 놓여 있었다. 적의 보급병이나 정찰병과 언제든지 만날 수 있는 곳이었다. 그러나 이순신은 적의 허를 찌르는 과감한 행동을 취했다. 그는 적의 동향을 살피며 이동했다. 적들은 이순신이 바로 자신들의 곁에 붙어 동향을 살필 줄은 미처 몰랐다. 위험을 무릅쓰고 적의 허점을 찌르는 대담함이 돋보이는 지휘관의 면모이기도 하였다.

이러한 작전은 실제 많은 전쟁에서 쓰이고 있는데, 의외의 상황과 의외의 방향에서 공격해 들어가는 과감한 작전으로 성공했을 때에 그 효과는 대단히 크지만, 반대로 실패했을 경우에는 궤멸의 상황을 당할 수도 있다. 경영에 있어서도 마찬가지이다. 때때로 위기의 상황을 맞게 되면 대부분의 CEO는 당황하여 그나마 수습할 수 있는 타이밍조차 놓쳐버리기 일쑤이다. 이순신은 이러한 상황에서 정확한 판단력과 대담함으로 전략을 실행했다.

임진왜란에서 23전 23승의 대승을 거둔 것은 정보력의 승리라 해도 과언이 아니다.

인간적인 매력을 지니다

이순신은 앞의 전투 후 계속 남행길에서 민심을 수습했다. 삼도수군의 전멸로 백성들은 불안을 느끼고 피난행렬이 늘어났으나, 이순신이 지리산을 중심으로 남부지방 장정長征에 나서자 피난민이 줄고 백성들은 안정을 되찾기 시작했다.

이순신이 초계를 출발할 당시에는 휘하 군관이 9명에 지나지 않았으나 각 고을을 지나며 흩어졌던 군사들이 그의 주위로 모여들었다. 또한 이순신의 복권이 알려지자 의병장들도 늘어났으며 일부 승려들도 승병 사령장을 써달라고 했다. 또한 이순신은 대장정 도중 각 고을 현감들과 만나며 그들이 가졌던 불안감을 해소시켰다. 진주 목사, 남해 현감, 고산 현감 등이 이순신과 뜻을 함께 했다. 더불어 군사들이 사용할 무기를 수습했다. 모든 기반이 무너진 상태에서 이순신은 빈손으로 짧은 기간에 군사와 물자를 확보했다. 이를 바탕으로 군선 12척과 왜적선 133척의 대결이라는 미증유未曾有의 위기, 명량전투를 대승으로 이끌어 낸 것이다.

이러한 리더십을 발휘할 수 있었던 가장 큰 이유는 이순신이 부하 장수들과 더불어 백성들에게 보여준 신뢰에 있다. 하급관리 시절부터 실천했던 청렴성과 공사公私의 엄격한 구분이 일부 상관들에게는 미움을 사는 요인이 되기도 했으나 부하들에게는 신뢰를 주었던 것이다. 이러한 도덕성의 영향을 받아 부하들도 역시 높은 도덕성을 견지할 수 있었다. 그리고 어떠한 상황에서도 좌절하거나 두려워하지 않는 모습이 부하들로 하여금 깊은 신뢰감과 충성심을 불러일으킨 것이다.

이순신은 국가 존망의 위기 속에 사기가 크게 떨어진 패잔병들을 수습하여 기적과 같은 명량대첩을 성취했다. 또한 그는 죽음을 각오하고 솔선수범하여 전투에 대한 부담감과 두려움에 빠진 장병들의 분투를 이끌어냈다. 실제로 명량해전에서 이순신의 지휘선이 단독으로 고군분투하는 모습을 보여 줌으로써, 부하들의 사기를 올리고 전투에 적극적인 동참을 유도했다.

기업이 위기를 돌파하기 위해서는 누구보다도 먼저 기업의 리더인 경영자가 희생정신을 발휘하여 솔선수범하는 것이 최선의 방법이다. 이처럼 진정한 리더의 모습을 보여 준 이순신은 부하들을 인간적으로 다스리고 지휘하여 위대한 기록을 세웠다. 아무리 자신이 힘들어도 항상 자기 아랫사람을 보살피고 다스릴 줄 알았던 CEO, 그가 바로 민족의 자존심 이순신이었다.

창의력 발휘

이순신은 전라좌수사로 부임하던 때 해전에서 왜선을 격파하는데 탁월한 성능을 발휘한 거북선을 개발했다. 그는 왜군의 강점을 무력화하고 조선 수군의 강점을 최대한 활용할 수 있는 전함 개발의 필요성을 절감했는데, 이에 따라 나대용과 같은 기술자들과 함께 개발에 주력한 결과 거북선이라는 세계 최초의 철갑선이 탄생할 수 있었다.

왜군의 전선戰船은 기동성이 우수한 반면 상대적으로 내구력이 약했으므로 거북선과 충돌할 경우 적선은 쉽게 깨져 나갔다. 거북선은 등판 위에

쇠못을 꽂아 백병전에 능한 왜병이 전선 위로 올라서는 것을 차단했다. 배 안에서는 밖을 볼 수 있었지만 밖에서는 안을 들여다 볼 수 없었으며, 전후 · 좌우의 사방에서 화포를 쏠 수 있었다. 이러한 기능으로 거북선은 해전 에서 적진을 교란하는 돌격선의 역할을 수행했다.

이외에도 이순신은 우리가 가지고 있던 승자총통과 쌍혈총통이 총신이 짧고 총구가 좁아 일본의 조총보다 성능이 떨어지므로, 왜군의 조총을 보고 그 성능과 화력을 높여 정철조총이란 새로운 개인 화기를 개발했다.

영국의 밸러드(G. A. Ballard)가 "이순신 제독이 넬슨보다 나은 점을 가졌으니, 그것은 기계 발명에 대한 비상한 재능을 갖고 있었다는 점이다." 라고 평가했는데, 이 기계 발명은 곧 거북선과 총통을 일컫는 것이다. 이처럼 이순신은 전쟁 전과 전쟁이 진행되는 중에도 지속적인 전비태세를 유지하고 '무에서 유'를 창조해 나가는 혁신적인 면모를 보였다.

이순신은 12척의 배로 수백 척의 왜선을 저지하기 위한 명량해전을 앞두고 걱정이 태산 같았으나 그는 비장한 결심을 하며 전쟁 하루 전에 부하들을 모아놓고 강인한 정신을 촉구한다.

"죽으려 하면 살고, 살려고 하면 죽는다."

일반적으로 과학자는 무기를 만들고 군인은 전쟁을 이끄는 것이 상식인데, 이순신은 이 두 가지를 모두 겸비하여 임진왜란을 대승으로 이끌었던 것이다. 후손의 입장에서 볼 때 그는 과연 훌륭한 과학자이면서 장군이었던 것이다.

기록과 메모하는 습관

이순신은 임진왜란이 발발한 임진년부터 노량해전에서 전사하기까지 7

년간 진중에서의 일을 기록하여 『난중일기』를 남겼다. 여기에는 전쟁에 관련된 많은 기록뿐만이 아니라 전란 전반에 걸친 사회·경제·정치·군사에 이르기까지 다양한 기사가 남겨져 있다. 때문에 이순신 개인사의 연구와 더불어 조선사 연구에 따른 사료로서도 귀중한 가치를 지닌다.

또한 그는 조정에 올린 장계狀啓에서도 전쟁 상황을 상세하게 보고했는데, 이들은 현재 『임진장초壬辰狀草』로 남아 있다. 이로써 우리는 400여 년이 지난 지금에도 임진왜란의 과정과 해전에서의 전투상황 등을 비교적 상세하게 알 수가 있다. 이순신의 투철한 기록정신에 의한 수혜受惠인 것이다.

만약 이순신이 『난중일기』를 남기지 않았다면 후세에 사료史料이자 문화유산을 물려주지 못했을 뿐더러, 이순신 스스로가 전쟁을 수행해 나가는 과정에 있어서도 시행착오를 거듭했을 수도 있다. 각종 업무를 기록하는 일지와 개인의 일기는 물론 주부의 가계부까지도 그 유용성을 지니는 이유가 여기에 있다. 기록을 소홀히 하여 손해를 보는 경우는 항상 존재한다. 과거의 기술에 대한 기록이 없어 기술 재현을 하지 못하거나, 우리나라가 개발도상국 시절 단기간에 경제발전을 이루었던 기술에 대한 기록이 없어 다른 후진국에 이를 판매하지 못하는 일들이 그러한 경우이다.

지식은 꾸준한 기록에 의해 축적되어야만 활용될 수 있으며, 이러한 지식들이 바로 경쟁력으로 직결된다. 오랜 경험을 통해 자기는 알고 있지만 남에게 설명하기 어려운 노하우 등 암묵적 지식(tacit knowledge)도 끊임없는 기록과 분석을 통해 타인에게 쉽게 전달할 수 있는 명시적 지식(explicit knowledge)으로 바꿔야 새로운 지식의 창조로 연결될 수 있다. 지식경영에 앞선 기업들이 다양한 업무 형태의 방법들을 자세히 기록한 지침서로 만들어 실제 업무와 직원교육에 활용하는 것도 기록 활용의 한 형태이다.

이처럼 진정한 CEO로서 모든 전시상황을 기록하고 분석했기에 23전 23 승이라는 기록이 나올 수 있었던 것이다. 대부분의 CEO는 정보의 기록이나 수정을 일부 부서에 분담해버리는 경우가 허다하다. 그러나 이러한 기록의 중요성을 알았기에 이순신은 그 내용을 직접 관찰하고 손수 기록했던 것이다.

이순신의 많은 전략과 전술의 업적은 현대의 경영 원리와도 일치하고 있다. 또한 이러한 과정들이 성공한 기업가나 기업 등에서 공통적으로 찾아볼 수 있는 특징이기도 하다.

기존의 관습과 타성에 빠지지 않고 항상 초유初有의 위기를 개척해 나간 지도자 이순신의 리더십이 오늘을 살고 있는 후손들에게 귀감이 되는 것이다.

5~9대 대통령 **박정희**

가난을 극복하고 대한민국의
근대화를 일으키다

박정희 (1917~1979)
· **1917**년 경북 선산 출생 · **1924**년 구미보통학교 입학
· **1937**년 대구사범 졸업, 문경보통학교 교사 취임 · **1940**년 만주군관학교 2기생 입학
· **1944**년 일본 육사 본과 졸업 · **1946**년 조선경비사관학교(육사 전신) 2기생으로 입학
· **1961**년 5 · 16 군사혁명으로 집권 · **1962**년 대통령 당선(5대)
· **1979**년 10월 26일 서거

박정희의 리더십 포인트

- 대의를 위한 소수의 희생이 필요하다.
- 마스터플랜을 중요시한다.
- 국민 계몽과 자주정신을 강조한다.
- 국가를 위해서는 개인 인권도 일부 제한할 수 있다.
- 정책 추진에 일관성이 있다.
- 과묵하고 카리스마적 기질이 있다.

가난을 극복하고 대한민국의 근대화를 일으키다

박정희는 1917년 11월 14일 경북 선산군 구미읍 상모리에서 출생하였다. 가난한 농사꾼이었던 아버지 박성빈과 어머니 백남의 사이에서 5남 2녀 중 막내로 태어난 그는 어린 시절에 아버지를 잃고 가난한 환경 속에서 홀어머니와 어려운 삶을 살았다. 어린 시절 가난했던 환경이 박정희의 가슴에 사무쳐 결국 그의 정치 인생에 그대로 반영된 것이 아닌가 하는 추측이 지배적이다. 그의 배고픔에 대한 기억이 '가난 추방'이라는 통치철학을 낳게 하였고, 경제 분야에 최대의 역점을 두게 된 이유가 된 것으로 보인다. 그 예로 집권 초기에 어린 시절의 배고팠던 기억을 떠올려 전국에 밤나무를 심게 하여 어린이들의 배고픔이나마 면하게 하고 싶었다는 일화가 있다.

그 역사관의 씨앗을 우리는 구미보통학교의 교실에서 발견할 수 있다. 그 시절 박정희는 일본인 선생 아래서 일본 교과서로 교육을 받았으며, 그 교과서에는 일본의 전쟁에 대한 미화와 함께 조선이 침략을 받게 된 이유로 당파싸움에 대한 이야기가 많았다. 박정희는 조선조의 양반정치 행태에 대한 경멸과 증오심을 가지고 있었으며, 어린 소년 박정희에게 조선 양반사회의 봉건체계가 이론이 아니라 우리나라의 현실적 체험이었다.

성격에 있어서는 어렸을 때 같은 마을의 친구와 의형제를 맺으며 문신까지 할 정도로 의리를 중요시 하였으며 누구에게도 지기 싫어하는 자존심이 아주 강했다고 한다.

그는 소년시절부터 군인에 대한 동경이 남달랐는데, 보통학교 시절 일본 역사에 나오는 위인들을 좋아하다가 5학년 때 춘원의 '이순신'을 읽고 이순신 장군을 숭배하게 되었으며, 6학년 때 나폴레옹 전기를 읽고 나폴레옹을 숭배하였다고 한다.

그는 1937년에 대구사범학교를 졸업하고 1940년까지 문경 보통학교에서 교사생활을 했는데, 그때 일본인들의 횡포와 핍박에 못이겨 일본인 교사와 자주 싸웠다. 그로 인해 교사생활을 그만두고 군인이 되기 위해 만주행 열차에 올라 만주 군관학교 2기생으로 입학하였다.

그 후 1942년 해방 전 일본 육사 본과에 특전 진학하였으며, 해방 후에는 우리나라 육군사관학교의 전신인 조선경비사관학교에 입학하게 된다. 졸업 후 군복무 중이던 1948년에 여·순 반란 사건에 연루되어 체포되고 군법회의에서 사형선고까지 받게 되지만, 동료들의 감형운동과 군 수뇌부의 배려로 석방되어 육군정보국을 거쳐 사단장과 1군 부사령관으로 근무하는 등 군대에서 성장가도를 달렸다.

1960년 학생들의 4·19 혁명으로 초대 대통령 이승만이 하야하고 민주당 정부가 들어서나 정치적·사회적 혼란이 가중되자, 군에서 박정희 소장을 중심으로 1961년 5월 16일에 군사정변을 일으켜 정권을 장악하였다. 그 후 박정희는 대통령에 당선되어 1979년 10·26사태가 발생하기까지 약 18년간 대한민국을 통치하였다.

박정희의 업적

　　6·25 동란 후 폐허가 된 상태에서 미국의 원조를 받아 간신히 살아가는 국가의 비참한 모습을 보면서 가난을 이겨내는 것이 급선무라고 생각하고 경제개발 5개년 계획을 추진하게 되는데, 국가적 자원과 축적된 자본, 기술이 전무하므로 경제개발 정책을 추진하는 데는 여러 가지 한계가 있었다. 그럼에도 불구하고 정부는 경제성장 정책을 최우선 과제로 삼아 그 당시 경제인들의 사업계획서를 전적으로 신뢰하고 산업근대화 자금 조달을 위해 정부가 나서 외국차관 도입의 지불보증을 실행하였다.

　　그 후 많은 외자를 유치하여 중화학공업 육성과 사회 간접자본의 투자가 이루어지게 되었는데, 소양강댐, 경부고속도로, 포스코, 조선소, 중공업, 발전소, 자동차 산업 등 대부분의 중화학공업이 1960~1970년대에 건설된다. 박정희는 민족의 한이었던 가난을 극복하기 위해 강력한 경제개발을 추구하였으나 많은 시행착오와 저항이 뒤따르고 근로자들의 희생도 나타났으나, 강력한 리더십으로 국가를 통치하여 현재 세계 10위권에 해당하는 경제성장을 이루는 바탕을 마련하였다.

　　경제발전이라는 업적 이면에는 혁명을 통한 집권과정의 정당성 문제와 유신을 통한 장기집권으로 정치적 질곡과 인권탄압, 근로자 희생 등의 부작용이 끊임없이 제기되어 왔으나, 많은 시행착오와 그의 공과에도 불구하고 해방 이후 한국사회에 커다란 영향을 끼친 리더로서의 박정희를 부인할 수는 없다.

새마을운동으로 농촌을 변화시키다

새마을사업이 시작되기 전만해도 우리나라 농촌마을은 전형적인 농경문화로, 도로는 좁고 꼬불꼬불하여 경운기나 마차가 지나갈 수 없을 정도였다. 그러한 도로를 넓히고 다리를 건설하며 소·하천의 둑을 개보수하고 볏짚으로 된 초가지붕을 슬레이트로 개량하여 농촌의 주택도 말끔하게 변화하는 계기가 되었다.

1960년대 말까지만 해도 농가의 20% 정도만이 전등불 아래 살았는데, 1979년에는 전국 농가의 98%가 전기화되었고, 상수도 시설도 변화되어 농촌의 식수공급도 크게 개선되었다. 한국이 짧은 시간에 새마을운동의 성공으로 경제적 근대화를 이루게 되자, 세계 여러 국가에서 한국을 후진국 경제개발의 모형으로 받아들이기 시작하였고, 한국은 그러한 경제개발의 모형으로 후진국들의 벤치마킹 대상이 되었다.

중화학 공업을 육성하다

박정희는 1973년 1·12 선언에서 중화학 공업화를 위해 6개의 전략산업(철강, 전자, 석유/화학, 조선, 기계, 비철금속)을 선정하여 육성하겠다는 계획을 발표하면서 1980년대 초 달성을 목표로 '국민 소득 1,000달러, 수출 100억 달러'라는 캐치프레이즈를 강조하였다. 박정희가 이 선언에서 강조한 '유신', '중화학 공업화', '수출'은 상호 분리될 수 없는 삼위일체를 형성하는 것이라고 설득하였다.

1·12 선언에 따라 1973년 5월 국무총리를 위원장으로 하는 '중화학공업추진위원회'가 구성되었고, 박정희는 재정·금융·조세상의 특혜와 지원을 주어 대기업의 참여를 유도하였으며, 이에 따라 산업별로 울산(석유화학·비료), 구미(전자), 포항(철강), 옥포(조선), 온산(비철금속), 창원(기계) 등에 특성화된 공업단지를 조성하였다. 이로 인해 농업에 종사하던 국민의 비율이 80%에서 20~30%대로 떨어지고, 70% 이상이 중화학공업에 종사하게 되었는데, 이로 인한 산업구조의 변화로 1997년에 경제선진국 클럽인 OECD에 가입하고, 2000년을 넘어서면서 세계 10위권대의 경제대국으로 발돋움하는 계기가 되었다.

수출진흥에 힘쓰다

공업화를 추구하며 1961년 7월, '종합경제개발 5개년 계획'을 발표하고, 1962년 1월 '제1차 경제개발 5개년 계획'을 수립한다. 이는 민간인의 창의를 존중하되 정부의 지도 아래 산업의 근대화와 국민 소득의 증대를 구현하고자 한 것이었다.

제1차 경제개발 5개년 계획은 1962년부터 1966년까지의 기간으로 무능과 가난을 타파하려 했다. 이는 '사회경제적 악순환을 과감히 시정하고, 자립경제의 달성을 위한 기반을 구축한다'는 목표 아래, 에너지 공급원의 확보 등 주요 역점사업을 발표했다. 그 결과 국민총생산에 있어서 비약적인 성장을 이룩하고 2차 산업의 발전을 위한 기틀이 마련되었으며, 또한 경제발전의 기반을 구축하여 차츰 공업국의 입지를 다지기 시작했다.

제2차 경제개발 추진은 산업 구조의 고도화와 수출 증대에 주력하였으며, 농촌 문제에 관심을 가지고 '산업 구조의 근대화와 자립 경제의 확립을 촉진한다'는 목표를 내세웠다. 제2차 경제개발 계획은 당초 계획을 상회하는 대폭적인 경제성장을 달성하는데, 공업 부문의 빠른 성장으로 인해 1967년의 8.9%, 1969년에는 15.5%라는 놀라운 경제성장률을 보여 사상 최고의 고도성장을 이룩하였다.

제2차 경제개발 계획을 성공으로 이끌고 3차 계획(1972~1976)을 추진하기에 이른다. 이 기간에는 연평균 10.2%라는 경제성장을 달성하였고, 수출 규모도 거의 두 배 이상으로 늘어나게 되었다.

박정희는 제3차 5개년 계획의 중점 목표로 '농어촌 경제의 혁신적 개발, 수출의 획기적 증대 및 중화학 공업의 건설'을 정하고, 우선 새마을운동을 펼치게 된다. 그 다음 경제발전을 위한 박정희의 의지는 중화학 공업화 정책을 추진하기에 이르렀고 1973년 이 계획을 발표한다. 중화학 공업화 정책은 1960년대의 제1, 2차 5개년 계획이 성공을 거두자 계속해도 좋겠다는 판단 아래 제3차 계획의 착수 연도인 1971년도에 시작하여 1972년 말에 성안成案된 정책이었다. 그 당시의 목표는 '수출 100억 불', '1인당 GNP 1000불'이었다.

한국경제의 산업발전 단계상 경공업 위주에서 중화학 공업으로의 전환이 요구되고, 자주국방을 위한 방위산업의 육성이 시급했다. 그렇기 때문에 1980년대의 미래상으로 제시되었던 수출 100억 불의 목표가 어렵다고 판단하여 중화학 공업화 정책의 수정이 불가피했던 것이다.

박정희는 정책적으로 육성해야 할 업종만을 골라 선별적으로 개발하도록 지시하고, 6대 업종을 선정하여 1973년부터 1981년까지 9년간 구체적 연차계획을 수립토록 하였다. 또한 규모에 맞는 경제 개념을 도입하고 공업구조의 고도화를 추진하였으며, 국토 종합개발 계획에 근거를 두고 산업기지를 설정하는 등 주도면밀하게 계획을 세우고 실행에 옮기기 시작하였다.

소신과 계획성으로 일을 추진하다

그의 국가를 위한 주체적 사고방식이 성공의 가장 중요한 비결이었다. 박정희는 사안을 판단할 때 항상 자신의 기준을 세웠다. 다른 사람의 기준을 빌어 와서 판단하면 그 결과는 다른 사람에게 유리할지는 모르지만 나에게는 손해가 될 수 있다고 생각했던 것이다. 그는 자신의 판단 기준을 세울 때까지 공부하고 검토하며 토론했는데, 포스코(옛 포항제철)가 대표적인 경우이다.

박정희는 외국의 전문기관이 만든 타당성 검토서에 의존하여 포스코를 건설하려는 아랫사람들의 우유부단성을 중지시키고 '우리의 입장과 조건을 근거로 하여 계획을 세우라' 고 지침을 주었다. 그렇게 하다보니 포항제철의 규모가 외국 사람들이 구상했던 것보다도 훨씬 건설 규모가 커졌는데, 이것이 오늘날 세계 최고의 제철소 신화를 이룩한 비결이었다.

그는 국가 운영에서 지도자가 해야 할 가장 중요한 것은 설득이라고 생각했는데, 설득은 쉽고 구체적이며 정확한 말로 해야 한다는 원리를 터득한 리더였다. 1973년 연두순시 때 새마을운동에 관해 다음과 같이 선언한다.

"새마을운동은 한 마디로 농민의 소득 증대를 궁극적 목표로 하는 잘살기 운동이다. 예컨대 농로확장을 하더라도 단순히 보기 좋으라고 할 것이 아니라 손수레, 삼륜차나 트럭, 경운기, 트랙터 등 현대적 영농기계가 오고 갈 수 있도록 하여 농사활동의 편리성을 도모하고 소득을 증대시키기 위한 것이 되어야 한다."

새마을 소득증대 사업은 그 지역의 특수성과 실정에 알맞는 사업을 추진해야 한다. 지역요건을 고려하지 않고 한꺼번에 여러 가지 일을 일률적으로 나열하면 실패한다. 새마을사업은 경제성과 효율성을 면밀하게 검토한 후에 그 계획을 세워야 한다. 예를 들어, 통조림 공장을 건설하자면 깡통을 만드는 기계시설 등을 위해서 막대한 돈을 들여야 하는데, 이러한 공장을 한두 달 돌리고 문을 닫아버린다면 채산성이 맞을 리가 없다. 즉흥적인 계획을 세워 국회의원들을 앞세우고 융자금을 받아 사업을 시작했다가 얼마 안 가서 공장 문을 닫고 아까운 기계만 뻘겋게 녹슬게 하는 사례가 적지 않았다.

새마을사업은 장기적인 사업계획을 토대로 순차적으로 추진해 나가야 한다. 너무 서두르거나 한꺼번에 모든 일을 하려고 하면 절대로 성공할 수 없으므로 순서대로 한 가지씩 차근차근 추진해 나가야 한다. 가령 농촌의 초가지붕이 하루아침에 전부 기와지붕으로 바뀌었다고 해서 새마을운동을 잘했다고 할 수는 없는 것이다. 기와를 이을만한 형편이 된 농가는 기와를 이어야 하겠지만, 아직 그렇지 못한 농가는 보다 열심히 일해서 형편이 나아진 뒤에 개량을 해야 한다.

새마을사업은 꾸준히 일관성 있게 밀고 나가 우선 빨리 할 수 있는 일을 매듭지어 놓고 다음 사업을 새로 시작하도록 해야 한다. 한 번 진행하다가 잘 안 된다고 집어치우고, 다른 사업을 벌이고 또 그것이 잘 안 되니까 다시 바꾸어 추진한다면 성공할 것이 별로 없게 된다. 새마을사업은 그 사후관리를 철저히 해야 한다.

경쟁을 유도하다

박정희의 경제성장 성공 비결 중 하나는 행정에도 경쟁 개념을 도입했다는 점이다. 그는 1973년 연두순시를 하면서 '새마을사업 지원의 추진'을 이렇게 정리했다.

"새마을사업은 우수 부락부터 우선적으로 지원하여 추진해야 한다. 과거에 우리는 여러 가지 운동을 전개해 보았으나 별로 두드러진 성과를 올리지 못했는데, 그 가장 큰 원인은 정부에서 모든 부락에 대해서 일률적으로 똑같이 분배해 주는 식으로 지원해 주었기 때문이다. 다시 말하면 한정된 예산을 가지고 전체 부락에 고루 나눴기 때문에 지원 자금이 영세하여 소기의 투자 효과를 거둘 수가 없었고, 또 스스로 잘살아 보려는 의욕도 없었으며, 부지런히 일하지도 않는 부락을 아무리 도와주어 보았자 '밑 빠진 독에 물 붓는 식'으로 아무런 효과를 거둘 수 없었던 것이다.

우수부락부터 우선 지원하면 잘하는 부락은 놀라울 정도로 발전하고, 그렇지 않은 마을은 뒤떨어질 수밖에 없을 것이며, 결과적으로 이들 부락 사이에는 많은 격차가 생길 것이다. 물론, 부락 사이에 격차가 생기는 것 자체는 가슴 아픈 일이지만 뒤떨어진 부락 사람들도 우수부락 사람들이 부지런히 일하여 잘살게 된 모습을 직접 눈으로 보게 되면 이에 자극을 받아 조만간 분발을 하지 않을 수 없게 될 것이며, 그 때 비로소 정부는 이 마을도 지원해 줌으로써 궁극적으로는 모든 부락이 차례로 다 고루 잘살게 되도록 하자는 것이다."

얼핏 보기에는 이렇게 추진해 가는 것이 시간이 걸리고 지루하게 보일지 모르나, 결과적으로는 훨씬 빠르고 성과 있는 방법이 된다고 믿는다. 새마을운동 실적을 심사하고 평가할 때는 명확한 기준이 있어야 하겠으며, 그 다음에는 객관적이고도 공정한 심사가 이루어져야 하겠다. 그저 막연히 추상적 기준이나 외양만 보고 잘되었다는 식의 평가를 해서는 안 된다. 심사기준에는 주민들의 소득 증대를 주된 기준으로 삼아야 한다.

박정희 대통령은 기계적 평등을 자원 낭비와 비효율적인 것으로 배척하고 의도적으로 차등지원을 하여 마을과 마을 사이에 경쟁을 붙인 것이다. '사촌이 논을 사면 배가 아픈' 사람은 그 사촌을 따라 잡기 위하여 부지런히 일해야지 계속 배만 움켜쥐고 있다가는 정부로부터 동전 한 푼 지원받지 못하는 제도를 만든 것이다. 이런 차등 지원책이 결과적으로는 전국 마을이 다 잘사는 방향으로 나아간다고 그는 확신하였다.

강력한 카리스마를 지니다

박정희를 도와 쿠데타를 주도했던 김종필이 중심이 되어 조직한 민주공화당은 종전의 정당과는 달리 당료기구가 강조된 새로운 형태의 정당으로 출범하였다. 기존 정당과 정치인들의 활동을 금지시키고 새로운 정당을 조직하였다. 이렇게 하여 새롭게 만들어진 정당은 엘리트 집단으로 구성된 당료조직이 지배하는 정당이었다. 공화당의 기구는 집행기관과 의결기관으로 이원화되고 당료조직이 의결기관을 지배할 수 있도록 하였다. 집행기관은 당 총재로부터 각 지구당 사무국에 이르는 수직적 명령계통을 이루었는데, 의결기관의 경우에도 전당대회에서 지구당위원회에 이르는 수직적 구조를 형성하였다.

쿠데타 정부였던 박정희는 명목상 형식적인 정당을 두기는 했지만, 군인 출신이었던 그를 대변하듯이 명령 전달이 체계적인 수직적 구조로 형성되었고, 그의 통치체제가 보여주듯 박정희는 모든 권력이 중앙으로 집중되도록 하였다.

박정희는 경제면에서 괄목할만한 성과를 거두지 못할 경우, 쿠데타의 정당성을 주장할 수 없다는 사실을 깊이 인식하고 있었기 때문에 경제정책으로 국민을 설득시키고 그 지지를 이끌어 낼만한 성과를 올리는 일이 중요하였다. 그는 처음부터 민생고 해결과 경제 재건에 명분을 두었다. 제1차 경제개발 5개년 계획은 순수한 자본주의 경제체제, 즉 시장경제 원리와 거리가 있어 기업의 자율성은 억제되고 정부의 지도력은 강화되었다. 이른바 '혼합경제질서'를 추구하는 체제였다.

그는 자본주의적 기본 틀을 유지하면서 사회주의 계획경제의 방식을 원용한 것이다. 이는 박정희만의 대안이라기보다 인도 등 후진국들의 시대적 대안이었다. 초기에는 정부가 기대했던 만큼의 목표 달성을 이루지 못했다. 박정희는 이점에 대해 시인하였고 "국민 가운데는 구악 아닌 신악이 되살아나고 있다고 말한다"고 밝혀 당시의 민심에 대해서도 있는 그대로 받아들였다. 그리고 불균형 성장론적 접근방식에서 균형 성장론적 방법으로의 전환이 기조를 이루었다. 그 뒤 박정희의 계획경제 체제는 이후 계획기간마다 중점 개발전략이 달라지기는 했으나 경제정책과 지도체계의 근간은 그대로 유지되었다.

정부가 지도하고 관이 주도하는 경제체제의 기본 틀에는 변화가 없는 가운데 경제의 규모는 엄청나게 늘어났다. 경제성장이 이루어지면서 도시화의 급격한 진전, 고등교육의 확대, 지식의 확산 등 경제사회적 변화가 뒤따랐다. 그에게서 가난을 벗어나는 것은 민족사적 염원이고 과제였다. 이점에서는 공동체적 의식을 가지고 있다고 할 수 있다. 다만 그것을 추진하는 과정이 너무 일방적이었다. 그가 앞서가고 그의 참모와 국민이 뒤따르는 형세를 보였는데, 이것은 바로 권위주의형 리더십이었다.

국민 의사의 수렴과정이 생략된 목표나 과업의 제시와 이에 대한 국민 참여의 강요 형태는 박정희 집권기 동안 일관된 통치 스타일로 굳어졌다.

한반도는 냉전의 장기화 가능성을 현실적으로 입증해 보인 지역이다. 3년간에 걸친 대량살상 및 소모전이 벌어졌었고, 그 이후에도 휴전이라는 이름의 준 전쟁상태가 이어져왔다. 남북 양측 공히 국세에 비해 터무니없이 과중한 군대를 유지할 수밖에 없는 이유가 여기에 있었다. 자연히 군의 지위 또한 확고했고 멸공이 곧 군대의 존립 이유이자 책무였다. 따라서 반공을 국시國是의 제1로 한 것은 군의 목표 및 목적을 국가의 목적으로 확대한 것이다.

박정희는 국민에 대해서까지도 군의 가치와 질서체계를 강요한 셈이다. 퇴폐한 국민 도의와 민족정기를 바로잡겠다는 것은 인간 생활의 다양성을 인정할 수 없었던 군인들의 한계였다고 볼 수 있다. 국민의 의식도 획일화·규격화되기를 희망했던 것이다.

그리고 한국적 민주주의가 박정희의 정치적 화두였다. 그 당시 지향해야 하는 민주주의는 서구적인 민주주의가 아닌, 즉 우리의 사회적·정치적 현실에 적합한 민주주의를 해 나가야만 된다고 생각했다. 따라서 강력한 리더에 의한 지도가 필요하다는 것이 그의 논지이다.

현실과 의식에 맞지 않은 민주주의를 고집하기보다는 국민을 잘 살게하는 것이 진정한 민주주의라고 그는 말했다. 과업 달성에는 매우 관심이 높으나 인간에 대한 관심은 매우 낮은 과업형 리더라고 할 수 있다. 일의 효율성을 높이기 위해 인간적 요소를 최소화하도록 작업조건을 정비하고 과업 수행능력을 가장 중요하게 생각하는 리더였다.

한국적 민주주의를 실현하다

유신헌법은 내용이나 구조면에서 서구 민주주의와는 거리가 먼 다분히 비민주적인 것이었다. 그것은 1970년대 한국정치를 어려움에 빠지게 하는 원인이 되기도 했다. 그러나 박정희의 권위주의적인 정부가 민주주의의 사회경제적 기초를 만들었다는 것은 역사의 아이러니가 아닐 수 없다. 박정희에게 유신과 중화학공업 양날의 선택은 온몸을 바치는 혁명가의 비장한 결의였다.

세계는 박정희를 탁월한 지도자로 인정하고 있다. 피터 드러커는 한국을 '부존자원이 없는 상태에서 교육 강조와 확산을 통해 성공적으로 산업사회에 진입한 대표적 국가' 로 평가하였다. 1999년 8월 미국의 주간지 『타임』은 그를 한국인으로는 유일하게 20세기 아시아에서 가장 영향력 있는 지도자 20명 중 하나로 뽑았다. 국민들은 진정 국가와 국민을 위해 헌신했던 그의 강력한 애국 리더십을 그리워하는 것이다.

물론 인권에 대한 문제 제기와 비민주적이었던 유신헌법에 반론을 제기하는 사람들이 많이 있지만, 약 20년 가까운 장기간의 국가통치를 통해 이룩한 경제성장의 과실 때문에 크게 부각되지 못한 면이 있는 것도 사실이다. 또한 그가 이룩한 우리나라의 경제기적을 후계자를 키워 평화적으로 넘겨주지 못하고 가장 가까이 있는 심복에 의해 생을 마감한 것은 안타까운 일이었다.

17대 대통령 **이명박**

역경을 헤치고 대한민국 CEO가 되다

이명박 (1941 ~)
· **1941**년 일본에서 출생하고 포항에서 성장 · **1960**년 포항 동지상고 졸업
· **1965**년 고려대학교 경영학과 졸업 / 현대건설 입사
· **1977**년 현대건설 사장 · **1992**년 국회의원 당선
· **2002**년 서울시장 당선 · **2008**년 제17대 대통령 취임

이명박의 리더십 포인트

- 계획은 치밀하게, 실천은 신속하게 하라.
- 환경은 노력으로 극복할 수 있다.
- 항상 현장을 확인하고 실행하라.
- 조직에서 원칙을 중요시하라.
- 주어진 환경에 최선을 다하라.
- 과거에 집착하지 말고 미래를 설계하라.

역경을 헤치고
대한민국 CEO가 되다

이명박은 농부였던 아버지(이충우)의 6남매 중 넷째로 태어났다. 아버지는 경북 포항시 북구 흥해읍에서 농사를 짓다가 1935년에 고향 친구 몇몇과 일본으로 건너가 오사카 근교 목장에서 목부로 활동한다. 그 후 6·25 이전에 귀국하여 고향인 포항에서 동지상고 이사장의 목장에서 일하는데, 6·25 이후 모든 재산을 잃고 생계가 어려워지자, 어머니가 죽도시장에서 노점상을 하며 생계를 꾸려 간다. 이 때 이명박은 어린 나이에 시장통에서 어머니를 도와 장사를 한다.

그는 어린 시절 지독한 가난으로 초등학교 때부터 성냥팔이, 과일, 엿, 뻥튀기 장사 등 해보지 않은 일이 없는데, 학교에서 점심 시간이 되면 혼자 교실을 나가 허기진 배를 물로 채우는 일이 한두 번이 아니었다. 고학으로 포항중학교를 2등으로 졸업하지만 고등학교에 진학하지 못하고 어머니와 함께 시장에서 일을 하게 된다. 수줍은 소년이었던 그는 같은 또래의 여학생들이 풀빵을 사러 오면 창피해서 모자를 푹 눌러 쓰고 빵을 팔아야 했다.

그러나 배워야 한다는 신념으로 동지상고 야간에 입학하여 낮에는 어머니와 함께 장사를 하고, 밤에는 학교를 다니는 생활을 반복했지만 동급생 학생들의 시선 때문에 어머니를 졸라 손수레를 사서 과일 행상으로 독립을 했다.

어린 시절, 매우 가난하고 어려운 생활이었으나 어머니는 항상 자식들을 모아놓고 기도하며 신앙심을 키워 주었다. 한번은 극장 입구에서 과일을 팔다가 후진하는 차에 부딪쳐 과일들이 땅바닥에 떨어져 나뒹굴었다. 황급히 굴러다니는 과일을 줍는데 "야, 이 자식아. 어디다 리어카를 대? 장사 똑바로 못하겠어!" 하며 가까이 오는 험악한 모습에 엉겁결에 잘못했다고 사과를 했다. 짧은 순간이었지만 그는 가진자의 횡포 앞에서 한없이 초라해진 자신의 모습을 발견하였다. 때로는 행상 대신 산에 가서 나무를 베어다 팔기도 하는 등 어렵게 학교를 다니면서 3년 동안 전교 1등을 하여 수석 졸업을 하지만 대학 진학은 그림의 떡이었다.

대학 진학과 학생운동

찌든 가난을 벗어나기 위해 가족들이 서울로 이사를 왔지만 생활은 달라진 것이 별로 없었다. 이태원 판자촌 단칸방에 가족들이 기거하면서 어머니가 이태원 시장에서 채소 노점상을 하여 근근이 살아가는 처지였다. 이때 이명박은 이태원 시장에 나가 막노동을 하면서 돈을 모아 청계천 헌책방을 찾아가 대학 입학 관련 책들을 사가지고 그야말로 주경야독의 노력 끝에 고려대학교 경영대학에 합격하는 기쁨을 누렸다.

대학생이 된 이명박에게 이태원 시장 사람들이 주선해 준 일자리는 새벽 4시 통행금지가 해제되자마자 손수레에 시장 쓰레기를 가득 싣고 가파른 길을 내려가 한강 공터에 버리고 오는 일을 아침마다 여섯 번씩 반복하는 것이었다. 넘어지고 깨지고 허리를 다친 일이 한두 번이 아니었지만 등록금을 벌어야 대학을 다닐 수 있었기 때문에 그는 포기할 수 없었다.

대학생활 중에는 본인의 내성적이고 소극적인 성격을 바꾸기 위해 경영대 학생회장에 출마하여 당선되어 많은 사람들과 교류하고 활동하면서 적극적인 성격으로 변화하는 계기가 되었다.

그러나 1964년 학생회장으로서 한·일회담 반대시위(6·3사태)를 주동하다가 검거되어 형무소 생활을 하던 중 대법원에서 징역 3년, 집행유예 5년을 선고받고 풀려났다. 그는 형무소에서 나와 느낀 바가 많았다. 학생운동을 정치인이 되기 위한 경력 쌓기가 되어서는 안 된다고 생각하며 복학하였다. 그 당시 시위 주동자들은 학교 측의 배려로 수감기간 중의 학점을 주었으나 그는 거절하고 교수 방을 찾아다니며 별도의 시험을 치른 후 정당하게 학점을 취득하였다.

감옥에 있는 동안 자주 찾아오신 어머니의 격려로 어려움을 헤쳐 나갈 수 있었다. 그러나 출소 후에 집에 와보니 어머니는 중병이었고, 결국 3개월 후에 저세상으로 떠나셨다. 형이 이문동에 국민주택 하나를 계약한 직후였다.

현대건설 입사와 태국 근무

대학 졸업장은 받았으나 시위 경력으로 취업할 수가 없었다. 당시만 해도 시위 경력이 있으면 취업에 제한이 있던 시기였는데, 여러 곳에 응시하였으나 계속되는 낙방으로 괴로워하던 중에 현대건설에서 '인사부장 면담 요망'이라는 연락이 왔다.

인사부장을 찾아갔더니 필기시험 성적이 매우 우수하나 시위 경력으로 채용이 어렵다는 것이었다. 너무 억울하여 집에 돌아와 박정희 대통령에게 편지를 썼다.

"한 개인이 자신의 힘으로 살아가고자 하는 길을 국가가 가로 막는다면 국가는 그 개인에게 영원히 빚을 지는 것입니다."

우여곡절 끝에 그는 면접을 치르고 합격통지서를 받게 되었다. 입사 후 진해 건설현장에서 몇 개월 근무한 후 태국 고속도로 건설현장으로 발령을 받았다.

한국 건설사상 최초의 해외 공사인 태국 파타니 나라티왓 고속도로 건설현장에서 말단 경리사원으로 근무할 때의 일이다. 당시 현대건설 정주영 회장이 태국을 방문하여 이른 새벽에 건설현장을 돌아보던 중 아무도 없는 사무실에서 혼자 열심히 일하고 있는 젊은이를 발견하는데 그가 곧 이명박이었다. 이 때 정 회장은 깊은 인상을 받았다고 한다.

또 한 번은 공사현장에서 근무하던 노무자들이 인건비 문제로 흉기를 들고 현장 사무실에 난입하여 기물을 부수고 금고를 탈취하려고 협박하는 일이 있었다. 분위기가 너무 험악하여 현장 간부와 직원들이 모두 도망 갔으나 신입사원인 이명박은 금고를 끌어안고 몰매를 맞으며 금고를 지켰다.

이 사건을 계기로 회사에서는 영웅이 되었고, 정 회장의 신뢰받는 직원으로 성장하여 입사한지 12년 만에 최고 경영자가 되었다. 36살의 나이로 현대건설 사장에 임명되어 15년 동안 CEO로 근무하면서 우리나라 최고의 건설회사로 성장시켰다.

정치 입문과 서울시장 당선

현대의 기적을 이루었으나 정주영 회장의 대통령 출마가 현대그룹의 위기를 불러올 수 있다며 만류하다가 정회장과의 갈등으로 1992년 현대그룹을 떠난다. 그 후 두 번의 국회의원을 거쳐 2002년 7월 2일 서울시장으로 당선되어 취임하였다. 시장에 취임하자마자 공직사회 변화를 위해 서울시 전 공무원을 10개월에 걸쳐 의식전환 교육을 실시하고 선진 외국 도시로 연수를 보내 새로운 도시 경영기법을 배워오도록 하였다.

이때 그는 새로운 모험을 하는데, 대부분 사람들이 반대하는 청계천 복원을 시도하였다. 공사가 시작되면 하루 20만 대 가량의 차량이 도심 출입을 못하고 인근의 중소상인들에게 2년여 동안 생계의 어려움을 주는데도 청계천을 복원해야 서울이 살고 주변 상인들도 살 수 있다는 설득과 신념의 리더십으로 마침내 기적 같은 일을 이루었다. 어둡고 칙칙했던 거대한 아스팔트 고가도로는 물론 인근의 낡은 건물들과 지저분한 도심거리를 맑은 물이 흘러가는 아름다운 공원으로 꾸며 놓은 것이다.

청계천 복원은 지난 2004년 9월에 이탈리아 베니스에서 개막한 국제 건축 비엔날레에서 청계천 복원이 대상을 차지했으며, 2005년 12월에는 인터넷 회원이 뽑은 '2005년 최고의 히트상품'으로 선정되었다.

이명박이 서울시장에 당선되었을 때 시청 간부가 청계천 복원을 반대하는 간부 명단을 들고 찾아왔다. 그러나 그는 지금도 뜯어보지 않았다고 한다. 그 이유는 분열을 막기 위해서였다. "그 봉투를 열어 보고 용서하는 대신 뜯어보지 않고 편견을 갖지 않는 것이 훨씬 더 서울시 공무원들의 단합을 이끌어내는 데 도움이 된다"고 판단했다.

그의 도전과 열정은 계속되어 2007년 12월 19일 대통령에 당선되고, 2008년 2월 25일 대한민국의 제17대 대통령으로 취임함으로써 여러 가지 한계를 극복하고 리더로서의 정상에 올라섰다.

이명박의 리더십

한 대학의 강연회에서 이명박은 리더에 대해 이렇게 정의하였다.

"비전만 있고 실천이 없는 리더가 가장 위험한 리더이다. 결국 말이 많아지고 남을 실망시키게 되는데, 비전과 더불어 실천할 능력을 가져야 진정한 리더가 된다. 그래야 많은 사람을 행복하게 할 수 있다. 비전은 있는데 실천할 능력이 없어 많은 사람을 불안하게 하면 안 된다."

이명박의 리더십에 대하여 크게 6가지로 분류할 수 있는데, 이는 체험을 통하여 형성된 것으로 추상적이기보다는 구체적인 것에 더 가깝다.

준비는 철저히, 실천은 빠르게

이명박은 어떠한 사건이나 일을 처리할 때 계획이 치밀하기로 유명하다. 현대그룹에 재직할 당시 철저한 준비와 분석을 통해 일을 처리하였고, 서울시장 재직 시 청계천 공사를 진행하려고 했을 때 예산과 여러 상인들과의 마찰을 예견하고 준비하여 결과적으로 예산도 계획한 3,900억 원을 넘기지 않는 선에서 공사가 마무리 되었고, 여러 상인들과의 마찰도 4,000여 회의 면담과 설득을 통해 성공적으로 마무리할 수 있었다. 이뿐만이 아니라 여러 사례를 통해 직·간접적으로 치밀한 계획 아래 일을 추진하곤 하였다.

어린 시절 뻥튀기 장사를 할 때 한 어른이 다가와 어린것이 애쓴다고 등을 격려해 주고 갈 때, 이명박은 정말 그 사람이 미워 멀리 걸어갔을 쯤에 욕을 퍼부었다고 한다. 반면 어떤 분은 아무런 말없이 손수레에 있는 뻥튀기를 모두 사갔는데, 이런 분이 정말 감사하고 고마웠다고 고백했다. 백마디의 좋은 말보다 한 번의 행동이 어린 자신에게는 더 큰 도움이 되었기 때문이다. 그래서 대통령이 된 지금도 시장에 가면 함께 사진이나 찍으면서 악수만 하는 것이 아니라 꼭 물건을 사준다.

스스로 변화하도록 유도

서울 시립미술관의 야간 개관과 관련한 일화가 있다. 서울시장으로서 시립 미술관의 야간 개관을 지시하면 바로 처리되겠지만 그것은 오래 가지 않을 것이라고 생각했다. 그래서 처음에는 담당자와의 면담에서 이번 작품 전시회가 보고 싶은데 낮 시간에는 시간이 없다고 하자, 담당자는 시장님이 오시기 전에 연락을 주면 특별히 개관을 하겠다고 말했다.

시간이 흐른 후, 이명박 시장은 일반 직장인들은 전시회를 보러 가고 싶어도 시간이 없어 못가는 게 안타깝다는 이야기를 전하고는 약 3개월 정도를 기다렸다. 어느 날 담당자가 두꺼운 보고서와 함께 수많은 이유를 제기하며 시립 미술관의 야간 개관을 허락해 달라고 하였다. 이렇게 스스로 바뀔 수 있게 도와줌으로써 거부감을 줄이고 능동적으로 변화를 하도록 유도했던 것이다.

시립미술관이 관례를 깨버리자 역사 박물관 등이 뒤따라 야간 개관을 시작했다. 이처럼 스스로 깨닫게 한다면 그것의 힘은 더욱 오래 갈 것이라는 것이 이명박의 생각이었다.

현대건설 중기관리소 과장으로 부임하였을 때의 일이다. 경리과 업무를 할 줄 알았던 그는 자신의 전공과는 전혀 상관없는 곳에 발령받자 의아해하면서 그곳의 업무를 진행하였다. 그러나 자신이 중장비와 관련된 용어들을 몰랐기 때문에 기술자들을 제대로 통제할 수 없었으며 상부에 보고하기에도 많은 어려움이 있었다. 결국 이명박은 멀쩡한 불도저 1대를 책한 권과 함께 분해하기 시작하여 관련 용어와 원리들을 공부하였는데, 이후로 기술자들에게 인정받고 그들을 더 효율적으로 관리할 수 있게 되었다고 하였다.

상사를 설득

문민정부 집권 당시 국회에 입문하기 위해 당내에서 경선을 주장할 때이다. 그는 당연히 경선에 의하여 후보가 결정될 것으로 생각하고 있었는데, 당 지도부에서는 경선을 하지 말고 모 후보에게 기회를 주자고 했다. 이명박은 너무나 어이가 없었고 자신의 뜻을 굽히기 싫어 계속 경선의 타당성을 설득하고 다녔다.

그러던 중 당시 김영삼 대통령이 이명박을 청와대로 초대해 설득을 시도하였으나, 이명박은 경선의 타당성을 다시 설명하고 경선에서 떨어지면 깨끗하게 포기하겠다고 자신의 뜻을 전했다. 당시 이 사건은 대통령의 의사에 반하는 의견을 내어 정치생명에 지장이 있을 것이라는 주위의 걱정 어린 말과 무모한 짓이라는 말 등 이런 것은 전례가 없던 일이라 말이 많았다.

그러나 이명박은 "건강한 정신, 건강한 육체, 그리고 건강한 인생을 살려고 노력해 왔는데 전례가 없었다면 앞으로도 영원히 없어야 한단 말인가. 그같은 전례를 만들어 가야 새로운 역사가 창조되는 것이 아닌가?" 라며 자신의 뜻을 밝혔다. 결국 경선은 이루어졌고 이명박은 떨어졌지만 그래도 자신을 지지해 준 당원이 있었다는 결과에 만족하고 다음을 기약하였다.

이명박의 이러한 당당한 자세는 정주영과의 관계에서도 엿볼 수 있다. 정주영이 어떠한 일을 무모하게 추진한다 싶으면 이명박은 철저한 분석과 기획으로 해서는 안 될 일이라면 끝까지 이해시켜 자신의 의견을 받아들이게 했다고 한다. 상사의 의견에 대충 합의하지 않고 정정당당하게 논리적으로 무장하여 상사를 설득하곤 하였다. 이런 점이 이명박을 진정한 리더로서 있게 한 원동력이 아닌가 싶다.

상호 신뢰를 형성

"일이나 사람 관계에서 신뢰가 없으면 결국 무의미하게 끝난다는 것을 나는 누구보다 잘 알고 있다. 그래서 나는 이 시대의 가장 큰 사회적 자본은 신뢰라고 생각한다."

자신을 영입한 김영삼이 대통령 선거 당시 정주영의 출마를 저지하기 위해 이명박에게 그를 비방하라는 권고가 있었을 때, 이명박은 정주영과의 신뢰를 지켜야 하기 때문에 하지 않겠다고 했으나 계속되는 요청에 묘안을 찾아낸다. 발표를 하는 대신 자신이 직접 쓴 원고로 발표하겠다고 하였는데, 이 발표문에는 정주영을 깎아내리는 정치적 발언을 한 것이 아니라 YS가 당선되어야 하는 당위성을 내세워 결국 자신을 믿고 같이 일해 온 정주영에 대한 신뢰를 지켰다. 또한 정주영과 각별한 사이였음에도 불구하고 일정한 거리를 두고 항상 신뢰를 지키기 위한 자세를 게을리하지 않았다.

투명 경영, 정도 경영

이명박은 어떠한 일을 하든지 권력 등의 방해요인이 있더라도 정당하다면 자기의 주장을 내세울 줄도 알아야 하고 협상 할 줄도 알아야 한다고 말한다. 다만, 이렇게 할 수 있으려면 자신부터 자신이 하는 일을 정도正道를 향하게 진행해야 하고 정직해야 한다고 한다. 실제로 이명박은 저서에서 "어떠한 목표를 향하는 길이 두 갈래가 있는데 한쪽은 쉽게 갈 수 있으나 부정한 면이 있고, 또 하나의 길은 어렵게 가나 투명한 일처리가 가능하다고 생각되면 자신은 후자를 선택해 왔다"고 한다.

역지사지(易地思之)의 정신

그는 서울시장 재직 중 급여를 한 푼도 받지 않고 모두 서울시에서 고등학생 재학생 중 등록금을 내지 못해 학업을 이어가기 힘든 약 1만 명의 학생에게 등록금을 지원하였다. 처음 시작할 무렵, 혜택을 받는 학생들과 부모들을 초청해 장충체육관에서 등록금 수여식과 유명 연예인의 공연을 기획한 보고서를 받아 든 이명박은 그 자리에서 찢으면서 이런 것이 그 학생들에게 진정 도움이 되는 일이냐며 호통을 쳤다고 한다.

등록금을 못 낼 정도로 가난한 환경에 직면해 있어 행사에 참여하기도 힘들 뿐더러 학생보고 '나 가난한 학생이오'하고 전국적으로 알리자는 것인데, 어느 누구라도 좋아할 사람은 없기 때문이다. 그래서 이러한 장학사업은 시장과 해당학교의 교장 그리고 학생의 가족만이 알고 있으며 담당선생님조차도 모르게 추진했다. 이것이 학생의 입장에 서서 실질적으로 더 도움을 줄 수 있는 방안이라고 생각한 것이다.

원칙을 준수

현대건설 입사 초기에 진해 제4 비료공장 건설현장의 현장 경리로 있을 때의 일이다. 현장에서 근로자들이 임금가불을 위해 공사 중간에 경리과로 오면 공사에 차질이 있기 때문에 공사가 끝나는 5시 이후에도 가지급을 해주던 이명박은 현장 소장이 '은행도 5시 이후에는 영업을 하지 않는데 왜 지급을 해주냐'면서 문제를 제기하였다. 이에 이명박은 5시 이후에는 가지급을 해주지 않는 원칙을 세웠다.

어느 날 현장 소장이 급하게 가지급을 요구하였을 때에도 말단 경리직원인 그는 현장 소장에게까지 가지급을 거부하였다. 또한 당시 사장 부인의 인사 청탁도 거절할 정도로 원칙에 임하였으며 고향 사람들과 친척들의 부탁도 모두 거절할 정도로 원칙에 충실하였다.

"나는 지금 사원 신분으로 일하고 있습니다. 사원은 원리원칙대로 일을 해야 합니다. 사원의 신분으로 지나친 재량권을 행사하면 회사 전체가 흔들리고 맙니다. 만약 중역이 되면 그때 가서 그 위치에 맞는 융통성을 갖도록 하지요."

미래를 내다봄

현대건설 중기사업소 관리과장으로 재직할 때의 일이다. 당시의 기계들은 경부 고속도로 건설 현장에 차질 없이 공급되어야만 하는 상황이었지만, 중장비의 수리 등을 쉽게 할 수 있는 상황이 아니었다. 그리하여 그는 불도저 한 대를 해체하여 매뉴얼 북을 펴 놓고 부품 하나하나의 이름과 기능을 숙지하였다. 그렇게 했던 이유는 업무와 관련하여 사장에게 지적받기 싫어서가 첫째 이유였지만, 그것보다 장비를 훤히 알아 놓아야 정비공들을 장악할 수 있다는 것이 근본적인 이유였다.

어느 날 기자가 '왜 부와 명예를 함께 얻을 수 있었던 현대에서 물러났느냐, 다시 돌아갈 생각이 없느냐?' 는 질문에 "다시 돌아갈 생각은 전혀 없다. 나는 되돌아가는 삶을 살고 싶지는 않다. 도전은 새로운 것이어야만 가능하기 때문이다. 편안함을 위해 최선을 다하여 그 편안함을 얻었다면 이것에 안주하지 말고 새로운 생각을 하고 도전을 해야 한다고 생각한다. 안주하지 않고 도전을 즐겨라."라고 말한 바 있다.

이명박은 스스로에게 안주하지 않고 항상 새로운 생각을 하며 거기에서 비전을 찾고 미래에 대한 준비를 하는 사람이었다.

통합된 사고와 일관성

그는 "편이 갈라진 조직을 통합할 줄 알아야 하고 모든 걸 아우르는 사람이 되어야 한다."라고 말한다. 진정한 리더는 조직을 통합해 일관성 있게 올바른 길로 이끌어 나갈 줄 알아야 한다는 의미이다. 일관성이 있는 지도자가 신뢰를 얻어 일처리를 하는 것과 신뢰가 아닌 권력으로 일을 처리하는 것은 다르므로 신뢰를 얻을 수 있는 지도자가 되어야 한다고 말한다.

이는 청계천 복원사업 시 의견이 분열되어 서로의 이익을 주장하는 가운데 복원사업에 동의할 수 있게 한 것의 또 다른 원동력은 나무를 보는 것이 아닌 숲을 바라보는 관점으로 임했기 때문에 가능했던 것이다.

이와 같은 그의 생활철학이 어떠한 어려움 속에서도 좌절하지 않고 대통령 당선이라는 성공신화로 우뚝 서게 한 원동력이라 할 수 있다.

삼성그룹 창업자 이병철

인재 중시 경영으로
대한민국 최고의 기업을 만들다

이병철 (1910~1987)
· 1910년 경남 의령 출생 · 1929년 중동고교 졸업
· 1931년 와세다대학교 정치경제학과 중퇴 · 1936년 협동정미소 설립(마산)
· 1938년 삼성상회 설립(대구 서문시장) · 1950년 삼성물산 설립
· 1969년 삼성전자 설립 · 1982년 보스턴대 명예경영학 박사
· 1987년 별세(78세)

이병철의 리더십 포인트

- 사람을 온전히 믿고 맡겨라.
- 직원들로부터 신뢰를 쌓아라.
- 창조성이 풍부한 사람이 되어라.
- 권한을 위임하고, 책임을 추궁하라.
- 인재를 중요시하라.
- 신상필벌에 철저하라.

인재 중시 경영으로
대한민국 최고의
기업을 만들다

이병철은 1910년 경남 의령에서 부유한 가정의 막내로 태어나 할아버지가 세운 서당(문산정)에서 한학을 배워 천자문을 뗀 후 부모를 졸라 신식학교인 지수 보통학교를 다니고 서울로 유학하여 중동 중·고등학교를 졸업했다. 그리고 16세에 결혼 후 일본 와세다 대학으로 유학을 떠났으나 건강이 악화되어 학업을 중단하고 귀국했다. 그 후 사업을 결심하고 마산에서 친구 2명과 협동정미소를 운영하지만 중·일전쟁 여파로 문을 닫게 된다. 그리고 28세 되던 1938년 3월 1일 대구 서문시장에서 자본금 3만원(현 가치, 약 2.5억원)으로 건어물을 주로 취급하는 삼성상회를 설립하는데, 이것이 현재 삼성그룹의 모태라고 할 수 있다. 이를 바탕으로 1950년에 부산으로 피난하여 삼성물산을 설립하면서 사업기반을 마련하고 제일제당, 제일모직 등을 연달아 창업하면서 사업을 확장해 나간다.

1969년에는 주변의 수많은 반대를 무릅쓰고 삼성전자를 설립하는데, 이것이 현재의 삼성그룹으로 발전하는 전기가 된다. 산업화 초기인 1961년에 전국경제인연합회 회장을 맡아 우리나라 경제발전을 위해 일익을 담당하였으며 오늘날 우리나라 제1 기업인 삼성그룹을 일으키고 78세의 일기로 생을 마감한다. 그가 세상을 떠날 때인 1987년에는 37개의 계열사와 약 14조원의 매출을 기록했으나, 현재(2010년 기준)는 60여사의 계열사와 연매출 약 230조원으로 시가 총액이 우리나라 상장사 전체의 약 23%를 차지할 만큼 우리나라 경제의 절대적인 위치를 지켜가고 있다.

삼성그룹 이외에 자녀들이 운영하는 CJ그룹(장남 이맹희), 신세계그룹(차녀 이명희), 한솔그룹(장녀 이인희) 등 범 삼성그룹이 우리나라 경제에 미치는 영향은 거의 절대적이라고 할 수 있다.

젊은 사업가 이병철 한 사람의 노력이 국가에 기여하는 업적은 실로 형용할 수 없을 만큼 지대하다고 할 수 있다.

창업정신

이병철은 1980년 어느 신문과의 인터뷰에서 다음과 같은 말로 자신의 창업정신을 간접적으로 표현하였다.

"자기만 잘살아 보겠다는 것이 기업의 목적이 될 수는 없다. 국가와 사회가 먼저 있고, 그 다음에 기업이 있는 것이다. 국가관, 사회관이 없는 사람은 기업인이라고 할 수 없다. 고리대금업을 하는 사람, 사기행각으로 돈을 버는 사람들이 어떻게 기업가라고 할 수 있겠는가?"

또한 세상을 떠나던 해에 또 다른 신문과의 인터뷰에서는 다음과 같은 말을 하였다.

"기업이 사회에 제공하는 또 하나의 간접분배로서 간과할 수 없는 것은 기업 활동을 통해 얻은 이익을 계속 새로운 사업에 투자하여 국민에게 끊임없는 일자리를 만들어 주면서 임금과 생활수준을 향상시켜 가는 일이다."

1973년에 삼성그룹은 이병철 회장이 추구했던 경영철학을 체계화 하여 다음과 같이 3가지로 정리하여 삼성맨들의 가치관과 행동방식의 기준으로 삼고 있다.

사업보국事業報國 : 기업을 통하여 인류사회에 공헌하고 봉사한다. 인간 사회에서 최고의 미덕은 봉사다. 인간이 경영하는 기업의 사명도 의심할 여지없이 국가, 국민, 인류에 대하여 봉사하는 것이어야 하다. 기업의 사회적 봉사는 세금, 임금, 배당을 통해 국가 운영의 기초를 튼튼하게 하고 계속 유지 발전시키는 것이다.

인재제일人材第一 : 기업은 곧 사람이다. 삼성은 1957년에 우리나라 기업 사상 최초로 신입사원 공개채용을 실시하여 27명의 인재를 선발하였다. 이병철 회장의 의지에 따라 채용된 이들은 후에 삼성그룹을 이끄는 핵심 인재로 성장하여 각 계열사를 이끌게 되는데, 오늘날 삼성그룹으로 성장하는데 원동력이 되었다. 이병철은 기회가 있을 때마다 인재의 중요성을 강조하였다.

"나는 일생을 통해 80%는 인재를 모으고 교육시키는데 시간을 보냈다. 삼성은 인재의 보고寶庫라는 말을 자주 하는데 나에게 이보다 더 즐거운 일은 없다."

합리추구合理追求 : 모든 일은 합리를 바탕으로 견실하게 운영한다.

기업경영에 있어 철저하게 원칙을 지키고 비효율과 비리를 척결하며 부정부패 없는 깨끗한 조직문화를 유지해야 한다. 능력을 발휘하는 사람에게는 상을 주고, 비리를 저지르거나 조직을 해치는 사람에게는 가차 없는 벌을 주는 신상필벌의 조직문화가 정착되어야 한다. 누가 뭐래도 삼성인들은 올바른 마음가짐으로 공과 사를 엄격히 구분하여 정도를 걸어가야 한다.

경영철학

이병철은 창업 초기의 기업경영의 가치로 생각하고 있는 경영철학을 15가지로 정리하여 '경영 15계명'을 만드는데, 이것이 현재의 삼성헌법 기본을 이루고 있으며 그룹경영의 핵심가치로 자리 잡아 삼성 직원들의 행동과 판단의 기준이 되고 있다.

이를 바탕으로 삼성그룹은 인재제일, 최고지향, 변화선도, 정도경영, 상생추구 등 5가지를 핵심가치로 삼아 경영의 기본방향을 제시하고 2011년 2월 15일에 '知行33훈'을 발표하였다.

1993년 제2 창업 5주년을 맞이하여 기업의 경영이념을 "인재와 기술을 바탕으로 최고의 제품과 서비스를 창출하여 인류사회에 공헌한다"로 바꾸었는데, 이것은 기업 이념의 틀을 바꾼 것이 아니라 삼성이 세계를 향해 한 걸음 앞서 나가기 위한 노력이었다. 신경영 선언은 삼성의 역사에서 과거 50년 동안 이루었던 변화보다 훨씬 더 큰 혁명적인 사건이다. 양 보다는 질 위주로의 혁신은 경영의 수준을 한 단계 끌어올렸고, 삼성이 국내 정상에서 머물지 않고 세계 일류로 도약하는 계기가 되었다.

삼성은 아날로그 시대에서 디지털 시대로 넘어가는 거대한 파고波高를 헤쳐 나가기 위하여 디지털 기술을 핵심 역량으로, 세계 초일류 상품을 확

경영 15계명

1. 신용을 금쪽같이 지켜라.
2. 사람을 온전히 믿고 맡겨라.
3. 판단은 신중하게, 결정은 신속하게 하라.
4. 근검절약을 솔선수범 하라.
5. 항상 메모하는 습관을 가져라.
6. 세심하게 일하라.
7. 행하는 자 이루고 가는 자 닫는다.
8. 신상필벌을 정확히 지켜라.
9. 전문가의 말을 경청하라.
10. 사원들을 일류로 대접하라.
11. 업(業)의 개념을 알아라.
12. 부정부패를 엄히 다스려라.
13. 사원교육은 회사의 힘을 기르는 것이다.
14. 목계(木枡)의 마음을 지켜라.
15. 정상에 올랐을 때 변신하라.

대하는 등 명실상부하게 뉴밀레니엄 프론티어를 추구하고 있다. 삼성그룹의 오늘을 있게 한 장본인이 설립자 이병철 회장이다.

1980년 7월 이병철은 전경련에서 행한 연설에서 자신의 성격을 이렇게 묘사했다. "나는 한가한 것을 가장 싫어하고 못견디는 성미입니다. 텔레비전을 보면서 신문이나 잡지도 읽고 이야기까지 합니다." 이병철은 대단한 독서광이었고 평생 손에서 책을 놓지 않았다고 한다.

이병철의 성격은 까다로우면서도 귀족적이었다. 167cm의 키에 60kg의

몸무게, 야무진 입매와 단정함, 예리하면서도 온화한 시선, 이병철은 매사에 제일주의를 고집하여 남에게 지는 것을 싫어했다. 이병철의 인상은 차갑고 매서우며 냉혹했고 예리하며 까다로웠다는 것이 일반인들의 느낌이었다. 그러나 그를 가까이에서 본 사람들은 인상과 달리 성격이 둥글며 사교성이 뛰어나고 의외로 온화했다고 한다.

기본적으로 이병철은 유교적 선비 문화의 소양 위에 서 있던 기업인이었다. 어려서 배운 논어를 기반으로 행동이나 사고방식 그리고 몸가짐에 선비 문화와 엄격함이 배어 있었다. 그러나 한편으로 정경학부 출신이었음에도 불구하고 기술에 남달리 관심이 많았고, 사실 경영인으로서 이병철의 일생은 신기술을 도입하여 새로운 기업을 일으킨 데 있다고 해도 과언이 아니다. 제당, 모직을 거쳐 비료, 전기·전자, 반도체에 이르기까지 그는 경영과 기술 두 문제를 놓고 평생을 싸워왔다.

이병철은 한국이 세계시장에서 살아남을 수 있는 길은 더 좋은 품질을, 더 싸게, 그리고 남보다 앞서 만드는 것이라고 강조했다. 그의 생애 마지막 작품인 삼성종합기술원은 한국의 전자산업기술을 선도하고 그의 유언과도 같은 '기술은 돈보다 중요하다'라는 말을 실천하고 있는 한국 기술의 메카가 되었다.

실패를 두려워마라

'3리利가 있으면 3해害가 있다.' 이병철의 회고이다. 세 가지 좋은 일이 있으면 세 가지 나쁜 일도 생긴다는 뜻으로, 짧은 기간에 대지주가 되어 부산, 대구지역까지 농토를 사들이던 청년 이병철은 중·일전쟁으로 모든 것이 물거품으로 돌아가고 말았다. 그는 그의 생애 첫 빅게임에서 크게 실패했으나 실패의 쓰라린 경험을 반추하면서 앞으로의 사업에 커다란 교훈으로 삼았다. "뜻하지 않은 좌절을 겪어 본 기업가는 좌절을 모르고 성장한 기업가보다 훨씬 더 강인한 기업 능력을 가지고 있습니다. 기업가는 항상 지난날에 겪은 일들을 돌이켜 봐야 합니다. 이런 마음가짐을 가지지 않으면 아무리 좋은 경험을 쌓는다 하더라도 결코 살이 되고 피가 되지 않습니다."

그 후 이병철의 사업은 무모한 과욕에서 비롯된 것이 거의 없다. 오늘날 삼성그룹의 사업 중에서도 투기성 사업은 찾아볼 수 없다. 이때의 실패가 그의 평생 교훈이 되었던 것이다. 최초의 실패를 경험한 이병철은 심기일전하여 다시 새로운 사업을 구상했다.

1938년 3월 1일 교통의 요지인 대구에서 삼성상회를 설립하는데, 다행히도 삼성상회의 사업은 계속 성장을 거듭하여 종업원이 40여 명으로 늘어났고 사장, 지배인, 사무직, 생산직의 체계를 갖춘 근대적 기업 형태를 띠고 있었다. 이병철은 과거의 실패를 반복하지 않기 위해 사업에 전력을 기울였으며 자금에 여유가 생기자 새로운 사업을 찾기 시작했다.

"자고로 성공에는 세 가지 요체가 있다. 운運, 둔鈍, 근根이 바로 그것이다. 사람은 능력 하나만으로 성공하는 것은 아니다. 운을 잘 타야 하는 법이다. 때를 잘 만나야 하고 사람을 잘 만나야 한다. 그러나 운을 잘 타고 나가려면 역시 운이 다가오기를 기다리는 일종의 둔한 맛이 있어야 하고, 운이 트일 때까지 버티어 내는 끈기와 근성이 있어야 한다."

장사에도 우선은 사람이다

'사람을 썼으면 실수가 드러나기 전까지는 무조건 믿고 맡긴다.' 이러한 자신의 경영철학에 가장 큰 득을 본 사람은 바로 이병철 자신이었다. 이병철은 부산으로 내려가 3억 원으로 다시 새로운 사업인 고철수집 사업을 시작했다. 전쟁 중이어서 지천으로 널려 있는 포탄 껍데기, 폭격 맞은 공장 기계 등 고철들을 수집하여 쇠가 부족한 일본에 수출하는 사업은 그야말로 '땅 짚고 헤엄치기'였다.

이병철은 일본에서 벌어들인 달러로 설탕과 비료를 수입했고, 물자가 부족하던 시절이라 수입된 물품은 눈 깜짝할 사이에 팔려 나갔다. 게다가 운 좋게도 전쟁 전에 홍콩에 수출했던 면실박 대금 3만 달러가 거래선으로부터 도착하여 그 자금으로 더욱 많은 설탕과 비료를 수입하여 불과 1년 만에 그의 재산은 60억 원으로 늘어났다. 그에게 다시금 큰 사업을 벌일 수 있는 자금이 모인 것이다. 이 돈으로 과연 무엇을 할 것인가?

이병철은 설탕이나 비료를 수입하여 이익을 붙여 되파는 자신이 과연 사업가인가 자문했다. 사업가란 국민이 필요로 하는 물자를 생산해서 판매해야 한다고 생각하고 비로소 사업다운 사업, 즉 제조업에 관심을 갖게 되었다. 그렇다면 무엇을 생산할 것인가? 이병철은 다시 조사에 착수했다. 사전조사와 타당성 검토는 이병철의 주특기이자 또한 오늘날 삼성그룹의 장점이기도 하다. 신목여전神目如電, '사업에 대한 귀신같은 안목이 마치 번갯불과 같다'하여 어느 명리학의 대가가 이병철을 그렇게 평했다. 정보 분석과 평가에 관해서는 대한민국에서 이병철을 따라갈 사람이 없다는 말이다.

이병철은 사업의 규모가 어느 정도 되어야 경쟁력을 가질 수 있는가를 계산할 줄 아는 기업가였다. 그는 주위의 건의를 물리치고 최신·최대의 공장을 건설하겠다고 결심했다. 그렇게 해야만 좋은 제품을 저가로 공급할 수 있고 국제 경쟁력도 갖출 수 있다고 믿었다.

기업가는 좌절에 익숙해야 한다

"사장님, 제일제당과 제일모직만으로 기업은 충분한데 뭘 또 하시려고 합니까?" 누군가 이병철에게 이렇게 말했다. 이병철이 한국 최대의 비료 공장을 세우겠다는 구상을 듣고 던진 말이었다. 그러자 그는 대답했다. "나는 우동과 뚝배기 음식, 그리고 생선 초밥을 좋아합니다. 제일제당과 제일모직만 있으면 그건 얼마든지 먹을 수 있습니다. 하지만 사업가는 자기가 하고 싶은 사업을 하는 사람입니다. 우리나라에는 아직도 꼭 해야 할 일이 많습니다."

이병철은 똑같은 것을 반복하기보다는 늘 새로운 일에 도전하여 성취감을 느끼는 스타일이었다. 당시 한국은 비료가 절대적으로 부족한 나라였다. 미국의 원조자금 2억 5,000만 달러 중 1억 달러 내외를 비료 도입에 쓰고 있었다. 그나마 적절한 도입 시기를 놓쳐 농사를 그르치는 일이 빈번했다. 따라서 비료의 자급자족은 농촌의 생계를 좌우하고 곡물의 증산을 위해 가장 중대한 문제였다. 이병철은 턱없이 부족한 비료의 수요를 충족시키기 위해서는 연 생산 35만 톤 수준의 대규모 공장이 건설되어야 한다고 생각하였다.

기업가의 욕심은 죄가 아니다

1970년대에 이병철은 한국에서도 전자산업을 시작해야 한다고 생각했다. 이병철은 박정희 대통령을 찾아가 전자산업이야말로 장차 한국을 먹여 살릴 산업이라고 설득했고, 박정희 대통령은 전자산업을 전면 개방하라고 지시하였다.

1969년 1월 13일 삼성전자는 그렇게 탄생했다. 삼성전자는 창립 9년만인 1978년에 흑백텔레비전 200만 대를 생산하여 일본의 마쓰시타 전기를 앞섰고, 1981년에는 1,000만 대를 생산하여 세계 정상에 올랐다. 1984년 3월에는 국내 최초로 컬러텔레비전을 500만 대, 흑백텔레비전 1,500만 대를 생산했다. 이후 삼성전자는 VTR, 오디오, 냉장고, 에어컨 등을 생산했다. 이병철은 삼성전자를 세계 정상급의 전자업체로 육성하기 위해 불철주야 노력했다. 그가 가장 염두에 둔 것은 기술혁신이었다. 이병철의 기술에 대한 집념은 매우 강해 당시 삼성종합기술원을 설립했고, 이러한 노력덕분에 삼성전자는 미국, 일본, 네덜란드에 이어 네 번째로 VTR을 개발해냈다.

전자산업 쪽에서 입지를 굳힌 삼성은 이어 중화학공업 분야로 진출한다. 그 중에서도 이병철의 눈에 가장 먼저 들어온 것은 조선산업이었다. 조선산업은 철저한 노동집약적 산업인 만큼 이병철은 인건비가 싸고 사람들의 손재주가 좋은 한국이 조선업에 진출하면 성공할 수 있다고 판단하고, 세계에서 가장 크고 생산성이 높은 조선소를 만들기로 마음을 굳힌다.

이병철은 1974년 다모코사와 미쓰이석유화학과 합작하여 울산 석유화학 공업단지 내에 삼성석유화학을 설립하고, 1977년에는 방위산업의 일환으로 삼성정밀공장을 설립하여 GE와 프래트휘트니사와의 기술제휴를 통해 항공기사업에 진출하는 등 잠시도 현실에 안주하지 않고 끊임없이 새로운 분야를 개척해나갔다.

1980년 봄 이병철은 일본의 저명한 경제 전문가 이나바 박사로부터 다음과 같은 이야기를 듣고 첨단기술의 중요성을 깊이 인식했다.

"제철, 조선, 석유화학 등 일본의 기간산업은 그동안 치열한 경쟁을 통해 기술과 품질을 향상시켰으나 과당 경쟁과 과잉 생산으로 도산이 속출했고 그 부담은 고스란히 국가와 국민에게 돌아갔습니다. 한편 대외적으로도 덤핑 수출로 이익도 없이 각국의 증오의 대상이 되었습니다. 결국 일본은 1973년 오일쇼크 이후로 기간산업의 생산 비중을 대폭 억제했습니다. 대신 반도체, 컴퓨터, 신소재, 유전공학, 광통신 등의 부가가치가 높은 첨단기술 분야에 치중하고 있습니다. 그 결과 수출이 획기적으로 늘고 외화수입이 급증했습니다. 일본의 살길은 경박 단소의 첨단기술 산업에 달려 있습니다."

이나바 박사와 헤어진 후 이병철은 곰곰이 생각했다. '한국도 일본과 마찬가지로 자원이 없다. 살길은 오로지 수출 뿐이다. 산업 재편을 추진하고 첨단기술 산업을 육성하지 않으면 안 된다.' 이병철이 생각하고 있는 첨단기술 산업이란 바로 반도체였다. 반도체는 '산업의 쌀'이며 21세기 첨단산업의 핵심이었다.

그러나 문제는 워낙 세밀한 산업이다 보니 그 기술 수준이 상상을 할 수 없을 정도로 높고 막대한 자원이 투자되어야 했다. 이병철은 고민에 빠졌다. 고급 두뇌는 어디서 데려올 것이며, 공장 건설은 어떻게 할 것이며, 공장 설비에 드는 천문학적인 자금은 어떻게 조달할 것인가? 생각할수록 문제는 한두 가지가 아니었다. 하지만 누군가는 이 문제를 해결해야만 했다. 그것은 국가를 위해서도 반드시 필요했다.

이병철은 새로 착수한 사업이 정상궤도에 오르면 즉시 또 다른 분야로 눈길을 돌렸다. 부실기업인 동방생명과 동화백화점을 인수하여 각각 업계 최고의 기업으로 변화시켰다. 또한 정치가의 꿈을 접고 오히려 올바른 정치를 권장하고 나쁜 정치를 못하게 하는 것이 더 중요하다고 생각한 뒤 중앙일보를 창간했다. 동양텔레비전과 동양라디오도 설립했고, 개국한 지 얼마 되지 않아 모두 흑자를 냈다. 그는 국토개발 쪽에도 눈을 돌려 대규모의 용인자연농원을 건설했다.

사업이란 인재를 구하는 것이다

이병철은 신입사원 면접시험이 있을 때는 반드시 참석했다. 그것은 제대로 된 인재를 뽑기 위해서였고 이렇게 뽑은 인재들 중 자질이 있는 사람을 가르쳐 경영자로 만들었다. 그는 기업경영의 모든 책임과 권한을 갖는 경영자는 판단력, 계획성, 추진력, 통찰력, 지도력 등을 갖춘 전인적 인간이어야 한다고 생각했다.

1957년 삼성은 공채로 채용한 신입사원들을 제일모직에서 한 달간 현장실습을 하고 다시 제일제당에서 3개월 간 설탕부대를 나르는 일부터 시작하여 현장실습을 했다. 앞으로 삼성을 이끌어 갈 엘리트 사원들에게 작업현장의 어려움을 배우게 하기 위한 이병철의 고려였다.

그만큼 그는 공채 1기생들에게 거는 기대가 컸다. "자네들이 삼성을 이끌어가야 한다", "넌 모난 성격 좀 고쳐라" 등등 개인적인 충고까지도 아끼지 않으면서 회사의 대표라기보다는 아버지처럼 사원들을 대했다.

이병철은 사람을 뽑는 데 있어서도 대단히 신중을 기했지만 사원의 교육에도 투자를 아끼지 않았으며 대우면에서도 대한민국에서 최고의 대우를 해주었다. 이병철이 인재에 이처럼 집착한 이유는 1980년 그가 전경련에서 행한 강연의 다음 대목에 잘 나타나 있다.

"기업의 발전은 유능한 경영자에게 달려 있습니다."

또한 이병철의 용인술 비결은 한 번 믿은 사람은 끝까지 믿고 모든 것을 위임한 채 전폭적으로 지원했다. 그리고 엄중한 신상필벌의 원칙으로 수많은 경영자를 길러냈다.

이병철이 보는 인재 기르기는 다음 말로 요약할 수 있다.

"내 경험으로 보면 입사 1, 2년이 지나면 신입사원의 약 5%는 탈락하고 30%는 우수한 인재가 된다. 문제는 나머지 65%의 사람인데, 이들은 환경과 지도 여하에 따라 좌우된다. 조직력이란 바로 이들을 인재로 만들어나가는 힘이다."

이병철의 이러한 노력 덕분에 정재은 삼성물산 부회장, 윤종용 삼성전자 부회장, 이수빈 삼성생명 회장 등과 같은 탁월한 경영자들이 배출되었다.

"나에게 작은 일을 너무 챙기고 따진다고 한다. 그러나 작은 일을 할 줄 모르면 큰 일도 할 줄 모르는 법이다. 큰 일은 오히려 실수가 없는 법이다. 처음부터 충분히 준비를 하고 시작하기 때문이다. 작은 일을 소홀히 취급하는 동안에 큰 일을 그르치게 되는 것이 인간의 일이다. 예를 들어, 돼지 한 마리가 일본에서는 아홉 마리의 새끼를 낳는데, 한국에서는 여덟 마리밖에 낳지 못한다. 바로 이 한 마리의 차이에 대한 원인 규명이 되지 않으면 양돈사업은 언젠가 무너진다. 천리 제방이 개미구멍 하나 때문에 무너지는 것과 같은 이치이다. 이것이 바로 경영의 요체이다." 라고 이병철은 말한다.

그의 사업 스타일에는 항상 공통적인 특징이 있었다. 일단 원하는 무언가를 찾는 것, 그리고 수많은 연구와 사전점검을 거쳐 위험 요소를 제거하는 것, 주변 사람들의 의견을 경청하는 것, 일단 마음의 결정을 했으면 그 때부터는 뒤도 돌아보지 않고 앞으로 앞으로만 나아가는 것이다. 48년이란 긴 세월 동안 이러한 과정을 거쳐 그는 자주 되뇌었던 명구 한 구절을 그대로 실천하였다.

경영자의 요건

첫째 요건은 통솔력이라고 생각한다.

통솔력이 있기 위해서는 덕망을 갖춘 인격자여야 한다. 호암에 의하면, 인격적으로 호소하는 힘, 그리고 인격적으로 모범을 보일 수 있는 고결한 인품, 이것이 사장의 첫째 자질이라고 생각한다. 고결한 인품이란 사람의 단점이 아닌 장점에 눈을 돌려, 누가 옳으냐가 아니고 무엇이 올바른가를 중시하고 탁월한 것을 찾아내어 격려하고 칭찬하는 마음가짐을 뜻한다. 수양을 통해 몸에 덕을 쌓으면서 고결한 품성을 길러야만 비로소 타인의 신뢰를 얻는 참다운 경영자가 될 수 있다는 것이다.

둘째 요건은 인화와 단결이다.

이익을 많이 올렸거나 물질적 업적은 컸다 할지라도 사내 단결을 이루지 못하고 조직운영에도 상의하달, 하의상달이 잘 안 되고 상호 협조가 안 되며 혼란이 있었다는 평가가 나온다면 그는 경영자로서 한 점의 점수도 받을 수 없는 완전한 낙제생 경영자일 수밖에 없다는 것이다. 그렇다고 해서 경영자는 지시와 명령만으로 경영을 해서는 안 된다. 민주주의와 국제화 시대에 자라난 세대들에게 지시와 강요만으로 능률을 올릴 수는 없다. 일을 맡기고 그것을 통하여 사원들이 정신적인 만족을 얻을 수 있도록 이끌어 나가는 리더십의 발휘 능력도 함께 갖춰야 한다.

셋째는 덕망이다.

덕망 있는 경영자라고 할 때 호암이 가장 금기의 대상으로 삼는 전제조건이 있다. 덕망이라고 해서 무턱대고 착하기만 한 덕망이 아닌 것이다. "잘못한 것도 잘했다고 덮어 주는 것이 덕망이 아니다. 이런 사람은 덕망 있는 것이 아니라 싱거운 사람이다"라고 이병철은 못박고 있다. 덕망과 인격을 갖춘 경영자라고 해서 도덕군자가 되라는 뜻은 아니며, 오히려 무원칙하게 선량한 사람은 결코 경영자가 될 수 없다는 것이다. 가령 사고가 생겼을 때 그것이 잘하기 위해서 그렇게 되었는가, 아니면 정말 잘못해서 생긴 것인가, 또는 우발적인 것인가 등을 엄밀하게 검토하고, 그에 따라 엄격한 신상필벌의 원칙을 적용할 줄 아는 경영자가 리더십을 갖춘 경영자가 된다.

넷째는 신상필벌이다.

부하의 부정과 사고를 덮어 주려고만 드는 온정주의는 그 부하를 망치게 하고 회사를 망치게 하며 마침내는 국가사회를 혼란스럽게 만드는 결과를 가져 온다는 것이 호암의 교훈이다. 항상 잘한 사람은 칭찬해 주고 동기부여하며 더 잘할 수 있도록 인센티브를 주어야 한다. 반면에 부정을 저지르거나 조직에 해를 끼치는 사람은 누구를 막론하고 처벌을 해야 한다. 잘못했는데도 인정상 그냥 묵인하고 지나가면 조직이 정상적으로 운영될 수 없다.

언제, 어디서나 원칙은 공평하게 지켜져야 한다. 직급이 높거나 친인척이라고 해서 예외를 두면 다른 사람들을 리드할 수가 없다. 다른 기업에 비해 비교적 삼성의 구매제도가 깨끗한 것은 이러한 설립자의 경영 방침이 큰 기여를 했다고 할 수 있다.

이병철은 기회가 있을 때마다 임원들의 교육에 참여하여 자신의 경영철학과 기업관을 전파하곤 하였는데, 특히 임원들에게 리더로서 다음의 5가지를 강조하였다.

지知 : 자기가 맡은 분야에서 전문지식을 지니고 있어야 한다. 상사가 자신의 분야에 전문지식이 없을 때 부하직원들을 통솔하기 어려우며 부하직원들은 상사를 무시하기 쉽다.

행行 : 자신이 지니고 있는 전문지식을 자신이 몸담고 있는 조직을 위해 실천할 수 있어야 한다. 실천하지 않고 머릿속에만 있는 지식은 무용지물이다.

용用 : 사람을 가려서 쓸 수 있는 능력이 있어야 한다. 리더는 부하직원들을 통해 성과를 창출해야 하는데, 유능한 인재를 선발하는 것도 중요하지만 그 사람을 잘 활용하는 것이 더욱 중요하다.

훈訓 : 자기 부하직원을 지도하거나 육성하지 않고 내버려 두는 것은 리더로서 자질이 없는 사람이다. 부하직원을 훈련하고 육성시키는 것은 리더의 아주 기본적인 역할이다.

평評 : 평가 없이 보상 없다는 말이 있듯이, 부하직원들의 업적과 능력을 평가하고 피드백 시켜 주는 것도 매우 중요하다. 평가 결과를 가지고 적절한 보상을 해주는 것이 동기부여의 기본임을 알아야 한다.

이병철의 주요 어록

이병철 회장이 직원들과 매스컴을 통해 강조하였던 인재의 중요성에 대한 내용을 정리해 본다.

- 모든 일의 중심은 인간이다. 기업경영의 대부분은 사람에 의해서 움직인다는 사실을 잊어서는 안 된다.
- 세상에는 돈이 돈을 번다는 말이 있지만, 돈을 벌어주는 것은 돈이나 권력이 아니라 사람이다.
- 인재의 중요성에 대한 기업가의 정성이 지극할 때 그 기업은 무한히 번영할 것이다.
- 인재를 적재적소에 배치해 놓고 그들의 미래와 생활환경을 보장한 후에 모든 것을 맡기는 것이 경영의 핵심이다.

현대그룹 창업자 **정주영**

가출 소년이 우리나라 경제 건설의
영웅이 되다

정주영 (1915~2001)
· **1915**년 강원도 통천에서 출생 · **1931**년 송전소학교 졸업
· **1934**년 미곡상 부흥상회 취업 · **1938**년 미곡상 경일상회 인수
· **1940**년 자동차 정비회사 아도서비스 설립 · **1950**년 현대건설 주식회사 설립
· **1967**년 현대자동차주식회사 설립 · **1977**년 전국경제인연합회 회장
· **1992**년 통일국민당 창당 / 대통령 출마 · **1998**년 소 1001마리 이끌고 1, 2차 방북
· **2000**년 김정일 국방위원장 면담 · **2001**년 별세(86세)

정주영의 리더십 포인트

- 해보지도 않고 불가능하다고 말하는 사람은 아무것도 할 수 없다.
- 항상 새로움에 도전하고 자신감을 가져라.
- 신용이 돈이다. 신용만 있으면 돈은 언제든지 구할 수 있다.
- 고정관념을 깨라.
- 변명은 성공의 가장 큰 적이다.
- 빈대도 머리를 쓰는데 인간이 머리를 쓰지 않는 것은 월급 도둑이다.

정주영

가출 소년이
우리나라 경제 건설의
영웅이 되다

정주영은 1915년 북한 금강산 자락인 강원도 통천군 송전면 아산리
　에서 6남 2녀 중 장남으로 태어났다. 1930년 15살 때 송전초등학교
를 졸업 후 어려운 가정 형편으로 중학교에 진학하지 못한 채 아버지를 도
와 농사일을 하였다.

　가난에서 벗어나기 위해 17살 때 청진에서 부두 노동자를 모집한다는
신문광고를 보고 처음으로 가출하였고, 2차는 금강산으로 가출하였으나
어느 신사에게 사기당한 일이 있었다. 3차는 1933년 19살의 나이로 아버
지의 소를 판 돈 70원을 훔쳐 서울로 마지막 가출하여 공사판에서 막노동
을 시작하였다. 이때에 현재의 고려대학교 본관 석탑건물 건설현장 노동
자로 돌을 짊어지고 다녔다.

　힘든 막노동생활을 하다가 지인의 소개로 풍전 엿 공장에서 고정된 직

장을 갖게 되었고, 다시 부흥상회라는 쌀가게로 옮긴 것이 한 걸음의 발전이었다. 이 당시에 전차요금 5전을 아끼느라 구두에 징을 박아 신고 출퇴근을 하면서도 매우 신이 났다. 가게 주인으로부터 성실함을 인정받았고 쌀가게 점원생활 4년 만에 쌀가게를 넘겨받아 서울京에서 제일가는 가게를 만들겠다는 신념으로 1938년 24살 때 신당동에 경일상회라는 쌀가게를 차리면서 처음으로 사업을 시작하였다. 그러나 전시체제령에 따른 쌀 배급제가 시작되면서 경일상회를 폐쇄하고 고향에서 면장의 장녀인 변중석과 결혼한다.

그리고 3년 후에 자동차 정비업소 '아도서비스'를 인수하는 것을 시작으로, 1946년에 현대자동차공업사와 1950년에 현대그룹의 모체가 된 현대건설주식회사를 설립하여 사업을 확장하기 시작한다.

1950년 6·25 전쟁 후 폐허가 된 국토의 복구사업에 참여하면서 대그룹으로 성장하는 발판을 마련하였다. 전후戰後 최대 사업인 한강 인도교 건설과 1968년 경부고속도로 건설 참여로 우리나라 최고의 대기업으로 성장하여 1971년 현대그룹 회장에 취임하게 된다.

그 후 중동 건설과 울산 조선소, 서산 앞바다 간척사업, 원자력 발전소, 해외 대규모 건설과 현대자동차 확장 등으로 오늘날 국내 최고의 대그룹으로 성장하는 기적을 이루었다.

· 1977년 경제인들의 모임인 전국경제인연합회 회장으로 취임하여 1987년까지 10년간 활동하면서 우리나라 경제 발전의 핵심을 이끄는 경제계 리더로서의 위치를 확고하게 지켜 나갔다. 또한 1981년에는 88년 서울올림픽 유치위원회 위원장으로 선임되어 제24회 올림픽 개최지를 서울로 확정하는 데 결정적인 역할을 하였다.

1987년 명예회장으로 물러난 정주영은 1992년에 통일국민당을 창당하여 제14대 대통령 후보로 출마하는 등 정치계에서 활동하기도 했는데 그 후 정치에서 손을 떼고 북한 금강산개발 사업에 관심을 갖고 북한을 넘나들며 남북 화해를 위해 정열적으로 활동하였다.

1998년 6월 16일 소 500마리를 이끌고 판문점을 통해 북한을 방문함으로써 분단 이후 정부 관리 동행 없이 판문점을 통과한 최초의 민간인으로 국제적인 주목을 받았으며, 어릴 때 아버지의 소 판돈을 훔쳐 도망 나온 것에 대한 사죄의 의미도 담겨 있었다.

정주영의 이같은 활동이 계기가 되어 남북 화해 무드를 타고 이산가족 상봉과 금강산 관광을 성사시켜 1998년 11월 18일 금강산으로 첫 출항을 하기도 하였다.

이와 같이 정치·경제·사회·문화·체육계에 커다란 활동을 하고 2001년 3월 21일 세상을 떠났는데, 자신의 고향인 아산을 호로 삼아 지금도 정주영을 기리는 활동이 이어지고 있다. '아산병원, 아산장학회, 아산사회복지재단, 아산로' 등이 대표적인 것들이다.

경제적 업적

현대건설을 설립하여 6·25 이후 폐허가 된 이 땅에 경부고속도로, 소양댐, 아산만 방조제, 원자력 발전소 등 국가 기간산업 발전에 지대한 공헌을 하였고, 태국 고속도로, 말레이시아 페낭대교, 중동건설 등 해외 건설에 참여하여 많은 외화를 벌어들였다.

또한 자동차, 중공업, 조선소 등을 설립하고 전국에 공단건설로 중화학공업을 육성하여 수출증대와 함께 국가 부흥에 기여하였으며, 1977년부터 10년간 전국경제인연합회 회장을 맡아 실질적으로 우리나라 경제인들의 수장으로서 국가 경제성장에 결정적 역할을 하였다. 또한 약 50여 개 사의 계열사를 창업하여 국가와 국민에 필요한 산업재를 생산하여 공급하고 약 20여만 명의 일자리를 창출하였다.

교육, 사회적 업적

아산사회복지재단을 만들어 각종 사회사업에 힘쓰고 아산병원을 설립하여 국민들에게 고급 의료서비스를 제공하고 있다. 또한 울산대학교와 울산과학대학, 현대중·고등학교를 설립하여 적지 않은 재산을 교육사업에 투자하였으며, 많은 불우 학생들에게 장학금을 지급하는 등 인재양성에 힘쓰고 대학과 연구기관을 위한 기금 확충으로 연구발전에도 남다른 지원을 아끼지 않았다.

체육계 업적

대한체육회장에 취임하여 국내 체육발전은 물론 '88서울올림픽 유치위원장'을 맡아 서울올림픽 유치에 결정적인 역할을 하여 국가 이미지 향상은 물론 우리나라 국력을 전 세계에 알림으로써 국가의 위상을 드높였다.

남북관계 개선

어려서 부모 몰래 가출한 후 고생하여 성공을 이루었으나 부모님과 북한 고향에 대한 그리움을 평생 가슴에 새기고 살아오면서 언젠가는 그 빚을 갚아야겠다는 신념으로 남북관계 개선을 위해 역사적 역할을 다짐했다.

1998년 소떼몰이 방북을 기점으로 남북개선에 노력하여 금강산 개발과 관광사업을 이루어냈으며, 북한 김정일 국방위원장을 여러 차례 만나 남북 정상회담을 이끌어내고, 또한 남북 이산가족 상봉을 통해 이산가족의 한을 달래주기도 하였다.

정주영 리더십

마지막까지 최선을 다하라

정 회장의 수많은 성공담은 그의 끈질긴 노력에서 비롯된 것이다. 한 예로 현대의 역사적 작품 가운데 하나인 경부고속도로 공사는 430억 원의 최저 공사비로 전장 428km의 고속도로를 3년 안에 건설한다는 계획이었다. 사실 잘못하다가는 손해와 위험을 안게 되는 골칫덩어리 공사인 셈이었는데, 그렇다고 대충 부실공사를 할 수도 없는 노릇이었다.

정주영 회장은 공사기간을 앞당기기 위해 그때로서는 천문학적이라 할 수 있는 800만 달러의 중장비를 구입해 900만 명에 달하는 인원을 동원했다. 많은 어려움이 있었지만 결국 1970년 6월 27일, 최대 난제였던 당제터널공사를 끝내고 예정대로 경부고속도로 준공식을 치르게 되었는데, 어떤 분야이건 일단 뛰어들면 모든 장비와 엄청난 투자를 아끼지 않고 반드시 성공을 이루었다.

미래 비전을 제시하라

기업체를 설립하고 성장시키는 것은 쉽지만 끊임없이 새로운 변화를 모색하며 발전해 나간다는 것은 생각처럼 간단하지 않다. 그러한 점에서 정주영 회장은 늘 새로운 일들을 꿈꾸고 계획하는 전략가였다. 하나의 예로 현대의 반도체사업, 서울올림픽 유치, 금강산개발 사업 등은 창업주의에 기반을 둔 정주영 회장만의 '미래 청사진'이다. 이들은 정주영 회장이 미래를 내다보는 안목이 있다는 실증적인 예가 되는 셈이다.

그렇다면 정주영 회장은 많은 미래의 아이디어를 어디에서 찾는 것일까. 그는 많은 시간을 들여 문제를 집중적으로 생각하는 한편 각 개인의 태도를 예의 주시한다고 한다. 항상 새로운 각도에서 문제를 바라보는 것, 이것이 아이디어를 얻는 비결이라고 말한다.

망설이지 말고 나가라

현대가 조선사업에 뛰어들 때만해도 주위의 비웃음을 한 몸에 받았다. 1970년 건설에서 탄탄히 기반을 다지고 소형차량을 생산하는데 성공했지만, 어떻게 큰 선박을 만들어 낼 수 있겠느냐는 것이 국내의 전반적인 평가였다.

한동안 정주영 회장이 불도저로 불린 적이 있다. 사업 추진력을 빗대어 붙여진 별명이다. 일단 해보겠다는 목적의식을 가지면 뛰어드는 것을 주저하지 않는다는 주변의 평가이다. 주베일 산업항 건설공사 역시 정주영 회장 특유의 저돌성을 엿볼 수 있는 대목이다. 당시 한국 예산의 50%에 해당하는 주베일 프로젝트는 해안에서 7마일 떨어진 바다 한가운데 4척의 초대형 유조선 정박터널을 건설하는 공사였다. 물론 현대가 이러한 시설을 설계한 경험은 전혀 없었다. 그러나 정주영 회장은 1979년 2월 주베일 항구를 완공했다.

이처럼 정주영 회장이 모험을 즐길 수 있는 것은 상식에 얽매인 고정관념 속에 갇혀 있지 않았기 때문에 가능했다고 본다. 스스로 '하고자 하는 굳센 의지'에서 비롯되는 인간의 무한한 잠재능력과 창의성을 중요하게 여긴다고 한다.

현장에서 살고 현장에서 죽는다

흔히 정주영 회장을 '현장주의자'라고 말한다. 하루도 거르지 않고 산업 현장을 직접 찾는 정주영 회장이 어느 순간 불시에 나타날지 몰라 현장의 직원들은 항상 긴장과 초조의 날들을 보낸다는 것이다.

기업이란 냉정한 현실이고, 행동함으로써 성장해 나가는 만큼 경영자가 똑똑한 머리만 굴려서는 성공할 수 없으며, 몸소 행동해야 기업을 키울 수 있다고 역설하는 것이 정주영 회장이다. 이론보다는 현장에서 직접 체험한 지식과 경험이 기업에 더 절실하다는 이야기인데, 정주영 회장이 현대라는 기업을 세운 이후 모든 시간을 현장에 투자했기에 경영자의 위치에서도 세세한 부분까지 파악하고 지휘할 수 있는 사령탑 역할을 충분히 해낼 수 있었다.

지칠 줄 모르는 승부근성과 믿을 수 없을 만큼의 대담성, 명확한 비전제시 등 경영자로서 최고의 지략을 지닌 정주영 회장은 그의 리더십을 바탕으로 한국경제 발전사의 핵심을 꿰뚫는 기업인으로 건설, 자동차, 조선, 석유화학 등 산업 근대화의 중추적인 역할을 한 사람이다.

뜻이 있는 곳에 길이 있다

다음은 정주영 회장에 관련된 하나의 일화이다.

사진 한 장을 보여 주고 돈을 빌릴 수 있을까? 1972년 정주영 회장은 조선소 건설을 위한 차관을 빌리기 위해 소나무와 초가가 보이는 울산 조선소 부지 사진 한 장만 들고 영국 버클레이 은행을 방문했다.

"돈을 빌려 주면 여기에다 조선소를 건설하여 후에 배를 만들어 갚을 테니 돈을 빌려 주시오."

그러자 은행장이 미심쩍은 듯 "도대체 배를 만들어 본 경험이 있습니까?" 하고 물었다. 그러자 정주영 회장은 거북선 그림이 그려 있는 우리나라 지폐를 한 장 꺼내 보였다. 그리고는 당당하게 말했다. "우리나라는 1500년대에 이미 거북선을 만든 나라입니다."

기가 질린 은행장은 까다로운 조건을 하나 걸었다. "앞으로 당신이 만든 선박을 사겠다는 사람이 나타난다면 차관을 해주겠습니다." 아직 조선소도 없는 정주영 회장으로서는 '엄동설한에 딸기를 따오라는 말'과 같은 이야기였지만, 정주영 회장의 맨주먹 마케팅은 여기서 위력을 발휘한다. 정 회장은 스코트 리스고 조선소에서 26만 톤짜리 선박 설계도면을 한 장 빌려 마침 파리에서 휴가 중인 세계적인 선박왕 리바노스를 찾아갔다.

"당신이 배를 사겠다고 계약해 주면 이 계약서를 담보로 은행에서 돈을 빌려 조선소를 지어서 배를 만들겠습니다."라고 맨주먹 마케팅을 전개했다.

'현대가 만드는 첫 배를 당신한테 바치는 영광을 달라'는 정 회장의 맨주먹 마케팅에 감탄한 그리스 3대 선주의 한 사람인 리바노스는 선박건조 경험은 커녕 조선소 조차 없는 현대에 26만 톤급 유조선 두 척을 주문했다. 이 계약 덕분에 정주영 회장은 영국에서 돈을 빌려 울산의 한쪽에는 조선소를 짓고, 다른 한쪽에서는 유조선을 건조해 2년 3개월만에 완공하는 기적을 이룬다.

성실성

그가 가진 최고의 재산은 아버지로부터 물려받은 부지런함과 성실성이었다. 그는 스스로도 이를 매우 자랑스럽게 얘기하곤 했는데, 매일 아침 일찍 일어나 그날 해야 할 일을 생각하면 가슴이 뛰었다고 한다. 매일이 새로워야 하고 어제와 같은 오늘, 오늘과 같은 내일을 사는 것은 사는 것이 아니라 죽은 것이라고 생각하며 하루하루를 새로운 사업구상에 여념이 없었다. 그래서 그는 하루하루 더 발전해야 한다고 생각하고 더욱 열심히 노력했다.

작은 약속을 잘 지키는 사람은 큰 약속도 틀림없이 지키리라 믿는 바, 작은 일에 최선을 다하는 사람이 큰일에도 최선을 다한다고 믿었다. 그의 어릴 때부터 체질화된 이러한 성실성은 성공의 근본이라고 굳게 믿었다.

결단력

정 회장은 매사에 결심이 서면 뒤도 돌아보지 않고 속전속결로 일을 추진한다. 시간이 곧 돈이라고 생각하여 성공에 대한 확신이 서기만 하면 실행에는 주저하는 법이 없다. 그런 의미에서 정주영 회장은 적절한 타이밍의 귀재라고 할 수 있다. 투자에 있어서도 시기를 놓치면 아무 소용이 없는 바, 일단 결정된 일에는 본인이 직접 진두지휘하며 업무를 추진하므로 밑에서 일하는 사람들은 한 순간도 긴장을 늦출 수가 없었다고 한다.

신 용

16세에 가출하여 자신이 가진 것이라고는 맨몸과 신용밖에 없다고 생각한 정주영은 누구보다 성실하게 일했으며, 그 결과 쌀가게 주인과 주위 사람들에게 신용을 얻게 되었다. 그리고 스물일곱 되던 해 자동차 정비공장을 차리게 되는데, 정비공장 문을 연지 한 달도 되지 않아 화재로 모든 것을 잃었다. 빚을 얻어 시작한 정비 공장이 전소되자 정주영은 빚 위에 또다시 빚을 지게 되었다. 다시 일어서야 할 때 그에게 돈을 빌려 준 사람은 쌀가게 시절 자신의 성실성을 믿어준 삼창정미소의 오윤근이었는데, 아무 담보 없이 신용만 보고 3,500원을 빌려주어 재기의 발판을 만들었다.

결국 그가 다시 일어나 오늘날 현대그룹의 신화를 이룩할 수 있었던 것은 신용을 잃지 않았기 때문에 가능한 일이었다.

검소함

그는 한국의 재벌이었지만 매우 검소하고 절약정신이 몸에 배어 있었다. 별세하기 전 30여 년 동안 살아 온 그의 집에는 20년이 넘은 소파와 10년이 다 된 17인치 텔레비전을 사용했다고 한다. 17년 된 작업복을 죽기 전까지 입고 다녔을 정도이며, 헤진 양말과 떨어진 구두를 수선해서 신는 것은 보통이었다. 그리고 자녀들과 손자들에게도 늘 절약과 검소를 가르쳤다고 한다.

부지런함

정주영 회장의 성공비결로 또 하나 꼽는 것은 바로 아침형 부지런한 사람이었다는 점이다. 어렸을 때 아버지를 도와 새벽부터 농사일을 하던 습관이 몸에 배어 아침 일찍 일어나는 것이 일상화 되었다고 한다. 쌀가게 종업원 때도 다른 가게보다 먼저 일어나 문을 열고 점포주변을 정리하였으며, 현대 회장 시절에도 새벽 3~4시에 일어나 그 날 할 일을 구상하며 새벽에 아침을 먹고 자식들과 함께 새벽 공기를 마시며 광화문과 종로를 걸어 계동 현대 사옥으로 출근한 것들은 잘 알려진 사실이다.

창의성

정주영 회장이 부하직원을 야단칠 때 늘 하는 말은 "빈대만도 못한 놈"이라고 했다고 한다. 그것은 부두 노동자 시절 몸으로 익힌 정주영 회장의 철학이 담긴 욕설이다. 정주영이 4번째 가출로 인천에서 부두 노동자 시절 저녁에 잠을 잘 때 몸에 기어오르는 빈대를 피하기 위해 네 개의 물그릇에 상다리를 담가 놓고 상 위에서 잠을 자던 정주영 회장은 며칠 되지 않아 다시 빈대에게 시달리게 된다. 가만히 살펴보니 빈대들이 상다리를 타고 올라올 수 없자 건물 벽을 타고 올라가 천장 위에서 몸으로 뛰어내린 것이었다. 이렇게 빈대도 머리를 쓰는데 사람이 못할 것이 없다고 생각하게 된 것이다.

정주영은 사업에 있어서도 파격적인 아이디어로 멋지게 성공했는데, 항상 상식에 매달리지 않는 신선한 발상을 자주 토해냈던 것이다.

발상의 전환

6 · 25 동란 후 미국의 아이젠하워 대통령이 UN군 묘지를 방문하니 묘지 주변에 파란잔디를 깔아달라는 요청을 받게 되는데, 겨우 5일 만에 파란잔디를 심는 것은 불가능함을 알고 고민하다가 보리밭에서 파랗게 자란

청보리를 옮겨 놓아 잔디 이미지를 연출하자 마군들은 '원더풀'을 연발하며 감탄하였다. 이 일로 인하여 현대는 미군들로부터 많은 건설공사를 수주하였다.

또한 1984년 서산 천수만 간척사업의 물막이 공사 중에 마지막 공사가 급한 물살로 난항을 겪게 되자, 정주영은 과학적 지식을 무시하고 중동에서 폐유조선을 구입하여 가운데 막아놓고 최종 물막이 공사를 성공시킴으로서 일명 정주영 공법으로 4,700만 평을 간척하여 연간 5만톤의 쌀을 생산하는 기적을 이루었다. 후에 그는 이 아이디어가 농사꾼 시절에 아버지가 논의 물꼬를 막을 때 떼 한 장을 던져놓고 덮는 데서 힌트를 얻었다고 말한 바 있다.

추진력

정주영 회장의 별명은 불도저였다. 그것은 한 번 마음먹은 사업을 무섭게 밀어 붙이는 추진력 때문인데, 1970년 울산 모래벌판에 세워진 조선소는 모두가 불가능하다고 말한 사업이었다. 자본도, 기술도 없던 시절 그곳에 조선소가 세워지리라고 믿었던 사람은 오직 정주영 회장 뿐이었다. 울산 모래벌판의 사진 한 장을 달랑 들고 당시 우리나라 1년 예산의 절반에 해당하던 4,500만 불의 차관을 얻어 세계 최대 규모의 조선소를 만들었다.

그는 조선소 도크건설과 동시에 26만 톤짜리 두 척의 배를 만드는 모험을 하게 되는데, 대한민국 최초로 만든 이 거대한 유조선은 한국을 세계 제1위의 조선국으로 도약시키는 발판이 되었다. 초등학교 졸업이 학력의 전부였지만, 그가 우리나라 경영계에서 이룬 업적은 그야말로 신화였고 기적이었다고 말할 수 있다.

정주영을 대변하는 리더십에는 여러 가지 있으나 그것을 간략하게 요약하면 다음 3가지로 정리해 볼 수 있다.

첫째, 자신감을 심어주고 도전하도록 하라.

어떠한 중요한 일을 할 때 리더가 자신감이 없으면 부하들은 움직이지 않는다. 그는 항상 강조하기를 어떤 실수보다도 치명적인 실수는 도전해보지도 않고 포기하는 것이라고 하였다. 부하들에게 불가능해 보였던 수많은 일들을 기적처럼 해내는 모습을 보면서 부하직원들은 그 앞에서 위축될 수밖에 없었고, 무슨 일을 하든지 따를 수밖에 없었다.

둘째, 끊임없이 변화를 추구하도록 하라.

장남으로서 부모를 도와 안정적인 농사일을 하는 것이 그의 주어진 역할이었으나, 이를 거부하고 가출을 하여 변화를 시도하였으며 노동자 생활을 하다가 쌀집을 차리는 모험을 하였다. 그리고 정비공장, 건설회사 등으로 변화하고 조선소 건립, 아산만 방조제 건설, 금강산관광 개척, 소떼 방북을 통한 남북교류 등 평범한 사람들이 상상할 수 없는 일들을 변화를 통해 현실안주를 거부하고 하나씩 기적을 창조해 나가는 삶을 살았다.

셋째, 현장에서 솔선수범하라.

정주영 회장이 즐겨 쓰는 것이 "나는 성공한 기업가가 아니라 부유한 노동자다"라는 말인데, 이는 자신이 최고 경영자로서 말로만 하는 리더가 아니라 직원과 함께 하는 노동자임을 강조한 것이다. 그는 현장직원들의 마음을 읽기 위해 언제나 현장에서 근로자들과 함께 했으며 솔선수범을 함으로써 근로자들이 스스로 따라오도록 하였다. 또한 개인적인 생활에서도 근검절약을 실천함으로써 직원들 뿐만 아니라 자녀들에게도 모든 물자를 아껴 쓰는 것을 생활화하도록 하였다.

정주영 회장은 인간이 스스로 한계라고 규정짓는 일에 도전하여 그것을 이루어내는 기쁨을 보람으로 여기고 기업을 운영해왔으며, 인간의 잠재력은 무한함을 강조하고 그에게 주어진 잠재력을 끊임없이 발휘하여 불가능을 현실로 만들어내는 위대한 리더였다. 그리고 그는 사무실이나 교실에서 배우는 경영이론보다 현장에서 체득한 지식이야말로 기업경영의 핵심이라고 항상 강조하였다.

그는 한국을 대표하는 재벌이었지만 화려하고 풍요로운 삶을 거부하고 평범한 사람들이 살아가는 보통 인생을 즐기며 한평생을 살았다.

다음은 그가 생전에 즐겨 불렀던 대중가요 '보통 인생'의 가사다.

"이 세상에 올 때 내 맘대로 온 것은 아니지만

이 가슴에 꿈도 많았지

내 손에 없는 내 것을 찾아

뒤돌아 볼 새 없이 나는 뛰었지

이제와 생각하니 꿈만 같은데

두 번 살 수 없는 인생 후회도 많아

스쳐간 세월 아쉬워한들 돌리 수 없으니

남은 세월 잘 해봐야지"

일본 MK택시 창업자 유봉식

무일푼으로 도일(渡日)하여
세계 최고의 택시회사를 만들다

유봉식 (1928~)
· **1928**년 경남 남해 출생 · **1943**년 빈손으로 도일(渡日)
· **1951**년 리쓰메이칸(立命館)대 법학부 중퇴
· **1960**년 교토에서 차량 10대로 '미나미 택시' 설립
· **1977**년 가쓰라 택시를 인수하여 회사명을 'MK택시'로 변경
· **1985**년 국가상대 '택시요금인하 청구소송' 승소
· **1995**년 미국 타임지 최우수 서비스기업 선정
· **1995**년 MK그룹 회장 퇴임 · **2001**년 긴키산업 신용조합 회장
· **2004**년 국민훈장 무궁화장 수상
· **2010**년 고려대학교 일본학 연구센터에 20억 기부

유봉식의 리더십 포인트

- 경영자는 무엇보다도 근로자들에게 내일에 대한 희망을 주어야 한다.
- 사원들에게 공부를 시키지 않는 것은 전적으로 경영자의 책임이다.
- 고객의 신뢰를 얻는 기업은 절대로 망하지 않는다.
- 교육은 어느 곳에서나 갖가지 형태로 할 수 있다.
- 나는 자가용이 없다. MK택시 모두가 내 차이기 때문이다.

무일푼으로 도일(渡日)하여 세계 최고의 택시회사를 만들다

유 봉식 회장은 1928년 6월 23일 경남 남해에서 가난한 집안의 셋째 아들로 태어났다. 초등학교를 졸업하고 가정사정으로 상급학교에 진학하지 못한 그는 신문배달과 버스 차장 등을 하며 가사 일을 도왔지만 어린가슴에 상처만 받게 되고, 더 넓은 세상으로 떠나보고 싶다는 열망으로 둘째 형님과 숙부가 계신 일본으로 방향을 잡았다. 어머니의 도움으로 아버지를 설득하여 16살인 1943년에 현해탄을 건너는데, 일본에 도착하여 낮에는 막노동을 하고 밤에는 공부를 한 결과 교토에서 손꼽히는 리스메이칸 중학을 거쳐 리스메이칸 대학 법학부에 합격하였다. 그러나 법학을 전공하여 고시에 패스하더라도 재일 한국인으로서 법복을 입을 기회가 없다는 사실을 깨닫고, 대학 졸업을 1년 앞두고 자퇴한 후 한 직물회사에 취직하였다. 그렇지만 한국인이라는 이유로 회사에서 집단 따돌림과 상사의 횡포로 5년 만에 회사를 그만두고 외식업을 시작해 보지만 경험부족으로 문을 닫았다. 그 후 형님의 도움으로 1957년에 나가이 석유를 인수하여 어느 정도 돈을 벌어 1960년에 교토에서 미나미 택시회사를 설립한다. 택시 10대와 24명의 기사로 택시업을 시작하는데, 당시에는 생소했던 고객만족을 경영이념으로 하여 몰라보게 성장하게 되었다. 그 후 발전을 거듭하여, 1977년에는 가쓰라 택시를 흡수하고 회사명을 두 회사의 영문로고를 합한 'MK택시'를 출범시켜 교토 택시업계를 긴장하게 하였다.

창립 50주년인 2010년에는 택시 1,500여대와 종업원 4,000여 명으로 성장하였으며, 매년 40명 정도의 신규 택시기사를 채용하는데 약 8,000명 정도가 지원할 정도로 인기 있는 직장이 되었다. 신규 채용된 신입 택시기사들에게는 철저한 교육을 통해 서비스 정신을 무장시키는데, 이것이 세계제일의 친절 서비스를 자랑하는 택시회사로 명성을 얻은 비결이라고 할 수 있다. 신입기사를 채용하는 데는 단 한 가지 조건이 있는데, 그것은 택시운전 경험이 없어야 한다는 것이다. 그래야만 MK식 친절마인드 교육을 통해 정신적으로 무장을 할 수 있다는 신념이 있기 때문이다. 그러한 서비스정신이 세계적으로 인정받아 1995년에는 미국 타임즈가 선정하는 '세계 최우수 서비스기업'으로 인정받는 영광을 누리기도 하였다. 현재 MK택시는 일본뿐만 아니라 세계에서 가장 친절한 서비스의 모델로 인정받고 있으며, 유봉식 회장의 경영 리더십은 각국 경영자들의 리더십 벤치마킹 대상이 되고 있다.

내부고객에 대한 서비스 우선

유 회장이 택시사업을 시작한 1960년대 초, 기사들의 결근과 지각, 조퇴

등이 다반사여서 택시가 100% 가동된 적이 거의 없었다. 이러한 악습을 개선하기 위해 매일 교육을 실시하였으나 효과가 없자, 가정방문을 실시하는데 주택 사정이 최악임을 발견하였다. 거의 단칸방에서 온 가족이 생활하기 때문에 쉬는 날 혹은 야근 후에 집에서 잠을 자거나 휴식을 취할 수 없었던 것이다. 이에 유 회장은 사재를 들여 MK 주택단지를 만들어 1사원 1주택 정책을 펼치기 시작한다.

노사 간 불신 해소를 위한 노력

창업 1년 후인 1961년, 유봉식은 경영면에서 새로운 시도에 착수한다. 그것은 노사에 의한 회사의 공동관리라고 할 수 있는 관리사원제도와 경영위원회제도를 도입하는 것이었다.

이는 기사들에게 자신들이 벌어온 돈이 어떻게 쓰이는지 알게 하고 그에 상응한 임금을 받게 하기 위한 제도였다. 관리사원은 입사 후 6개월 이상 근무한 자로 무단결근이나 지각과 조퇴가 없는 사람이면 누구나 될 수 있는데 관리사원이 되면 주식배당처럼 이익을 분배받을 권리가 생겼다. 이런 관리사원 중에서 근로자 대표 5명, 사무관리직 직원 5명 등 10명의 경영위원회를 구성하였다. 이 경영위원회에서는 회사의 경영상태 뿐 아니라 택시기사들의 근무성적을 모두 공개하고, 또한 보너스를 비롯한 이익배당금도 모두 여기에서 결정토록 하였다.

당시에 일본의 택시업계는 경영자들의 장부조작으로 기사들 불만이 극에 달했는데 '경영위원회'를 발족시켜 경영 장부를 공개하고 이익의 30%는 회사가 갖고 70%는 근로자들에게 배분하는 이익 배분제를 도입하였으며, 1969년에 'MK시스템'으로 관리사원제도를 정식으로 도입하여 직원들의 임금을 대폭 인상시키고 경비절감제도를 철저히 시행함으로서 이익 구조를 개선시켰다. 인간에 대한 신뢰가 바탕이었으므로 이 제도는 MK 성장의 원동력이 되었다.

신입사원 교육

신입사원이 새로 입사하면 10일간의 교육을 받게 되는데, 철저한 서비스 교육과 인사하는 법을 가르친다. 그리고 교토시내 한복판에 세워놓고 사훈社訓인 '우리들의 신념'을 낭독시킨다.

> 우리는 노동의 신성함을 믿는다.
> 우리는 회사와 더불어 있음을 믿는다.
> 우리는 임무가 승객을 위하는 길임을 믿는다.
> 우리는 사회에 봉사하지 않으면 안 된다.
> 우리는 건전하게 이익을 올리지 않으면 안 된다.
> 우리는 학습에 전념하여 인격양성에 힘쓰지 않으면 안 된다.

VIP고객

MK택시의 VIP 고객 리스트에는 오스트리아 여왕, 카터 전前 미국 대통령, 고르바초프 전前 소련 대통령, 메르세데스 벤츠 사장, 더스틴 호프만, 브룩쉴즈 등 외국의 저명인사가 줄을 잇는다.

4가지 인사운동

1976년부터 시작된 'MK택시의 4가지 인사운동'은 택시업계와 일본에 커다란 파문을 일으켰다. 손님이 승차하면 반드시 다음과 같이 인사하도록 교육시킨다.

① "고맙습니다. 어서 오십시오."

② "어디까지 가십니까? 행선지는 ○○까지 가시는군요." 하고 확인 복창한다.

③ "오늘은 ○○가 모시겠습니다." 하고 사원 이름을 밝힌다.

④ "감사합니다. 잊으신 물건은 없으십니까?" 하고 내릴 때는 반드시 감사 인사를 한다.

"이 4가지를 실행하지 않을 때는 요금을 내지 않으셔도 됩니다."라고 스티커를 만들어 택시 안에 부착하였다.

실천 여부를 확인하기 위해 앙케이트를 받는 경우도 있으며 유 사장이 본사에서 손님에게 직접 전화를 걸기도 한다.

친절한 인사에 의해 인간관계가 발전할 수 있다는 사실을 MK택시는 전략으로 삼았다. MK택시의 인사운동은 성공적인 비즈니스의 길로 접어들게 하는 가이드의 역할을 하였다.

고객 불만에 대한 철저한 대응

MK택시가 오늘날 높은 평가를 받는 중요한 원인 중 하나로 고객 불만에 대한 철저한 대응을 꼽을 수 있다. 친절운동도 시간이 지남에 따라 초심을 잃고 고객에게 진심을 다하지 않는 기사도 나타났다. 회사는 고객들의 감사와 불만사례를 감사집(고객의 감사편지 모음), 불만집(고객의 불만이나 기사의 고충을 모은 책)으로 출판하여 사내에 배포한다. 전 직원들이 내용을 공유하고 반성하는 기회로 삼음으로써 지속적으로 친절운동을 유지해 올 수 있었던 원동력이 되었다.

장애인 · 노약자 우선 배려

MK택시가 '시민에게 보답하는 택시' 운동을 전개하여 고객의 목소리를 서비스 향상에 활용하고자 노력할 때 예기치 못한 소리가 들려왔다. 장애인들이 "휠체어를 탄 우리들도 시민인데, 우리들은 손을 들어도 택시가 서지 않습니다."라고 항의해 왔다. 조사해 보니 확실히 택시기사는 휠체어를 탄 손님을 피하고 있었다. 유 사장은 이 문제에 대하여 MK택시가 회사 방침을 확립해야 할 필요가 있다고 판단하고, 우선 사원교육을 통해 신체장애인들에게 택시의 역할이 얼마나 중요한지에 대하여 강조했다. MK택시는 사원회의에 장애인 대표를 초대하여 "신체 장애인을 우선 승차하는 제도를 실행하겠습니다."라고 선언했다. 신체 장애인을 정상인보다 먼저 승차시키는 것은 전국에서 MK택시가 처음이었다.

MK택시의 장애인에 대한 배려가 전국적으로 알려지면서 관광으로 교토에 온 사람들 사이에서는 '교토에 가면 MK택시를 타고 싶다'는 이야기가 입에 오르게 되었으며, 최근에는 소그룹 단위로 택시를 이용하는 수학여행이 유행이다. 또한 몸이 부자유스러운 승객으로부터 MK택시의 진심을 담은 감사편지가 쇄도했는데, 특히 양호학교(지체부자유한 사람들이 다니는 학교) 학생들에게 있어 MK택시를 이용한 수학여행은 평생 잊을 수 없는 추억이 되었다고 친구나 친인척들에게 칭찬함으로서 자연히 회사 홍보가 확산되어 나갔다.

1972년에 MK택시는 '시민에게 보답하는 택시' 운동의 일환으로 교토 히가시야마東山에 있는 자사의 주유소에 심야 정류소를 개설하여 응급환자, 출산 등 급한 용무의 고객에 대응하도록 하였다. 당시 교토택시는 대부분 무선 설비 없이 심야에 긴급 배차하는 것은 불가능에 가까웠으며, 지금처럼 자가용을 소유하고 있는 가정이 많지 않았기 때문에 심야에서 새벽까지 긴급사태가 생겼을 때는 어찌할 방법이 없었다. MK택시의 심야 정류소에는 담당직원이 상주하며 기사가 대기하여 전화로 의뢰를 받는 체제를 구축해 나갔다. 1978년에는 전용 구급택시를 발족시켜 모든 승무원들에게 일본 적십자 구호원 자격을 취득하게 하였다.

영어교육 및 정보 제공

관광도시인 교토를 방문하는 외국인은 많다. 그 중에서도 영어를 필요로 하는 외국인 여행자는 상당한 비율을 차지하는데, 그 수요를 MK택시는 놓치지 않았다. MK택시에서 영어회화가 가능한 택시 서비스를 개시한 것은 1985년이었다. 수요는 계속 증가하였으며 영어회화가 가능한 기사를 육성하기 시작했다. 1990년에는 영어회화 택시를 염두에 두고 제1회 영국 유학생 파견을 실시했는데, 매년 5명을 선발하여 런던으로 유학을 보냄으로서 영어실력 향상에 힘쓰고 있다.

택시 안에서는 곧잘 경제나 직업에 대한 이야기가 대화의 주제로 등장하는 경우가 많다. 이에 '택시 안에서 상품이나 서비스 중개를 할 수 있지 않을까'라고 유봉식 사장은 생각했다. 매매가 성립된 경우 파는 사람에게 정보료를 받고 담당 택시기사에게 분배하는 시스템을 도입했는데, 이를 '움직이는 정보 백화점' 이라고 이름을 붙였다. '움직이는 정보 백화점' 이 실시된 것은 1973년 일이었다.

그 후 점차 매매계약의 성립 건수가 많아져 1985년에는 MK택시에 상사부商事部가 창설되어 제4차 '움직이는 정보 백화점' 이 시행되고 있다. MK택시 내부에는 큼지막하게 '움직이는 백화점, 팔거나 사고 싶으신 물건이 있으신 분은 연락주세요.' 라고 표시되어 있다. 예를 들어, 손님이 "자동차를 사고 싶습니다." 하고 기사에게 이야기하면 그것을 상사부가 접수하여 그 고객의 정보를 닛산, 도요다, 마츠다 등의 딜러에게 넘긴다. 그러면 각 딜러가 그 고객에게 세일즈하여 상담이 성립되면 딜러에게 정보료가 들어오고 60%를 승무원에게 지급하는 시스템이다.

MK택시는 현재 교토 시립 히가시 양호학교, 니시 양호학교, 구레다케 양호학교의 스쿨버스를 운행하고 있다. 히가시 양호학교는 지적 장애아 학교로 초·중·고가 운영되고 있으며 기숙사 없이 전원이 통학생이다. 니시 양호학교는 약 200명의 아동과 학생이 있으며, 구레다케 양호학교는 교토시의 하나뿐인 지체부자유 양호학교이다. MK택시는 지금까지 10년 이상 이 세 학교의 스쿨버스 운행을 꾸준히 도와주고 있다. 이는 아동학생 그리고 보호자에게 신뢰를 얻고 있음을 뜻한다. 장애를 가진 아동과 학생은 브레이크나 급커브에도 골절이나 기타 상처를 입을 수 있기 때문에 특별히 안전 운전에 주의를 집중해야 한다. 운전뿐만 아니라 버스를 타고 내릴 때에도 따뜻한 배려가 필요하다.

요금인하 운동

1970년대 일본 택시업계는 2년마다 요금을 인상하였으나 요금을 인상한다고 해서 기사의 수입이 증가하는 것은 아니었다. 서비스 개선이 없는 요금인상으로 고객은 택시를 외면한 것이다. 이를 간파한 유봉식 사장은 1981년 요금인상에 반대하며 업계의 움직임에 제동을 걸었다.

그러나 택시회사의 전국 조직인 일본 전국승용차연합회와 오사카 육운국陸運局으로부터의 압력, 그리고 당시 운수대신의 설득으로 의지가 꺾이게 된다. 1981년 요금인상으로 택시업계는 마이너스의 연속이었으며 승객은 택시를 외면했고, 수입은 줄어든 채 회복의 기미가 보이지 않았다. 다음 해인 1982년 3월 유봉식 사장은 요금인하를 결단했다.

그는 지방정부의 행정지도가 고객의 택시 외면에 맞장구를 쳐서 수입을 줄게 하는 결과를 낳았다는 사실에 분노하여 1982년 3월 오사카 지방 재판소에 운수성을 상대로 소송을 제기했다.

재판 결과가 나온 것은 1985년 1월이었다. 'MK택시의 운임 인하 신청을 각하却下한 오사카 육운국에 대한 처분은 부당한 것으로서 각하 처분을 취소하라' 는 소송에서 MK택시는 승소한다. 이 판결이 사회에 미치는 영향은 대단했는데, 업계 상식으로는 운수업에 종사하는 사람이 회사 생존권을 쥐고 있는 행정기관에 반항한다는 것은 엄청난 도전이요 모험이었던 것이다.

기모노 할인제도

'기모노 할인'은 교토에서 기모노(일본 전통의상)를 입고 승차하면 요금을 할인해 준다는 것인데, 유봉식 사장은 자사 발행 'MK신문' 에 다음과 같은 글을 실었다.

 "교토는 국제관광 도시로서 일본 문화가 자랑하는 기모노 문화를 중심으로 하여 세계에 어필하고 있습니다. '기모노 문화' 발전과 교토 경제의 활성화를 이루고자 합니다. 직접적으로는 기모노를 입은 사람이 편하게 대중교통을 이용하는 것을 목표로 하지만, 많은 사람들이 기모노에 관심을 가지게 하여 일상생활에서도 즐겨 입을 수 있도록 하고, 교토 관광에 대한 관심이 높아지는 것을 MK는 원합니다. 또한 교토의 지방산업과 관광산업의 활성화는 당사를 포함하여 교토경제 전체에게 플러스 되는 일일 것입니다."

 이용자에 대한 배려에 기초를 둔 서비스 향상은 운전기사의 지위 향상으로 이어진다. 고객에게 기쁨을 주고 감사 받는 직업이라는 긍지와 직결되기 때문이다. 기본요금 정도의 근거리 고객을 동업종 타사 기사가 외면했을 때 MK택시는 '아무리 가까운 거리라도 승차 거부는 하지 않는다.'라는 평판을 얻어 매출을 신장시켰다.

 MK택시는 사람의 생명을 책임지고 안전하게 목적지까지 가는 동안 차내라는 공간과 시간을 공유하면서 고객에게 어떻게 편안함을 제공할 것인가를 항상 연구하고 있다. 승객 한 사람 한 사람의 요구를 충족시키기 위한 노력을 끊임없이 하고 있는 것이다.

택시기사는 육지의 파일럿

 "고객의 생명을 책임지는 데 있어서는 여객기의 파일럿이나 택시기사나 모두 똑같은데, 왜 여객기 파일럿만은 동경의 대상이 되고 택시기사는 그렇지 못한가? 그것은 경영자가 기사에게 투자나 교육을 하지 않기 때문이다.”

기사가 사회에서 정당한 평가를 받기 위해서는 경영자가 책임을 지고 직원을 육성해야 한다고 유봉식 사장은 생각했다. 이런 생각을 실행하기 위해 MK택시에서는 승무원 채용 시 경험자를 채용하지 않는다. 제로상태에서 시작하여 초심을 잃지 않는 승무원을 육성하고 싶다는 이유에서이다.

MK택시기사는 샐러리맨이 아닌 비즈니스맨이다. MK택시는 택시를 운송업으로서가 아닌 접객서비스업으로 생각한다. 그것은 손님을 운송하는 것이 아닌 한 사람 한 사람의 소중한 고객에게 서비스를 제공하고 있다는 의미이다.

전원 업무집회

MK택시는 기사들 간에 서로가 신뢰하며 조직원으로서의 이상을 추구해 나가고 있다. 조직이 추구하는 이상과 기사 개인의 자기실현 간의 조화를 이루기 위해 매월 정기모임을 갖는다. 이 신뢰와 확인의 장場이 '전원 업무 집회'이다. 이것은 의사통일을 위한 집회이며 레벨업을 위한 모임이며, 정보교환의 자리이기도 하다. MK택시의 전원 업무 집회는 모든 영업소에서 매월 개최된다. 작은 영업소는 2회, 큰 영업소는 3회로 나누어 개최되는데, 매월 실시되는 이 집회에는 반드시 간부가 직접 출석하여 출석자와 커뮤니케이션을 하고 있다.

MK 시스템

MK택시의 급여체계는 'MK 시스템'이라고 불리는 독특한 것으로, '택시 승무원의 급여를 은행지점장 수준으로' 라는 목표로 1969년 도입한 시스템이다. MK 시스템에서는 기사의 제복에서 차 수리비에 이르기까지 적립식의 자기부담이며, 수익에 대해서도 직접 수령액에 반영되는 시스템이다. 예를 들어, 사고를 일으켜 수리비가 많아지게 되면 수입이 줄어들어 철저한 '주인의식' 을 개개인이 갖도록 하여 경영자의 관점에서 영업에 임해 줄 것을 직접적으로 체험토록 한 것이다.

결과는 유봉식 사장의 예측대로 기사들이 주인으로서 철저한 원가의식을 가지고 경영자적 감각으로 영업에 임하고 있으며 서비스 향상과 사고 감소, 예방으로 직결되고 있다. MK 시스템이라는 독특한 성과주의 문화가 스파이럴(spiral) 효과를 만들어 냈다고 말할 수 있다.

기사 유니폼 착용

유 회장은 1983년 택시기사들의 자부심과 의식전환을 위해 택시기사들에게 표준화된 유니폼을 착용토록 했다. 당시 일본의 세계적인 디자이너인 모리 하나에를 5년 동안 찾아가 "택시기사도 고객의 생명을 책임지는 육지의 파일럿이다."라고 설득한 끝에 승낙을 받아내 그 당시 거금인 1,000만엔을 지불하고 모든 기사들에게 독특한 근무복을 입히게 된다. 처음에는 택시기사들의 반발이 심했으나 유 회장의 끈질긴 설득으로 입게 되었는데, 현재는 MK택시의 상징으로 이미지 향상에 큰 기여를 하고 있다.

솔선수범

유봉식 사장은 매일 아침 6시 30분에 출근하여 야근한 기사 대기실에 얼굴을 보이며 "여러분, 안녕하십니까? 수고 많으십니다."하고 말을 건넨다. 그리고 7시 30분이 되면 근무 중인 기사들에게 무선실에서 "여러분, 안녕하십니까? 오늘 하루도 손님을 안전하게 모셔 주십시오."라고 인사한다.

유봉식 사장이 말과 행동을 통해 일관되게 주장하는 것은 'KTK 정신(소신, 철저, 완수)'이다. 그는 숭고한 인간애와 윤리관을 가진 사람이지만 어떤 일에 관한 신규 아이디어를 제안하고 그것에 대해 나름대로의 고집을 가진다. 그리고 그 일을 철저하게 추구하고, 그 일이 완수될 때까지 몇 번이나 확인을 반복한다.

먼저 자신을 움직이는 법률을 만들라고 주장하며 기사들에게 커피봉사, 아침인사, 현장청소 등에 앞장서는데, "경영자가 솔선수범 할 때 근로자들이 따른다."는 철학을 지니고 이를 실천하는데 앞장선다.

내부고객(직원) 우선과 가족 존중

회사가 어려울 때 유봉식은 기사들에게 1시간씩만 근무시간을 늘려달라고 호소한 일이 있다. 그는 평소에 항상 말하기를 "사원이야말로 진정한 자산이다. 은행이란 기생과 같아서 돈 떨어지면 인연도 끊기게 된다. 사원이야말로 회사가 어려울 때 절대적인 힘을 갖기 때문에 우리의 자본은 은행이 아니라 사원들이다."라고 강조함으로써 사원들을 소중하게 생각하였다.

회사 창립 초기에 기사들이 결근과 이직이 많아지자, 각 가정을 방문하여 열악한 주거환경 때문임을 알고 사재를 털어 사택을 마련하였다. 또한 늦은 시간에 교대를 위해 택시를 회사 차고에 반납한 후에 퇴근해야 하므로 여러 가지 어려움이 있자, 그는 이 문제를 해결하기 위해 '자택 교대제'

를 시행하기도 한다. 그리고 회사 사원 부인들을 활용하여 회사 홍보물을 배포한다든가 앙케이트 조사에 참여시켜 가족으로서의 역할을 강조하고 애사심을 갖도록 하여 현재는 부인회 활동이 매우 활발하며 애사심도 대단하다고 한다.

어느 사원 부인은 친구들에게 다음과 같이 자랑하였다.

"MK에 근무한다고 하면 신용이 있습니다. 학교에서도 아이들 선생님으로부터 그런 얘기를 듣지요. 학교 자모회에 가도 남편이 택시기사라면 대체로 감추려고 하는데, MK 부인들은 그런 일이 없습니다. 대단한 자부심을 갖고 있지요."

고객중심 서비스 정신

1976년부터 실시된 손님에 대한 4가지 표준화된 인사법은 오늘날 MK택시의 서비스 모델이 되었다. 이 인사를 하지 않으면 요금을 받지 않는다는 스티커를 모든 택시에 부착함으로써 지금은 거의 일반화되었다. 또한 기사들의 격렬한 반대에도 불구하고 임산부와 노약자 우선승차 제도를 정착시킴으로서 시민들에게 매우 긍정적인 모습으로 어필되어 지금은 약자에 대한 배려와 사회적 책임을 다하는 택시회사로의 명성을 얻게 되어 회사의 매출 기여에도 큰 역할을 하고 있다. 또한 저녁 늦은 시간에 부녀자들이 택시 타는 것을 꺼려하는 시민문화를 간파하고 유 회장은 기사들에게 철저한 교육을 통해 만일 늦은 시간에 부녀자들이 택시에서 내려 어두운 골목길을 갈 때는 집 앞에 도착할 때까지 헤드라이트를 비춰주는 서비스를 제공함으로서 안심하고 탈 수 있는 택시라는 이미지를 부각시켜 시민들이 심야에 선호하는 택시가 되었다.

철저한 사원교육

회사 초기에 유봉식은 기사들에게 돈만 많이 벌게 해주면 된다고 생각했는데, 실제로 직원들의 임금이 최상위로 올라서자 돈만이 근로자들의 동기부여 요인이 아니라는 것을 알고 교육의 필요성을 느꼈다. 그리하여 직원들에 대한 교육을 체계화시키고 많은 예산을 투입하여 교육을 강화했다. 신입기사가 채용되면 예절, 서비스교육은 물론 인성교육을 필수로 시키며 심지어 고등학교를 졸업 후 입사하는 어린 기사들에게는 약 90일 동안 교육을 받도록 했다.

사원들 뿐 아니라 부인들에게도 정기적으로 회사에 초청하여 특강을 실시하고 때로는 본인이 직접 강사로 나서 직원들에게 필요한 강의를 실천하기도 했다. 그러면서 그는 교육의 중요성에 대하여 다음과 같이 강조했다.

- 교육은 때와 장소에 관계없이 언제든 할 수 있다. 커피를 마시면서도, 여행을 하면서도 가능하다.
- 이제 경영자도 공부를 하지 않으면 안 된다. 모든 결과의 차이는 공부의 차이다.
- 사원들에게 교육을 시키지 않는 것은 경영자의 책임이다.
- 높은 임금을 보장하려면 사원들의 능력을 개발시키지 않으면 안 된다.

검소함과 부지런함

유봉식은 리쓰메이칸 대학에 다닐 때 스에카와 교수로부터 배운 것이 인간은 평등하다는 것이며, 근로자의 노동이야말로 새로운 가치를 낳는 원천이므로 근로자를 착취해서는 안 된다는 것이었다. 그래서 그는 사원을 필요할 때 쓰고 버리는 단순한 노동력의 단위로만 본 것이 아니라 교육을 통해 생산력을 창출해 내는 중요한 자원으로 인식하였다. 그는 사장이었지만 사장이라고 불리는 것을 싫어했고 사장실이나 응접실을 별도로 두지 않았다. 물론 명령계통이 존재했지만 모든 것은 평등하다고 생각했다. 여유 있는 공간이 있으면 사원들을 위해 사용되기를 원했으며 사원들 앞에서 강의를 하거나 경영을 설명할 때도 연단 위에 올라서는 것을 싫어했으므로 그를 위한 연단을 만드는 것도 허락하지 않았다.

또한 그는 사장 재직시에 사장이 타고 다니는 별도의 자가용이 없었다. 어느 기자가 왜 사장님은 자가용이 없느냐고 질문하자 다음과 같이 대답했다고 한다.

"MK택시가 모두 내 차인데 별도로 무슨 자가용이 필요합니까."

기업가 정신 — 번 돈은 사회의 것이다

1984년 11월, 유봉식은 KBS의 초청을 받고 한국을 방문하여 많은 경영자들 앞에서 특강을 했다. 당시에 88서울올림픽을 앞두고 국민들에게 서비스 정신을 심어주기 위해 정부에서 초청한 것이다. 그는 국빈 대우로 장관이 초청하는 만찬에 초대되었을 때 맛있는 것 먹으러 온 것이 아니라며 스케줄을 변경하고 거리로 나가 택시 도어 서비스, 세차, 택시관리 하는 법 등 기본적인 것부터 택시업자와 기사들에게 교육을 해나가기 시작했다.

"일반적으로 한국의 택시업자들은 좋은 자가용을 타고 다니지만, 영업용 택시들은 아주 낡은 것들이다. 그런 차에 손님을 태우고 버젓이 요금을 받아내는 것은 매우 비도덕적이다. 자가용을 타지 말고 자기회사 택시를 타 보라. 그래야만 고객의 마음을 읽을 것이다. 국가에서 내준 영업면허로 돈을 벌었으면 그 돈은 근로자의 생활 향상이나 사회공헌 활동에 써야 한다. 그리고 무엇보다 경영자는 검소한 생활과 공부를 게을리해서는 안 된다."

한국인 유봉식

어린 나이에 맨손으로 일본에 건너가 크게 성공한 유봉식 회장은 1995년에 경영권을 동생인 유태식 부회장에게 넘겨주고 경영에서 물러났다. 그는 일본 국적을 취득하고 그곳에서 평생 사업을 하며 성공하였지만 항상 고국인 대한민국을 잊지 않았다. 지난 2005년 12월에 한국을 방문한 자리에서 다음과 같은 말을 하면서 극일克日을 강조하였다.

"일본인들은 누가 자신을 뛰어넘으려 할 때 가차 없이 짓밟지만 자신보다 위라고 생각하면 금방 포기하고 배우려 합니다. 일본을 따라잡고 추월하는 것만이 한·일 갈등을 발전적으로 극복하는 길입니다. 그러기 위해 한국인들은 일본으로부터 검소와 근면을 배워야 합니다."

그리고 그는 2010년 고국을 방문하여 고려대학교 일본학 연구센터에 일본을 이길 수 있는 연구 활동과 의식개혁 운동이 일어나 주길 바라는 마음에서 20억 원을 기부한다.

※ 참고로 필자는 1992년부터 1995년까지 3년 동안 기업 대표들과 노조 대표들의 인솔자로 약 20여회에 걸쳐 "MK 서비스 연수"를 실시하였으며, 1994년에는 유봉식 회장을 초청하여 전국 순회강연을 동행하면서 그의 훌륭한 경영철학과 인간존중 정신을 배울 수 있었다.

16대 대통령 노무현

도전과 신념의 정치인으로 우뚝 서다

노무현 (1946~2009)
· 1946년 경남 김해 출생 · 1966년 부산상고 졸업
· 1975년 사법고시 합격 · 1977년 대전지방법원 판사
· 1978년 변호사 개업 · 1988년 국회의원 당선
· 2000년 해양수산부 장관 · 2002년 대통령 당선(제16대)
· 2009년 별세(64세)

노무현의 리더십 포인트

- 현실에 안주하지 않는 도전정신
- 명분과 원칙을 준수
- 기득권을 포기하는 용기
- 사회의 구조적 모순을 타파하기 위한 모험정신
- 사회적 약자에 대한 배려

도전과 신념의 정치인으로 우뚝 서다

노무현은 경남 김해시 진영읍 봉하마을에서 농부의 3남 2녀 중 막내로 태어났는데, 가난한 농부였던 아버지는 비교적 늦은 마흔여섯에 노무현을 낳았다. 어린시절 집에서 10여리 떨어진 진영읍내의 대창초등학교에 입학하여 비교적 공부를 잘하였으나 가정의 어려움으로 기성회비를 제대로 내지 못하는 경우가 많았으며, 초등학교 졸업 후 진영중학교에 입학하지만 등록금 때문에 부모님들이 고생을 많이 하였다. 어느 날 학교에서 이승만 대통령 찬양 글짓기가 열렸는데, 장기집권에 대한 반감으로 학생들을 선동하여 백지를 낸 죄로 교무실에서 하루 종일 벌을 서고 반성문 쓸 것을 요구받았다. 그러나 반성문을 쓰지 않자 교감선생님이 우월감이 대단한 녀석이라며 혀를 내두르기도 하였다. 그 시절 4·19 학생혁명과 5·16 군사쿠데타를 목격하고 사회에 대한 비판적 시각이 싹트기 시작했다. 3학년 때 부산일보가 주관하는 부일장학생으로 선발되어 중학교를 졸업하지만, 경제적 어려움으로 고교진학을 포기하려 했으나 큰 형님의 도움으로 부산상고에 진학하여 장학금으로 학교를 졸업할 수 있었다.

그러나 가난과 현실에 대한 불만으로 공부를 열심히 하지 않아 원하는 금융기관 취업에 실패한 후 중소 어망회사인 '삼해공업'에 입사하였으나 한 달 여 만에 사표를 내고 집으로 돌아왔다. 그리고는 집 근처 산모퉁이에 허름한 토굴방을 만들고 고시공부를 시작했다. 하지만 책 살 돈이 없어 울산의 한국비료 건설현장에서 막노동을 하다가 안전사고로 이빨이 부러지는 사고를 당하게 되었다. 이때 어려운 환경에서 일하는 근로자들의 열악한 생활을 체험하게 되어 후에 노동인권 변호사가 되는 동기가 되었다.

마음의 안정을 찾지 못하고 방황하다가 1968년 3월에 현역 사병으로 입대하여 12사단에서 만기복무 후 전역하였다. 고향으로 돌아와 고시공부를 하던 중 아내 권양숙을 만나 특별한 직업이 없는 상태에서 1973년 결혼하였다. 그리고 피나는 노력으로 제대 4년만에 고졸자로서는 유일하게 사법고시에 합격하는 영광을 누리는데, 당시 심정을 그는 벌레가 사람이 된 것만큼이나 큰 사건이었다고 회고했다. 그러나 사법연수원 생활을 하면서 뜻하지 않은 좌절감을 느꼈다. 항상 마음만 먹으면 1등을 할 수 있다고 자부했는데 아무리 노력을 해도 성적이 중간을 넘지 못하였다. 그 때 비로소 세상에는 자신보다 머리가 좋은 사람들이 많다는 것을 깨닫게 되고 판사로 임용되어 1년을 근무하지 못한 채 사직한 후 1978년 부산에서 변호사의 길을 택하게 되었다.

도전과 시련

변호사로서 활동을 시작한 그는 힘없고 어려운 사람 편에서 변호사 활동을 하겠다고 다짐하지만 사회구조가 그렇게 단순하지만은 않았다. 그리고 1979년에는 그 당시 정치적 상황이 긴박하게 돌아가고 있었는데, YH무역 여공사건, 그리고 김영삼 총재 국회 제명이 부마사태로 이어지더니 10·26사건으로 박정희 대통령이 사망하는 일까지 발생함으로써 정국은 한치 앞을 예측할 수 없는 안개속으로 스며들었다.

그 후 민주화를 열망하던 국민들의 염원은 12·12 사태로 물거품이 되고, 국정을 장악한 신군부 세력들이 1980년 5월 광주사태를 계기로 전국에 계엄령이 선포되어 사회는 제2의 유신시대로 들어가게 되었다. 이 때 노무현은 심한 좌절감을 느끼는데, 1981년에 발생한 부림 사건의 변론을 맡으면서 인권변호사의 길을 걷게 되는 전환점을 맞는다. 그리고 부산 민주시민협의회 상임위원, 민주화를 위한 변호사 모임 창립, 민주헌법쟁취 국민운동본부 부산집행위원장 등에 참여하면서 노동사건과 시국사건에 전념하며 1980년대 초·중반을 보냈다. 그러나 겨울이 지나면 봄이 오듯이 그렇게 견고했던 5공화국도 국민들의 열화 같은 저항으로 1987년 6·29 민주화 선언을 이끌어 내면서 우리나라에 진정한 민주화가 태동하게 되었다.

이 때 노무현은 시국사건과 노동운동을 지원하면서 무기력감에 빠지지만, 좌절하지 않고 민중가요 어머니를 즐겨 불렀다.

사람 사는 세상이 돌아와 너와 나의 어깨동무 자유로울 때
우리의 다리 저절로 덩실 해방의 거리로 달려가누나

아아 우리의 승리, 죽어간 동지의 뜨거운 눈물

아아 이글거리는 눈빛으로 두려움 없이 싸워나가리

어머니 해맑은 웃음의 그날을 위해

정치 입문

1987년 6·29 민주화 선언 이후 직선제로 치러진 대통령 선거에서 민주화 세력은 김영삼과 김대중으로 양분되어, 결국은 민정당 후보인 노태우가 대통령에 당선되었다. 다음 해에 노무현은 통일민주당 김영삼 총재의 영입제안을 받고 아무 연고도 없던 부산 동구에 출마하여 처음으로 국회에 진출하게 되는데, 곧이어 열린 국회청문회(5공비리 특위, 광주민주화운동 특위)에서 날카로운 질문으로 5공 청문회 스타로 우뚝 섰다.

그가 분열된 야권세력을 통합하기 위해 동분서주할 때 노태우, 김영삼, 김종필을 중심으로 3당 통합(민정당, 민주당, 자민련)이 이루어짐으로써 모든 의원들이 여당으로 들어가는데, 노무현은 안락한 길을 버리고 민주세력 분열이라는 명분으로 통일민주당을 탈당하여 의원 8명인 꼬마 민주당으로 초라하게 남았다. 그리고 1991년, 평민당과 통합함으로써 김대중과 동지로 만나게 되어 새로운 정치를 시작하게 된다.

정치적 시련과 성공

이와 같은 정치적 노선으로 인하여 자신의 고향인 부산에서 3번의 고배를 마시는 시련을 겪은 후 1998년 종로에 출마하여 당선됨으로써 10년 만에 국회에 진출하게 되었다. 그는 3당 합당시 다른 사람들처럼 김영삼을 따라갔으면 편안한 정치생활을 할 수 있었으나, 이를 거부하는 용기로 새로운 도전을 하는 승부사적 기질을 발휘함으로써 국민들에게 깊은 인상을 남겼다. 이 후 김대중 대통령 밑에서 해양수산부 장관을 역임하며 자신의 약점인 공직자로서 경험을 쌓게 되는데, 이를 계기로 폭넓은 정치행정경험을 밟아간다.

대통령 출마

노무현은 2002년 자신을 지지하는 국회의원이 한 명도 없는 상태에서 민주당 대통령 경선에 뛰어든다. 다른 후보들에 비해 제일 초라했고 당원 조직이나 돈도 없었다. 오로지 기댈 곳은 노사모와 부산상고 동문회 뿐이었다. 당시 7명의 예비후보가 출마했는데, 제주에서 치른 첫 번째 경선에서 3위를 하여 후보로 선출되기에는 한계가 있었다. 그러나 그는 포기하지 않고 계속 도전하여 울산과 광주에서 1위를 함으로써 예상 외의 돌풍을 일으켰다.

그 이후에는 승승장구하여 끝내는 민주당 대통령 후보로 선출되는 결과를 얻었다. 그러나 2002년 온 나라를 흥분의 도가니로 몰아넣었던 월드컵 4강 진출로 당시 대한 축구협회 회장이던 정몽준 의원의 인기가 계속 상승하여 노무현을 능가하므로 노무현의 지지도가 15% 아래로 떨어지는 수모를 당하며 후보 교체론이 공공연히 등장했다. 이에 노무현은 또 다른 도박을 하게 되는데 노무현, 정몽준, 이회창 3명이 출마하면 이회창 후보가 당선될 것임을 깨닫고 정몽준과의 단일화를 위한 승부수를 던졌다. 상대방이 요구하는 여론조사를 통한 단일화를 받아들이고 진행된 결과에서 노무현은 박빙의 차이로 후보가 되면서 대선에서 대세론의 중심에 있던 이회창 후보를 근소한 차이로 따돌리고 꿈에 그리던 대통령에 당선되는 기적을 연출했다.

정경유착 근절과 공정한 사회

노무현의 이력을 보면 투쟁과 저항의 연속이었지만, 그에게는 뚜렷한 인생철학이 있었다. 젊은 나이에 정치에 뛰어들어 국가 모든 분야에 퍼져 있는 구조적 모순을 타파하고 정직함과 성실하게 살아가는 사람들이 주인이 되는 세상을 만들기 위해 그는 부단히 노력하였다. 가능하면 힘없는 약자 편에서 도움을 주려했고, 불의를 일삼는 거대한 기득권 세력이나 보수 언론에는 일체 타협을 하지 않으면서 비판하고 저항하였다.

변호사와 국회의원 시절에는 역할의 한계로 많은 것을 뜻대로 바꿀 수 없었으나, 대통령이 되어서는 본인의 철학을 실현하고자 야심차게 도전하였다. 그러나 대통령 임기를 마치고 지난 세월을 회고하면서 다음과 같이 탄식처럼 얘기하곤 했다.

"나의 20년 정치인생이 마치 물을 가르고 달려온 것 같다. 세상을 조금이라도 바꾸었다고 믿었는데 돌아보니 원래 있던 그대로 돌아가 있었다. 정말로 세상을 바꾸는 사람 사는 세상을 만드는 길이 다른데 있었던 것은 아니었을까? 대통령은 진보를 이루는데 적절한 자리가 아니었던 것은 아닐까? 그렇다면 도대체 누가, 무엇으로 어떻게 세상을 바꾸는 것일까?"

하지만 그가 변호사, 인권운동가, 정치인, 대통령으로서 우리 사회와 국가에 기여한 바는 결코 가볍지 않다. 그는 재임기간 동안 상식이 통하고 원칙이 지켜지는 공정한 사회, 정경유착이나 반칙과 특권, 특혜가 없는 사회, 그리고 모든 분야에 투명성을 높이기 위해 부단한 노력을 아끼지 않았다. 물론 기득권 세력의 저항이 만만치 않았으나 그는 뚝심으로 밀고 나갔다.

그러나 대한민국을 움직이는 보수세력은 매우 크고 강하며 이념적으로 튼튼하게 무장되어 있어 보수세력이 누리고 있는 부조리나 특권을 허무는데 진보의 힘은 너무 미약함을 느꼈다. 진보정권 10년 동안에 아무리 대통령이지만 보수의 네트워크 속에서 힘을 쓰기가 어려웠는데 그는 그것을 알면서도 정치, 경제, 사회, 노동 등 각 분야에서 힘없는 소수와 약자를 보호하기 위해 어느 누구보다 노력한 점은 부인할 수 없다. 종국에는 대통령 임기를 마치면서 회고해 볼 때 진보와 보수의 균형을 맞추는데 실패했다고 자성하며 탄식했다. 큰 틀에서 보면 그가 투명한 사회, 돈 안드는 선거풍토 조성, 정경유착 근절, 노동자 보호 등을 실현하는데 일정부분 기여한 것도 사실이다.

행정복합도시(세종시) 건설

대통령 선거 당시 그는 많은 참모들의 반대에도 불구하고 신행정수도 건설을 공약했다. 충청도로 세종시를 옮겨가면 충청도 표는 모을 수 있을지 모르나 인구가 훨씬 많은 수도권 표를 잃을 가능성이 높으므로 선거에 불리하다는 것이 참모들의 이야기였다. 그러나 그는 포화상태인 수도권의 집중을 지방으로 분산해야 한다는 정치적 신념에서 물러서지 않았고, 여러 가지 우여곡절 끝에 본래의 내용에서 수정된 행정중심 복합도시를 만들게 되었다.

이라크 파병

대통령 취임 후 미국 부시 대통령이 전화로 한국군의 이라크 파병을 요청했다. 취임한 지 얼마 되지 않아 미국에서 보내온 선물치고는 고약했는데, 여당인 민주당과 시민단체들이 반대운동을 했다. 그렇지만 한·미공조 차원에서 미국은 우리에게 거부할 수 없는 동맹이었다. 또한 당시에는 부시정부의 대 북한정책이 강경기조여서 자칫하면 미국이 북한을 공격할 수 있는 빌미를 줄 수도 있었다.

이라크 파병 문제는 한·미관계의 중요한 이슈였으나 자신을 지지해 준 지지층 시민들은 파병을 반대하므로 진퇴양난의 곤경에 처하게 되지만, 그는 국가적인 차원에서 파병이 도움된다고 판단하고 미국이 요구하는 1만 명 규모를 대폭 축소하여 3,000명으로 하고 비전투 임무를 주는 것으로 결정하였다. 그가 개인적으로는 이라크 파병에 찬성하지 않았으나 대통령의 입장에서 국익을 생각하고 파병에 동의한 것은 커다란 용기였다고 할 수 있다.

언론과의 싸움

정치인들이 가장 신경을 쓰고 두려워하는 것이 언론이다. 그는 정치인이 되고나서 거대 언론과 늘 불편한 관계였는데, 대통령이 되고나서는 더욱 그랬다. 특히 수백만부를 자랑하는 3대 신문(조선, 동아, 중앙)과 갈등관계가 지속되었는데, 이것이 대통령 업무를 수행하는데 많은 장애요인으로 작용하였다.

그는 정치 권력과 언론 권력의 유착관계를 오랜 관행으로 판단하고 이를 단절시키기 위해 힘든 싸움을 시작하는데 거대 신문들에 대하여 매우 부정적인 시각을 지니고 있었다. 일부 신문이 언론의 사회적 책임이나 독재에 항거하기도 하였으나 그보다는 부당한 기득권의 성벽 안에서 정치 권력과의 유착관계를 비판했는데, 1987년 6·29 선언 이후 언론의 민주화가 이루어지면서 정치권력의 지배에서 벗어나 시장권력과 유착되고 새로운 사회적 권력으로 등장하는 것에 대하여 우려하였다. 민주주의가 제공하는 언론자유의 과실을 챙기면서 누구의 견제도 받지 않고 어떤 비판도 허용하지 않는 절대 권력이 되었다고 판단했다.

그는 대통령이 되고나서 언론에 대하여 두 가지를 개혁하려고 결심하는데, 하나는 정치 권력과 언론의 유착관계를 단절하는 것이고, 또 하나는 언론이 누리는 부당한 특권을 인정하지 않는 것이었다. 그가 언론에 갖는 가장 큰 불만은 책임의식의 부족이었다. 선출되지도 않고 책임지지도 않으며 교체될 수도 없는 막강한 힘을 휘두르는 언론에 대하여 유착관계를 단절시키고자 노력했으며, 임기 내내 부당한 언론 특권에 굴복하지 않으려고 몸부림쳤다. 역대 어느 정치인이나 대통령도 금기시 했던 사항을 사회적 정의를 위해 십자가를 졌다고 자부했던 것이다.

대부분 정치인들은 언론을 가장 두려워하고 그들에게 잘 보이기 위해 부단한 노력을 한다. 그러나 그는 그러한 행동을 하지 않고 오히려 그들의 거대한 힘에 대항하며 자신의 정체성을 지키기 위해 끊임없이 노력했다.

한번은 예비 경선시절 조선일보에서 7명의 후보들을 차례로 인터뷰하는 시리즈를 계획하고 그에게도 인터뷰를 요청하였으나, 평소 그 신문에 좋은 감정을 갖고 있지 않던 그는 인터뷰를 거절했다. 대부분의 정치인들은 언론이 자신에 대해 기사화하기를 목메는데 그는 그것을 거절하는 용기를 지니고 있었다. 결국 대 신문과의 협조관계 없이도 대통령에 당선됨으로써 언론의 무자비한 권위에 대해 경고하는 통 큰 정치인이었다.

임기종료 후 낙향

노무현은 해방 후 우리나라 정치 역사상 임기가 끝나고 고향으로 돌아간 최초의 대통령이었다. 그는 대통령 임기가 끝나는 청와대 마지막 밤에 자신의 대통령 임기동안 보필해 준 차관급 이상 공직자들을 부부동반으로 초청하여 식사를 대접했다. 대통령으로 재직하는 동안 도와준 고마움에 대한 작은 배려였다.

그는 대통령 재임기간 동안에 국가 균형발전을 이루기 위해 많은 노력을 하면서 비좁은 서울을 떠나 지방으로 내려갈 것을 강조하였다. 너무 수도권에 집중되어 있는 것을 지방으로 분산하여 전국이 균형 있게 발전하도록 하는 것이 그의 정치적 희망이기도 하였다. 이를 실천하기 위해 노력한 대통령이 퇴임 후 서울에 남아있는 것은 명분이 없었다. 명분을 떠나 평소 은퇴 후에는 고향으로 돌아가겠다는 것이 그의 꿈이었다. 그러나 막상 고향으로 돌아가는 것에 대하여 갈등이 없지는 않았다. 그 이유는 그가 정치적으로는 크게 성공했지만 고향에서는 몇 번이나 실패하는 시련을 겪었기 때문에 고향 사람들이 자신을 따뜻하게 맞아줄 것인가도 걱정이었다.

그러나 그는 고향으로 돌아가는 것이 지역주의를 극복하고 국민통합을 이루는데 작은 보탬이 될 수 있는 길이라 판단하고 귀향을 결심하였다. 대통령이라고 하는 울타리 속에서 정해진 각본에 따라 움직이는 불편한 생활로부터 해방된다는 것에 그는 한편으로 큰 해방감을 느꼈다.

2008년 2월 25일 이명박 대통령의 취임식에 참석한 후 기차를 타고 고향인 김해의 봉하마을로 돌아가 마을 주민들의 환영을 받으며 평범한 시민이 되었다. 역대 대통령들이 해내지 못했던 작은 소망을 그는 용기 있게 실천한 것이다.

삼성그룹 CEO 이건희

삼성을 세계 일류로 만들다

이건희 (1942~)
· 1942년 경남 의령에서 이병철의 3남으로 출생 · 1961년 서울사대부고 졸업
· 1965년 와세다대학교 상과 졸업 · 1966년 동양방송 입사
· 1987년 삼성그룹 회장 취임 · 1996년 IOC 위원 선임
· 2000년 서울대 명예 경영학 박사 · 2005년 고려대 명예 철학 박사
· 2012년 현)삼성그룹 회장

이건희의 리더십 포인트

- 현실에 안주하지 마라.
- 항상 최고를 지향하라.
- 변화를 선도하고 미래를 내다보라.
- 인재를 중요시 하라.
- 창의적 사고를 중요시 하라.

삼성을 세계 일류로 만들다

이건희 회장은 1942년 1월 9일 경남 의령에서 태어났다. 그가 태어날 당시 부친 이병철 전 회장은 대구 서문시장 근처에서 삼성상회를 경영하고 있었다. 당시 삼성상회는 청과물과 건어물을 취급하는 무역회 사로서 자리를 잡아 갈 무렵이었는데, 이건희 회장 위로도 6명이나 되는 자식들이 있었으므로 그의 어머니는 어린 이건희를 돌보기 어려운 처지 였다.

그의 집안은 먹고 살만한 집안이었지만 항상 근검절약하는 가풍이 어린 이건희 회장에게도 영향을 미쳤다. 증조모 때에 재산을 축적할 수 있었지 만 증조모는 한 끼를 덜 먹고 베 한 필을 더 짜는 데 몰두했다. 안 먹고 안 쓰는 것만이 재산을 늘릴 수 있는 시대였다. 이렇듯 오랜 시간에 걸쳐 근검 절약을 통해 재산을 모아 온 집안이어서 헤픈 씀씀이는 결코 용납되지 않았다.

　대구에서 사업을 하던 선친 이병철은 좀 더 사업을 확장하기 위해 1947
년 5월 서울로 상경했다. 종로구 혜화동에 자리를 잡고 이듬해에는 종로 2
가에서 무역회사인 삼성물산공사를 세웠지만, 이건희 회장이 초등학교 2
학년 때에 6·25 전쟁이 발발했고, 미처 피난을 가지 못한 이병철 일가는
공산 치하에서 3개월 동안 커다란 고통을 당하였다.

　이병철 전 회장은 자본가라는 오명을 쓴 채 수시로 내무서에 불려 갔고,
그의 승용차마저도 빼앗겼다. 불안한 나날 속에서 그는 맥아더 장군의 인
천상륙 작전의 성공과 서울이 수복되자 자식들을 데리고 마산으로 내려갔
다. 이건희 회장은 거기서 초등학교를 다녔는데, 그는 대구와 부산을 오가
며 무려 다섯 번이나 학교를 옮겨 다녀야 했다.

　어린 시절의 이건희는 말이 별로 없고 혼자서 골똘히 생각에 빠져 있거
나 장난감을 뜯어보며 지내는 것을 좋아하는 내성적인 성격이었다. 그의
성격은 혼자 무엇인가를 깊게 생각하는 스타일이었다. 이러한 성격은 이
미 어린 시절부터 부친의 모습을 닮아 형성되어 온 것이라고 볼 수 있다.

일본 유학시절

　일본 유학시절은 그의 경영철학의 밑거름이 된 시기라고 해도 과언이
아니다. 이건희 회장은 부산에서 초등학교 5학년 때인 1953년 도쿄로 유
학을 떠났다. '선진국을 보고 오라'는 아버지 이병철 전 회장의 지시 때문
이었다. 이미 일본에는 이건희의 두 형이 유학하고 있었는데, 그는 둘째형
과 일본인 가정부와 함께 살면서 도쿄의 초등학교를 다녔다.

　이병철 전 회장이 그의 장남을 비롯한 세 아들을 유학 보낸 것은 전후戰

後 어수선한 한국에서 교육시키는 것보다는 비교적 안정된 일본이 더 배울 것이 많다는 판단 때문이었다. 당시 겨우 열두 살에 이른 이건희는 부모와 헤어졌는데, 처음 1년 동안 일본어를 배우느라 고생했다. 또한 한국에서 다섯 군데의 학교를 전전하느라 공부의 기초도 없었으므로 다른 공부도 열심히 하지 않으면 안 되었다.

당시 일본인들은 한국을 전쟁과 가난으로 얼룩진 후진국으로 여기고 있어 민족차별이 심했는데, 그는 가장 민감한 나이에 민족 차별에 대한 분노, 부모에 대한 그리움 등을 느끼게 된다.

그의 일본 유학시절에 있어 특기할 만한 것 중 하나는 1,200~1,300편에 이르는 영화를 보았다는 것이다. 그 정도의 영화라면 그 무렵 일본에서 10년간 만들어진 영화의 수와 같은 양이다. 당시 일본인들의 눈에 비친 조선 사람은 더럽고 비열한 민족이었는데, 어린 꼬마가 일본인들에 의해 그런 차별을 받았으니 몹시 자존심이 상했을 것이다. 이때의 기억 때문인지 언제나 그는 일본과의 경쟁에서는 무엇이든 이기고 싶어 한다. 어린 이건희는 친구도 부모도 안 계셨던 상황에서 나름대로 소일거리를 찾았는데 다름 아닌 영화 관람이었던 것이다.

어두운 영화관 안에서는 그 누구의 차별이나 간섭을 받지 않고 시간을 보낼 수 있었으며, 또한 영화가 재미를 붙일 만큼 좋기도 했다. 그 후 평생 영화와 다큐멘터리 마니아가 되는데, 그의 영화 감상법은 자신만의 시각으로 독특하게 발전한다.

그는 영화를 볼 때 주인공의 배경까지도 생각한다고 알려져 있는데, 말하자면 화면에 나타나는 결과만을 생각하는 것이 아니라 화면의 이면까지도 본다는 뜻이다. 즉 아주 복잡한 장면 한 컷을 만들기 위해 그 뒤에 동원

된 여러 사람의 관점과 노력까지를 동시에 본다는 것인데, 이것은 제품 분석과도 일맥상통한다. 겉으로 보기에는 아주 잘 만들어진 VTR이지만 그는 기어코 뜯어서 그 내부를 들여다본다. 거기에 내장되어 있는 부속 하나하나의 역할과 만든 회사까지도 모두 살피는 것이다.

'일할 때도 새로운 차원에서 눈을 뜨게 된다.'는 것은 아마도 그런 의미일 것이다. 훗날 그가 매스컴에 관심을 갖게 되고, 한국의 기업으로서는 처음으로 공익광고를 제작하라고 지시했다는 것이나, 스티븐 스필버그와 영화합작 사업에 나서게 된 것은 이때부터 체계적으로 습득한 관심과 소양 때문이었다.

이건희는 일본에서 초등학교를 다니면서 일찌감치 골프를 배우게 되는데 아버지 이병철 회장도 1950년대 초 일본에서 처음 골프를 배운 골프 예찬론자였다. 그는 아들에게 일본의 일류 골프 친구를 붙여 직접 배우게 했고 장비의 지원에도 돈을 아끼지 않았다. 이병철 전 회장이 아들의 골프 레슨에 이처럼 지원을 아끼지 않은 것은 "골프를 이해하게 되면 세상의 이치를 알게 된다"고 생각했기 때문이다. 그가 골프에 일가견을 가지게 된 것은 선친의 이같은 영향을 받은 듯하다.

이건희가 즐겨하는 운동은 골프, 승마, 탁구 등이다. 이같은 그의 스포츠맨십은 경영과 자주 접목되는데, 1993년 신新경영을 주창할 당시 그는 "심판이 없는 골프에서는 자율을, 야구에서는 팀워크를, 럭비에서는 투지를 배워야 한다."고 강조했다. 그러면서 근대 5종 경기를 빗대어 경영자의 5대 종목을 선정, 첫째, 기술에 대한 지식, 둘째, 경영에 대한 감각, 셋째, 컴퓨터에 대한 관심, 넷째, 제1 외국어, 다섯째, 제2 외국어라고 설명하기도 했다.

와세다 유학시절에도 그의 운동에 관한 관심과 참여는 대단했다. 대학 골프부에 들어가 활동하면서 선친의 골프 철학인 '세상의 이치를 배우게 된다.'는 것을 두고두고 되새기게 된다. 그 결과 '골프는 자신과의 싸움이다'라는 데 생각이 미친다. 골프는 방대한 규칙을 가진 운동이지만, 그 출발은 자신과의 싸움이며 바람·지형 등 수많은 변수와의 싸움이다. 하지만 골프에는 감독도 없고 스코어도 스스로 적는다.

이와 마찬가지로 기업의 총수에게도 감독이 없다. 쉽게 돈을 벌 수 있는 모든 유혹과 싸워 이겨야 하며 인재와 기술을 밑천으로 정도 正道를 지키면서 이윤을 내야 한다. 즉 남이 보든지 안 보든지 에티켓과 룰을 지키면서 한 타 한 타 자신의 점수를 쌓아가는 골프와, 정도를 지키면서 이윤을 내야 하는 기업 경영은 서로 같은 철학에 바탕을 두고 있다는 생각이었다. 그가 골프에서 중시하는 것은 실력보다 에티켓이다. 즉 신사도를 중시하는 골프에서 스코어를 속이는 사람은 사업에서도 상대를 속일 수 있기 때문이라는 철학 때문이다.

회장 취임

일본과 미국 유학을 마치고 귀국하여 약 10년간 TBC와 중앙일보 이사로 일하던 이건희는 1970년대 중반에 새로운 사업을 추진하는데 그것은 반도체였다. 1974년 그는 TBC 이사의 자격으로 이병철 전 회장에게 반도체 산업에 진출할 것을 건의했으나 부친은 아직은 시기상조라고 판단했다. 반도체 산업에 대한 비용과 기술 분야의 전문화가 이루어지지 않은 시기적 상황과 그때까지 삼성이 해왔던 기존의 사업과는 개념부터 다른 분야라고 이병철 전 회장은 판단했던 것이다.

자신의 건의가 무산되자, 그는 사재 4억 원을 털어 부친이 경영하던 한국반도체라는 작은 회사를 스스로 인수한다. 그 후 불과 10년이 채 안 된 1983년, 삼성은 본격적으로 반도체 개발에 나서는데 이제는 삼성의 반도체 산업이 한국을 먹여 살리는 데 결정적 기여를 하는 업종으로 발전하게 된 것이다.

이병철 전 회장은 타계 1년 전 여러 가지 고려 끝에 3남인 이건희 회장에게 삼성의 대권을 넘겨주는데, 당대 최고의 경영인답게 세 아들을 주도면밀하게 관찰했고, 그들의 경영능력을 나름대로 예의진단하고 있었다. 그가 후계자를 선정할 때 고려한 점은 세 가지였다.

첫째, 삼성은 종업원 수가 10만 명이 넘는 대기업이고 그 대리점이나 하청업체까지 합하면 엄청난 규모에 이른다. 삼성이 흔들리면 국가적인 문제가 될 수 있으므로 삼성을 올바르게 보전시키는 것은 삼성을 일으키고 키워 온 일 못지않게 중요하다.

둘째, 덕망과 관리능력을 갖춘 기업의 구심점으로서 그 운영을 지휘하는 능력이 필요하다.

셋째, 본인의 희망, 자질, 분수에 맞춰 승계의 범위를 정한다.

그가 후계자를 선정할 때 장남인지 3남인지의 여부는 그렇게 중요했던 것 같지 않다. 누가 삼성이라는 대그룹을 이끌어 갈 능력이 있는지의 여부가 무엇보다 중요했던 것이다.

부친이 돌아가신 후 1987년 12월 1일, 호암 아트홀에서 이건희는 삼성그룹의 2대 CEO로 취임한다.

제2의 창업

1988년 3월 이건희 회장이 발표한 경영방침을 중심으로 그 해 7월 제2의 창업정신을 선포하였다. 그것은 당초 아홉 가지 항목으로 구성되었으나, 1992년 2월에 그 중 '기술 중시, 인간 존중, 자율 경영' 항목을 뽑아 제2 창업정신의 중심 이념으로 핵심화 하였다.

그는 제2의 창업을 위해 신규사업의 추진과 사업 구조를 재편하겠다고 발표했다. 신규사업 추진이란 월면 기지, 화성 기지 건설 등을 실현하기 위한 우주항공산업과 유전공학, 고분자 화학 분야로의 진출을 의미한다.

사업구조 개편은 그때까지 분리되어 있던 전자와 반도체, 통신을 하나로 합병하는 것이었는데, 경영의 효율성을 높이기 위한 나름대로의 판단에 따른 것이었다. 삼성전자가 매출 8조의 국내 회사에서 매출 100조를 넘는 초일류 기업으로 성장해 온 이면에는 경영자의 리더십이 차지하는 비중이 절대적이었다.

수많은 인재가 움직이고 수만 명이 일하는 기업에서 그러한 리더십은 스스로 모범을 보이는 자세가 아니고서는 형성될 수 없다는 것이 전문가들의 일치된 견해이다. 솔선수범이 삼성 글로벌 리더십의 밑거름이었다는 것이다.

신(新)경영 선언

1993년 6월 7일 독일 프랑크푸르트에서 이건희 회장은 '신新경영'을 선언하고 삼성이 변화하기 위한 신호탄을 쏘아 올렸다. "불량 생산을 범죄로 규정하고, 삼성은 이제 양 위주의 경영을 과감히 버리고 질 위주로 간다"는 것이 프랑크푸르트 선언의 핵심이다. 이것은 단순한 슬로건이 아니라 삼성이 몸에 익숙했던 과거의 옷을 과감히 벗어던지고 '새옷'으로 갈아입는 계기가 되었다.

이 특별한 선언은 삼성 임직원은 물론 사회 전반에 걸쳐 커다란 파장을 몰고 왔다. 삼성의 신新경영은 '나부터의 변화'를 통해 사람 냄새가 물씬 풍기는 인간미를 추구하고 잃어버린 도덕성을 회복하는 것으로부터 시작한다. 이것은 양 위주의 사고를 송두리째 버리고 '질 위주 경영'을 최우선으로 여기며 나아가 국제화·정보화·복합화를 통해 국제 경쟁력을 높이며 궁극적으로 인류사회에 공헌하는 21세기 세계 초일류 기업을 달성하기 위한 것이었다.

삼성은 고객의 시대(customer), 변화의 시대(change), 경쟁의 시대(competition)를 맞이하여 고객만족은 '하면 좋은 것'이 아니라 '안 하면 망한다'는 인식아래 불량이 발생하면 생산라인을 멈추는 라인 스톱제와 품질혁신 운동인 6시그마 등 선진수준의 품질관리기법을 도입하였다. 뿐만 아니라 신속한 원스톱 서비스 체제를 갖추고 고객 신권리 선언 등을 통해 제품과 서비스의 질 향상을 위해 많은 노력을 기울이고 있다.

변화를 두려워하지 않고 최고의 품질과 최고의 서비스를 위해 끊임없는 노력을 기울인 대가는 고객의 반응에서 나타났다. 소비자가 제품을 신뢰하게 되었고 질 좋은 물건임을 알아차린 것이다. 신경영을 통해 얻은 성과는 여기에 그치지 않고 덤으로 기업의 경쟁력과 성장 잠재력도 그만큼 커지는 효과를 불러 일으켰다. 그 결과 1993년도에는 그룹 매출이 41조 원이었으나, 2010년에는 200조를 상회하는 비약적인 발전을 이룩할 수 있었다.

신경영이 시작되면서 급변한 기업은 그 역동적인 에너지를 도약을 위한 준비에 쏟아 부었다. 이를 대표하는 것이 1990년대 후반 '선택과 집중' 으로 불렸던 구조조정 과정이다. 당시 이건희 회장은 도약을 위해서는 오랜 준비가 필요하다며 일본의 히노키 나무로 설명했다.

"히노키 나무는 1년에 겨우 2.5cm 밖에 자라지 않아 다 자라려면 약 100년이 걸린다. 그러나 오랜 기다림의 시간은 그만한 값을 한다. 그윽한 향과 목질의 견고성은 고급가구를 만드는데 이상적이어서 장인들은 오래 전부터 그 가치를 높게 인정하고 있다. 똑같이 100년을 키워도 다른 정원수는 기껏해야 몇 백만 원을 받는데 히노키는 2~3억 원을 받을 수 있다. 그렇다면 어떤 나무를 키우겠는가, 한 그루의 나무를 심을 때에도 어떤 나무를 선택하느냐에 따라 엄청난 수익 차이가 나듯이, 기업도 저성장·고기술의 시대인 21세기에 살아남기 위해서는 히노키와 같은 고부가 가치형 수종樹種 사업을 보유해야 한다."

삼성은 면밀한 검토 끝에 반도체와 휴대폰이라는 '히노키 나무'를 선택했고, 적기適期라고 생각했을 때 과감한 투자로 경쟁자를 따돌리는 데 성공했다. 1995년 세계 최초로 CDMA를 상용화시키는 등 일단 호랑이 등에 올라 탄 삼성의 질주를 당대 최고의 명성을 누리던 노키아와 모토로라뿐만 아니라 인텔과 소니도 막을 수 없었다.

인재 경영−인재 제일

인재 제일주의란, 인간을 존중하고 개인 능력을 최대한 발휘하도록 여건을 조성하여 개인과 사회의 원동력이 되게 하는 정신을 말한다. 이는 이병철 전 회장 때부터 강조한 경영이념으로 조직체를 움직이는 것은 인간이라는 확고한 인식을 가지고 있었으며, 이러한 인식에 입각하여 인간

집단의 중핵적 존재인 인재를 육성하는 것이 무엇보다도 중요하다고 보았다.

그는 "21세기는 탁월한 한 명의 천재가 1,000명, 1만 명을 먹여 살리는 인재 경쟁시대, 지식창조의 시대이며, 5~10년 뒤 명실상부한 초일류로 도약하기 위해서는 미래를 책임질 인재를 조기에 발굴하고 체계적으로 키워 내야 한다"라고 강조했다.

한때 히딩크 감독의 연고를 따지지 않는 선수 선발이 기업들의 벤치마킹 대상이 되기도 했지만, 삼성은 진작부터 무파벌주의를 고수해왔다. 삼성에서 출신지역과 대학을 묻는 것은 금기사항에 가깝다. 신입사원을 채용할 때도 마찬가지이다. 학교나 출신지역 등이 큰 문제가 되지 않는다. 당락을 결정하는 면접 때는 신상명세서를 아예 참고하지 않는다. 1994년부터는 채용에서 아예 학력 제한을 철폐했다.

"인재의 좋고 나쁨은 학력에 있는 것이 아니라 개개인이 갖고 있는 잠재능력에 있다. 학력에 상관없이 뽑고 능력을 발휘하면 대졸 사원과 동등하게 대우하라"는 이건희 회장의 지시가 그 배경이었다.

또 능력 있고 끼 있는 사람은 가리지 말고 뽑으라는 이건희 회장의 지시에 따라 내부 또는 외부 발탁인사 케이스가 대폭 증가했다. 그리고 뽑힌 인재들은 최고의 대우를 받는다.

이렇게 모인 조직은 삼성만의 제련법으로 삼성맨으로 거듭난다. 삼성은 신입사원들을 뽑으면 계열사 구분 없이 300여 명씩 모아 놓고 한 달 간 단체로 합숙시킨다. 이 교육을 통해 삼성맨이라는 새로운 인간이 태어난다. 그리고 단체교육은 잊을만하면 한 번씩 다시 실시된다. 교육과 함께 이건희 회장은 '인간미'에 대해서도 강조한다. 삼성의 강도 높은 교육과 이건희 회장의 인간미에 대한 사상은 '삼성맨'이라는 자부심과 그들 사이의 동질감을 강하게 심어준다.

전략 경영 – 최고 지향

1993년 당시 삼성은 국내에서 가장 잘 나가는 기업이었다. 이러한 때 이건희 회장이 '삼성 설립 이래 최대의 위기'라며 혁신을 들고 나선 것이다. 이른바 '마누라와 자식만 빼고 다 바꾸자'라는 신경영 선언이었다. 이건희는 국제화 시대가 되면서 세계에서 1등이 되지 못하면 생존을 보장받을 수가 없다고 판단한 것이다. 그리고 선언의 핵심 키워드를 '양보다 질을 높이는 경영'으로 잡았다.

그는 독일 프랑크푸르트 회의에서 품질에 대해 확고한 의지를 보였다. 당시 이건희 회장은 질만 높이면 양은 스케일로 해결이 된다고 믿었다. 즉 질 좋은 제품이 만들어지면 전 세계에서 이 제품을 찾게 되어 양은 저절로 늘어나고 이것이 스케일을 키울 것이라는 이야기다.

이것으로서 일등주의 삼성은 초일류주의로 갑옷을 바꿔 입게 되었다. 이후 10년간 삼성은 메모리, 반도체, 휴대전화, 초박막 액정 텔레비전 등 열세 가지의 세계 일류 제품군을 지니게 되었다. 그러나 단순히 제품의 질만 높이려 했다면 결코 이렇게 짧은 시간에 일류가 되지는 못했을 것이다.

다음은 1993년 일본 오사카에서의 한 강연이다.

"우리 삼성제품의 질만이 질의 모든 것이 아니다. 여러분 모두가 자신의 인격이나 상식 그리고 지식도 양이 아니라 질을 추구한다고 생각해 보자. 큰 뜻에서 질로 가지 않으면 지금 내 생명·재산이라는 것이 별 뜻이 없다. 삼성·국가·민족이 일류로 가지 않는 한 나 개인의 존재도 별게 아니다.

자기가 소속해 있는 민족 · 국가 · 재계 전체가 이류에서 일류로 올라서야 전 세계에서 인정을 해주고 인간 대접을 받는데, 사람이 사람 대접을 못받을 때가 가장 비참하고 화가 난다. 이것이 삶의 질이다."

이처럼 삼성이 초일류 기업으로 거듭날 수 있었던 것은 '질 경영'을 선언한 회장의 이러한 결단이 있었기 때문이다.

미래 경영-변화 선도

기업의 미래는 의지에 달려 있다. 보통 '현재의 기업구조'와 '현재의 경영방법'은 과거의 활동이 누적되어 온 결과로 인식된다. 사람들은 과거가 현재를 만든다고 생각하지만, 다음 시기의 현재는 미래에 의해 결정될 것이다. 이 경우 현재란 지금 일어나고 있는 순간이 아니라 가능성과 잠재력에 접근할 수 있는 무엇을 말한다. 이런 의미에서 현재는 궁극적인 변화의 원천이며 무한한 가능성의 모태이다. 이제 우리는 과거보다 미래에 더 많은 의미를 두게 될 것이다. 그러므로 오늘날에는 기업이 이미 무엇을 가지고 있느냐 보다는 무엇을 더 이룰 수 있는지, 그리고 무엇을 더 달성해야 하는지가 중요하다.

반도체 분야에서 삼성이 거둔 엄청난 성공은 현재와 과거를 완벽하게 경영한 산물이 아니다. 기업의 개척정신과 미래에 대한 관심이 성공을 가능하게 했다. 삼성은 1970년대부터 산업사회의 미래에 대해 연구해왔다. 그래서 반도체산업을 착안하게 되었다. 반도체 분야에서 수많은 장애를 극복해야 했으며, 또 헤아릴 수 없이 많은 실패도 감내해야 했다. 오늘의 성공에 이르기까지는 멀고도 힘든 길이었지만 그는 포기하지 않았다. 반대로 이 분야에 매년 투자를 확대했다.

그가 전망하는 미래의 기업은 약한 곳을 보강하여 평균을 유지하기보다 강한 곳을 집중 육성하여 세계 수준으로 발전시키는 방법이다. 평균적인 기업은 살아남을 수 없으며, 남이 모방할 수 없는 특별한 능력을 갖춘 기업만이 경쟁력이 있다는 것이다.

국내 시장의 경우 그동안 삼성은 '불패신화'를 달려왔으며, 독특한 개성과 능력으로 이제까지 제1의 자리를 지킬 수 있었다. 그러나 세계시장에서도 이같은 성과를 기대할 수는 없다. 향후 삼성의 역사에는 숱한 패배의 기록이 등재될 것이지만, 이건희 회장은 이러한 패배를 통하여 보다 강인하고 전도가 화창한 삼성으로 계속하여 거듭날 것이다.

윤리 경영 – 정도 경영

삼성의 3대 기업 경영철학 중 '인간존중'이라는 말이 있는데, 이는 개개인의 자율과 창의가 존중되지 않으면 '개성화 · 다양화 · 정보화 · 시스템화 · 소프트화'라는 새 시대의 변화에 대응할 수 없다는 것이다. 또한 기업 활동과 관련된 모든 당사자를 진정한 동반자로 인식하고 인격적으로 대하지 않으면 성공할 수 없다는 공존 공영의 철학을 담고 있다.

그동안 삼성에서는 연수원을 통해 '대기업은 어떤 자세로 가야 한다, 중소기업은 어떤 위치다'라고 열심히 교육하고 있지만, 아직까지도 잘 되지는 않고 있는 실정이다. 이제 삼성그룹의 중역은 그런 수준에 달해 있지만 가장 큰 문제는 부장급 · 과장급 또는 그 아래에 있는 대리급이다. 위에서 아무리 이야기를 해도 실제 일선 창구에서 1:1로 부딪치는 것은 과장 · 대리급이며 나이로 따지면 20대 후반에서 30대 초반의 사원이므로 사회 경험도 적고 기업의 생리나 철학도 잘 모르기 때문에 앞으로 2~3년간 계속

훈련시키도록 이건희 회장은 계속 추진하고 있다.

한 예로 그는 삼성그룹 내에서는 '하청업체'라는 말을 없애고 동반자적인 유대감을 강화하기 위해 '협력업체'라는 용어를 사용하도록 했다. 협력업체의 사장이나 임원은 각 관계사의 사장이나 임원의 방을 수시로 드나들도록 하여 평소에 애로사항을 부담 없이 털어 놓도록 하고 있다. 또한 중소기업의 역사가 짧은 점을 감안하여 그 자신이 정보 제공, 기술지도, 자금지원을 강화하고 필요하면 경영 컨설팅도 해 주도록 지시했다. 착취나 원가절감의 차원을 떠나 중소기업이 탄탄하게 잘 자라야 결국 제품의 경쟁력이 생겨 삼성이 일류기업으로 성장하고 한국이란 국가가 선진 대열에 오를 수 있다. 또한 교육, 자금, 중소기업 품목 이양이 주요 사업으로 포함된 '외주 확대 및 지원 3개년 계획'을 수립하고 추진할 것도 아울러 지시했다.

그러나 이러한 활동에도 불구하고 삼성 내부에서만 잘해서는 소용이 없다. 계열화된 중소기업이나 독립된 중소기업 모두가 경제의 본연을 인식하고 대기업과의 역할 분담을 긍정적으로 받아들일 때 공존공영이 가능한 것이다.

삼성 내에서 사용하는 특이한 용어 중 '구매의 예술화'란 말이 있다. 이른바 대기업과 중소기업의 구매 관계는 예술의 차원까지 가야 한다는 것인데, 그래야 삼성이 세계 초일류 기업이 될 수 있고 중소기업이 잘되어 이 나라 경제가 발전할 수 있다는 것이다.

상생 경영 – 윈윈 추구
그는 회장 간담회를 통해 삼성 전체의 미래를 결정지을 신사업을 찾아 희망의 씨앗으로 키워 나가고 여기에 우리의 역량과 지혜를 모아야 한다는 점을 여러 번 강조했다. 나아가 날로 승패가 뚜렷해지는 무한경쟁의 시대에 삼성의 경영 수준을 한 단계 더 높여야 한다는 것이다. 그러지 않고서는 지금까지 이룬 성과마저 물거품이 될 수 있다는 그의 위기의식은 미래를 위한 확실한 동기부여를 기업 내부에 심어 주고 있다. 따라서 삼성의 모든 가족이 제2 창업의 초심으로 돌아가 질 경영을 확고히 다지는 한편, 세계를 무대로 성장을 거듭함으로써 질과 양의 조화를 이루어 나가야 할 것을 강조하고 있다.

이와 함께 도전과 변화를 가로막는 어떠한 것도 과감하게 허물어야 한다는 사고로 그는 삼성의 혁신성을 강조한다. 새로운 아이디어가 벽에 막히고 건전한 제안이 장막에 가리면 미래를 향한 기업의 발걸음은 그만큼 지체될 것이다. 또한 21세기는 어느 누구도 홀로 발전할 수 없는 화합과 상생의 시대라는 점을 인식하라는 지시를 통해 무엇보다도 중요한 기업 국가와의 관계를 중요시함으로써 상생 경영을 중요시 여기는 것을 알 수 있다.

리더십이란 단순히 조직을 하나로 만들어 그것을 이끌어 가는 힘을 뜻하는 줄 알지만, 그 외에도 변화하는 시대의 흐름이라든지 미래를 바라보는 선견력도 굉장히 중요하다는 사실을 알아야 한다.

지금의 삼성은 명실공히 세계적인 초일류 기업이다. 1938년 조그만 건어물상으로 출발한 기업이 이만큼 큰 성장을 할 것이라고 그 누가 예상했을까. 그러나 창업주인 이병철 전 회장은 50년 동안 그 조그만 무역회사를 국내 제일의 기업군으로 성장시켰다. 그리고 선대 회장에 이어 이건희 회장은 순간의 판단과 투자가 기업의 흥망성쇠를 좌우하는 국제화 시대를 맞이하여 강력한 '미래 직관형' 리더십과 카리스마, 여기에 선대 때부터 계속해서 이어져 온 인재 제일의 조직력을 통하여 삼성을 세계 초일류 기업으로 끌어올리는 데 성공했다. 그리고 이제 삼성은 '전자강국'으로 자부하던 일본을 반도체, LCD, 디지털 텔레비전, 휴대폰 등 여러 부분에서 따돌리게 되었다.

이건희 회장만큼 넓은 선견력을 가진 경영인은 찾아보기 힘들지만 한편에서는 삼성에 대한 부정적 시각이 높은 것도 사실이다. 이러한 문제점을 해결하는 것 또한 앞으로 이건희 회장이 극복해야 할 중요한 리더십 과제이다.

안철수연구소 설립자 **안철수**

창조와 도전정신으로 젊은이들의 우상이 되다

안철수 (1962~)
· 1962년 부산 출생 · 1980년 부산고 졸업
· 1986년 서울대 의대 졸업 · 1991년 서울대 의대 의학 박사
· 1995년 안철수 컴퓨터 바이러스 연구소 설립 · 1997년 와튼스쿨 기술경영학 석사
· 2000년 미국 스탠포드대 벤처 비즈니스 과정 연수
· 2005년 안철수연구소 이사회 의장 · 2010년 카이스트 석좌교수
· 2011년 서울대교수

안철수의 리더십 포인트

- 리더는 끊임없이 공부해야 한다.
- 벤처기업의 성공요인은 다양성, 창의력, 도전정신이다.
- 이익보다 고객 신뢰가 우선이다.
- 정도경영과 윤리경영을 실천하라.
- 사람을 리드하는 능력을 키우기 위해 공부하는 적극성을 발휘하라.

창조와 도전정신으로
젊은이들의 우상이 되다

안철수연구소는 의학도였던 안철수 박사가 설립한 국내 최초의 바이러스 백신 소프트웨어 기업이다. 우리가 잘 알고 있는 바이러스 백신 프로그램은 안철수연구소의 대표적 제품으로, 탁월한 성능과 간편한 조작으로 백신 프로그램 시장에서 단연 앞선 점유율을 보여 주고 있다. 1995년에 처음 설립된 안철수 컴퓨터바이러스 연구소는 2000년 회사명을 안철수연구소로 바꾸고, 사업영역을 통합하여 보안 솔루션 개발까지 확장하며 기업 규모를 더욱 키웠다. 매출 역시 설립 이래 꾸준한 성장을 보여 1999년 국내 보안업계에서는 최초로 연매출 100억 원을 돌파했고, 2002년과 2003년에는 일본과 중국에 각각 현지 법인을 세웠다.

2005년에는 설립자이자 CEO였던 안철수 씨가 퇴임을 하고 친구인 김철수 씨가 2대 CEO에 취임했으며, 그 다음 해에는 3대 CEO가 새로 취임하여 지금까지 기업을 이끌어 오고 있다.

성장과정

안철수는 은행장을 지낸 할아버지와 의사였던 아버지를 둔 유복한 가정의 아들로 태어났다. 좋은 가정 환경에서 자란 그는 자신도 서울대 의과대학을 졸업한 후 얼마든지 사회적으로 보장된 삶을 지낼 수 있었음에도 불구하고, 자신의 전공과는 전혀 다른 분야인 컴퓨터 바이러스 백신을 연구·개발하는 벤처 기업가로서의 험난한 길을 택했다. 굳이 힘들게 컴퓨터에 매달리지 않아도 의사나 의대 교수로서 명예와 재력을 충분히 두 손에 거머쥘 수 있었던 그는 자신이 택한 길을 전혀 후회하지 않는다고 말했다.

그는 확실히 남달랐다. 최고의 수재들만 들어가는 서울 의대 출신에 독학으로 컴퓨터를 공부하여 바이러스 백신까지 만든 프로그래머로, 또한 대한민국 최고 보안 솔루션 업계의 대표까지 이 모든 것이 피나는 노력으로 얻어진 결과물임을 알고 나면 더욱 놀라게 된다.

그는 어려서부터 내성적인 성격에 친구들과도 잘 어울리지 못하고 플라스틱 모형 만들기나 책 읽기를 좋아했다고 한다. 성적도 중간을 유지했으며 의대 진학을 결심한 고2 때까지도 1등을 해 본 적이 한 번도 없었지만 3학년 첫 시험에서는 전교 2등을 차지한다.

자의반 타의반으로 경영인의 자리에 올랐을 때도 마찬가지였다. 경영에 무지했던 그는 이틀 동안에 몇 시간만 자는 생활을 강행하며 미국 펜실베이니아대학에서 기술경영학 석사학위를 2년 만에 마치고 귀국했을 정도였다. 또한 힘들게 개발한 바이러스 백신 V3를 7년간 무료로 배급했던 것도 일반인의 시각에선 이해하기 어렵다. 이른바 떼돈을 벌수도 있었지만 그는 오히려 개발 후 비영리법인 연구소 설립을 추진했다. 모든 이들이 사용할 수 있게 하기 위해서였고 그래야 한다고 믿었기 때문이다.

정도 경영과 윤리 경영

안철수는 기업 설립 초부터 기업의 목적을 지나치게 이윤에 두기보다는 기본에 충실하자는 '정도 경영'과 건전한 경영을 하자는 '윤리 경영'을 추구해왔다.

그는 "기본 가치관이 제대로 되어 있지 않은 기업은 몰락의 길로 빠지기 쉽다. 기업의 목적은 이윤추구가 아니다. 기업의 존재 의미에 충실하는 것이다. 수익은 그런 건전한 기업 활동의 결과일 뿐이다. 그러므로 기업이 사회공헌이라는 존재의 의미에 충실하고 기본을 철저히 지켜나가는 투명경영을 통해 신뢰성을 높인다면 아무리 재정적인 어려움이 있어도 극복할 수 있는 저력이 생긴다"라는 말을 통해 자신의 리더십 스타일을 잘 나타내고 있다.

지극히 당연한 이야기지만 그는 이 기본을 철저히 지켜나가는 것이 무엇보다 기업경영에서 중요한 원칙이라며 목소리를 높인다. 투명 경영으로 주주, 직원, 투자자 등 기업의 모든 구성원에게 많은 혜택이 돌아가게 하고 지속적으로 비즈니스 모델을 다듬으며 투자된 자금은 철저한 사업계획 하에 핵심 분야를 강화하거나 신규사업에 투자해야 한다고 말하고 있다.

그러나 그 이면에는 이익은 물론 기업의 위험 관리나 매출 생성 모델의 확보를 강조하는 경영자의 치열한 자기관리가 숨어 있기도 하다. 실제로 안철수의 이같은 경영 원칙은 국내 최고의 보안업체로 성장한 안철수연구소의 성장과정 곳곳에 배어 있다.

사회봉사

앞에서 나타난 안철수의 경영이념은 창업 동기에서도 잘 나타나 있다. 그의 창업 동기는 단순히 많은 돈을 벌기 위해서가 아니라, 많은 컴퓨터 사용자에게 혜택을 주는 백신업체를 만들기 위해서라고 말하고 있다. 또한 급속히 발전하는 정보기술 인프라에 맞는 보안 솔루션을 개발, 공급함으로써 사회에 기여하는 일 자체에 보람과 긍지를 느끼는 구성원들이 모여 공동 작업을 하는 것이 안철수연구소의 존재 의미라고 정의한다. 물론 이러한 올바른 윤리의식을 가지고 창업을 시작하는 기업도 많다.

그러나 기업을 운영하다보면, 특히 창립하고 얼마 되지 않아 재정적으로 힘든 시기에는 자신들이 외쳤던 윤리경영을 실천하기란 매우 힘든 것이 사실이다. 많은 중소기업들이 불법적인 유통이나 제조를 행하는 것은 이러한 이유와 같은 맥락이라고 할 수 있다. 윤리경영을 천명하고 창업한 안철수연구소 역시 창립 초창기에는 윤리경영에 있어 대단한 위기를 맞았다.

1995년에 연구소를 설립하고 2년 뒤인 1997년 안철수는 직원들에게 회사를 맡겨 둔 채 미국으로 유학을 떠났다. 그곳에서 머물던 중 현재의 경쟁회사인 Network Sociates(당시 맥아피사)로부터 안철수연구소를 최소 1천만 달러에 인수하고 싶다는 제안을 받았다. 당시 안철수연구소는 크게 성장한 상태에 있지 못했으며 그런 회사를 당시 원화로 120억 원에 해당되는 1천만 달러에 인수한다는 것은 놀라운 사실이었다.

그러나 안철수연구소는 당시에는 비록 작은 기업에 지나지 않았으나 앞으로의 장래성과 시장성이 밝았고, 맥아피사 또한 그러한 점에서 거액의 돈으로 회사를 매입할 의사를 보였던 것이다. 하지만 이런 달콤한 제안을 안철수는 단호히 거절했다.

그는 자신의 기업이 상업적 이익만 추구하는 외국기업에게 넘어가게 되면 창업 때부터 함께 고생해 온 직원들이 쫓겨날 뿐만 아니라 우리나라 고객들은 비싼 값에 백신을 구입해야 하기 때문에 회사를 팔지 않겠다는 것이었다.

실제로 안철수연구소의 백신 프로그램인 V3가 개발되었을 때 국내에서 최소 3~4백억 원의 매출을 올릴 수 있었다. 만약 외국기업에게 양도했을 경우 수천억 원의 이익을 챙길 수 있었지만 국민 경제를 위해 개인 사용자들에게 프로그램을 제공했다. 최근 인터넷을 서핑하다 보면 악성코드를 퇴치하는 프로그램이라며 사용자의 동의도 없이 자동 설치되고, 제대로 이용하기 위해서는 반드시 결제를 해야 되는 악질적인 프로그램이 늘고 있는 것을 보면 안철수연구소의 결정이 얼마나 대단한 것인가를 알 수 있다.

신 뢰

안철수연구소의 윤리경영에 관한 또 한 가지 사례로 Y2K 바이러스에 관한 일화를 들 수가 있다.

2000년이 다가오면서 세기世紀가 바뀜에 따라 전산코드가 오류를 일으킬 가능성이 크다는 우려와 함께 Y2K 바이러스에 대한 관심이 커졌던 지난 1999년 말, 대부분의 백신업체가 Y2K 특수를 누리기 위해 과잉 경고를 하면서 자사의 제품 판매에 열을 올리고 있었다. 하지만 안철수연구소는 '2000년 1월 1일이 되더라도 큰 문제가 생기지 않을 것'이라는 보고서를 발표했다.

이 보고서를 발표함에 따라, 만약 Y2K로 인해 안철수연구소의 프로그램을 이용하는 사람들이 피해를 입는다면 그 책임을 고스란히 떠안아야 하는 위험한 상황이었다. 또한 다른 업체들이 Y2K를 기회 삼아 제품 판매에 특수 효과를 보려는 반면에, 안철수연구소는 오히려 그 기회를 스스로 포기한 것이었다. 당장 눈앞의 이익만을 좇아 옳지 않은 일을 하는 것이 기업의 장래를 위해서도 결코 득이 안 될 것이라고 안철수는 판단했다.

그는 "눈앞의 순간적인 이익에 연연하기에 앞서 장기적인 관점에서 옳은 쪽으로 판단하고 차근차근 일을 진척시켜 나가는 것이 결국에는 성공을 거둘 수 있는 해법"이라고 말했다. 또 "단기적인 이익이나 승부에 지나치게 집착하는 것은 더 큰 성공의 기회를 놓쳐버릴 위험을 안고 있다"고 경고했다.

변 화

1995년 세 명의 직원과 함께 안철수연구소를 설립하고 경영한지 정확히 10년이 되는 2005년, 43살의 젊은 CEO는 자신의 퇴임을 발표했다. 그가 밝힌 퇴임의 변은 이렇다.

"안철수연구소의 설립자이자 주주의 눈으로 최고 경영자인 나를 평가해서 부족하다고 판단되면 언제든지 물러나겠다고 늘 다짐해왔고 지금이 그때라고 생각한다."

안철수연구소는 2004년도에 106억 원의 순이익을 냈다. 우리나라 패키지 소프트웨어 업체가 100억 원 이상의 이익을 내기는 처음이었다. 이런 놀라운 성과에도 성이 차지 않았던 것일까. 그의 퇴임 역시 그가 기업 설립 당시부터 주장해 온 윤리경영의 한 부분이라고 할 수 있다.

CEO로서는 너무도 젊은 나이에 퇴임하는 그는 자신의 퇴임이 회사의 유기적 시스템의 한 일환이라고 말하고 있다. 회사 초기부터 그는 회사를 움직이는 시스템으로 만들기 위해 노력해왔고, 2000년 들어서면서 그 목표가 거의 달성되었다. 이미 매출 실적이나 여러 자료를 확인해봐도 안철수연구소는 설립 당시부터 꾸준한 성장을 해 오고 있음을 알 수 있는데, 그는 이러한 성과를 자신의 능력으로 이루었다기보다는 회사의 시스템에 따라 움직인 결과라고 말한다. 그리고 이러한 시스템이 지속적으로 유지되기 위해서는 어떻게 보면 걸림돌이라 볼 수 있는 자신이 물러나야 한다고 하였다.

그러나 CEO에서 퇴임한다고 해서 안철수연구소에서 완전히 물러나는 것은 아니었다. 그는 회사경영에 대한 책임과 권한은 모두 새로운 CEO에게 물려주고, 자신은 이사회 의장으로서 회사의 장기 비전을 제시하고 투명한 경영이 이루어지도록 하겠다고 말했다.

우리나라 대부분의 기업들, 특히 대기업에서는 설립자의 힘이 막강하다. 지분으로 보면 소액 주주에 불과하면서도 기업을 자신의 개인 사업체처럼 주무르고 있다. 또한 CEO의 자리를 전문 경영인이 아닌 단순히 자신의 자식에게, 그것도 세금을 피하기 위해 편법을 사용해서 물려주는 것을 보면 안철수의 퇴임은 정말 존경받아야할 일이다.

이익보다 고객 신뢰가 우선

그는 안철수연구소를 설립하면서 지난 10년간 세 가지를 이루고자 노력해왔다. 첫째, 한국에서도 소프트웨어 사업으로 성공할 수 있다는 것을 보여 주는 것, 둘째, 정직하게 사업을 해도 성공할 수 있고 경영방법에 있어서 투명 경영과 윤리 경영이 장기적으로는 회사 경쟁력에 더 큰 보탬이 된다는 것을 보여 주는 것, 마지막으로, 공익과 이윤 추구가 서로 상반된 것이 아니라 양립할 수 있다는 것을 보여 주는 것이다.

설립된 지 10년이 지나서 이 세 가지를 평가하자면 보는 사람마다 정도의 차이는 있겠지만, 실제로 안철수연구소는 투명 경영과 윤리 경영을 통해 한국에서의 소프트웨어 사업을 성공적으로 이끌었으므로 그는 자신이 말한 세 가지를 지켰다고 할 수 있다.

그가 말하는 기업이 존재하는 이유를 '혼자서는 할 수 없는 의미 있는 일을 여러 사람들이 모여 함께 이루어내는 것'이라고 말한다. 어찌보면 황당할 수도 있는 이야기지만 지금의 안철수연구소는 이러한 논리를 바탕으로 설립되었고 성장해 왔다고 말한다. 또한 그는 기업의 목적이 수익 창출에 있다는 것에도 동의할 수 없다고 한다.

수익이란 기업의 목적이 아닌 기업 활동의 결과물로 소비자들로부터 가치를 인정받는 상품을 만들어 판매하다보면 수익은 저절로 생기는 것이라고 한다. 현재 많은 기업들이 경영의 목표를 매출과 수익에 두다보니 수단과 방법을 가리지 않고 팔려고 하고, 그것이 결국 사회적 문제로 연결되고 있다. 물론 기업의 목적이 이익의 창출이지만 오로지 이익만을 추구한다면 그 기업은 크게 발전될 가능성이 적다고 볼 수 있다.

투명하고 윤리적인 경영을 하는 기업은 결국 소비자들이 알아주고 그것이 자연스럽게 이익 창출로 연결되는 것이다. 특히 솔선수범을 보여야 할 대기업들이 오히려 비윤리 경영으로 인해 뉴스에 자주 등장하는 것을 보면 매우 안타깝다. 국가경제의 선봉인 대기업들부터 투명하고 윤리적인 경영을 실시해야 나머지 기업들 또한 자극을 받아 바른 경영을 할 수 있을 것이다.

A 자형 인간으로 육성

안철수연구소에서는 'A자형 인재'를 요구하고 있다. A자형 인재는 하나의 큰 일을 하기 위해서는 각 개인이 맡은 일을 열심히 하는 것도 필요하지만, 여러 분야의 전문가들이 서로 함께 조화를 이루어 나가는 것이 중요하다는 개념에서 출발한다.

A자형 인재는 두 가지 해석이 가능한데, A자는 사람 인人자에 그 사이의 선-으로 구성되어 있는 글자라고 인식하고, 한 분야의 전문 지식뿐만 아니라 다른 분야에 대한 상식과 포용력이 있는 각 개인들人이 서로 가교-를 이루어 하나의 팀으로 협력해 나간다는 의미를 갖는다.

도요타의 T자형 인재와 비교해서 A자형 인재는 T자형 인재가 갖추어야 할 요소에다가 하나의 팀으로 일하는 능력까지 갖추어야 함을 나타낸다. 다른 하나는 A자를 삼각으로 보고, 바람직한 인재가 되기 위해서는 세 가지 요소(전문성, 인성, 팀워크 능력)를 갖추어야 한다는 의미이다.

먼저 진정한 전문성을 갖추기 위해서는 지식과 끊임없이 연구하는 자세, 문제 해결 및 개선 능력, 창조력, 고객 지향성을 필수적 요소로 보고 있으며, 인성 측면에서는 매 순간 최선을 다하는 자세, 자신의 한계를 뛰어넘으려는 도전 정신, 긍정적인 사고방식, 소속된 조직의 핵심 가치를 존중하고 따르는 마음가짐, 함께 살아가는 우리 사회에 기여하겠다는 사명감과 공익정신을 필요한 마음자세로 보고 있다.

팀워크 능력은 '나도 틀릴 수 있다'는 열린 생각과 타인에 대한 존중과 배려의 마음, 커뮤티케이션 능력, 후배양성 능력 리더십을 필수 요소로 생각한다. 이들 요소들은 안철수연구소만의 인재상이라기보다는 현대사회가 필요로 하는 바람직한 전문가 상으로 일반화할 수 있다고 생각한다.

정도경영과 윤리경영 실천을 위해 회사는 다음과 같은 활동을 하고 있다.

더치페이 운동

회사의 공식적인 회식이 아니면 음식비를 각자 계산한다. 사장과 식사를 해도 마찬가지다. 회사 돈을 내 돈처럼 쓸 수 없다는 것이 안철수 회장의 생각이다.

조직에서 비리의 원천은 회사 돈을 함부로 유용하는 데 있으며, 회식이나 술을 마실 때 고객으로부터 접대를 받는 데 있다고 보고 항상 더치페이 운동을 통해 투명하고 깨끗한 조직 문화를 실현하고자 노력하였다.

평등함과 공정함

창립멤버라고 모두 임원이 되지는 않는다. 대리나 과장으로 일하는 사람도 있다. 이익은 평등하게가 아니라 능력에 따라 공정하게 배분하고 기회는 평등하게 준다. 즉 능력에 따라 승진과 임금을 달리함으로써 임금의 공정성 이론을 실천하고 있는 것이다.

독특한 회계 예산제도

백신 판매시 계약 시점에 절반을 계산하고, 나머지 절반은 계약 기간 만료시까지 매달 나누어 계산을 한다. 계약 시점에 매출을 모두 잡으면 계약한 달에만 매출이 확 오르고, 이후에는 지출만 발생하게 되며 입금이 안 될 경우에는 외상매출이 늘어나기 때문이다. 이렇게 함으로써 매출의 허수를 제거할 수 있게 된다. 각 부서장이나 임원들은 자신들의 실적을 과장하기 위해 계약이 성사되면 입금도 안 된 매출을 일시에 계상하게 되는데, 이는 잘못하면 악성 채권으로 남아 기업에 흑자 도산을 가져 올 수 있는 위험이 발생한다.

이와 같이 비교적 젊은 나이임에도 경영에 대한 안목이 탁월하다. 비록 자신이 회사를 설립하고 현재의 위치까지 성장시켰지만, 그는 자기의 사유재산으로 인식하지 않고 직원들과 사회 환원을 위해 노력했던 것이다.

그의 이와 같은 노력으로 2011년에는 모교인 서울대학교에서 교수로 특별채용하였으며, 매년 대학생들이 가장 닮고 싶은 경영인으로 선정되고 있는 것은 결코 우연이 아니다.

성공한 사람들의 리더십 노하우

LEADERSHIP

전 GE의 최고 경영자 **잭 웰치**

탁월한 리더십으로
세계 최고의 경영자가 되다

잭 웰치 (1935~)
· **1935**년 미국 매사추세츠 주 피바디에서 출생 · **1957**년 메사추세츠 대학 졸업
· **1960**년 일리노이대에서 화공학 박사 · **1960**년 GE 입사 · **1981**년 GE 회장
· **1985**년 NBC방송국 인수 · **2001**년 제프리 이멜트에게 CEO를 물려주고 은퇴
· **2001**년 FT가 선정한 '세계에서 가장 존경받는 경영인' 선정
· **2001. 9** GE 회장직 사임

잭 웰치의 리더십 포인트

- 인재는 대우하고 하위 10%는 퇴출시켜라.
- 전직원이 비전을 이해할 수 있도록 하라.
- 정직함과 투명함, 신용을 통해 신뢰를 쌓아라.
- 반드시 평가하고 피드백 시켜라.
- 끊임없이 변화와 혁신 마인드를 심어 주어라.
- 관료주의를 타파하고 부서 간 벽을 허물어라.

탁월한 리더십으로
세계 최고의 경영자가 되다

1981년 45세의 젊은 나이에 GE(General Electric)의 CEO로 취임한 잭 웰치는 당시 시장가치 총액 120억 달러의 미국 10위 기업을 취임 20년만인 2001년에 시장가치 총액 4,800억 달러로 40배 성장을 이룩하여 미국 제1위의 기업으로 성장시켰다.

잭 웰치는 이러한 탁월한 경영 성과 외에도 1980년대 이후 각종 경영혁신 운동으로 GE를 탈바꿈시켰으며, 그 자신이 이러한 혁신을 직접 진두지휘한 것으로 더욱 유명하다. 그는 재임 중 18명의 걸출한 CEO를 육성 · 배출하여 GE를 'CEO 사관학교'란 영광스런 별명을 안겨 주었다. 그는 2001년 9월 7일 자신이 육성한 후계 중 한 명인 제프 이멜트(Jeff Immelt)에게 자리를 물려주고 영광스럽게 은퇴했다.

'20세기 최고의 경영자', '경영의 귀재'란 소리를 듣는 잭 웰치가 처음 GE의 회장 겸 CEO가 되었을 때는 많은 경영 전문가들로부터 보험회사 직원에나 어울릴 사람이란 혹평을 듣기도 하였다.

1980년대에 구조 조정을 하는 과정에서 건물만 남기고 사람은 모두 녹여버리는 '중성자탄 잭(Neutron Jack)'이라는 혹독한 언론의 평가와 '미국의 10대 무자비한 경영자' 리스트 1위에 오르기도 했다.

변화와 혁신

잭 웰치의 변화와 혁신은 패러다임의 대전환, 크로톤빌 연수원, 강력한 혁신 지도부의 구축 등으로 살펴볼 수 있다.

잭 웰치가 GE의 CEO 겸 회장으로 발탁된 가장 큰 이유는 그의 변화 지향성 때문이었다. 잭 웰치는 변해야 살고, 변화는 도전해야만 이루어진다는 것도 알았다. 그의 변화와 혁신의 전략은 '고쳐라, 매각하라, 아니면 폐쇄하라(fix, sell or close)'였다. 또한 변화와 혁신은 패러다임의 대전환이란 개념으로 압축할 수 있는데, 네 가지 혁신적 이니셔티브 세계화, 6시그마, 서비스, e-비즈니스를 통해 이루어졌다.

제조업 주력에서 서비스업으로의 패러다임의 대전환은 GE에 엄청난 성장과 수익창출을 초래했다. 원자력 사업부는 스리마일 섬의 원자력 발전소의 방사능 누출사고를 계기로 원자로 관련 서비스 사업으로 대전환을 하여 두자릿수의 성장률을 이룩했고, 의료기기 사업부는 단순한 기기 판매에서 '유지 보수' 서비스에 집중함으로써 1980~2000년 사이의 수익은 12배의 증가를 가져왔다.

항공기 엔진 사업부도 매년 50여 개의 가스터빈 판매와 수백 개의 항공기 엔진 판매에서 항공기 엔진과 가스터빈의 유지 보수, 서비스사업 진출과 모든 엔진서비스 사업의 통합, 수많은 국내·외적 엔진서비스센터 인

수, 타사제품 엔진서비스 진출로 총수익 대비 서비스 사업 수익을 1994년의 40%에서 2000년 60%의 급상승을 낳았고, 운송설비 사업부와 발전설비 사업부도 서비스업에 중점을 두어 서비스 회사 인수에 많은 투자를 했으며, 운송설비 사업부의 하이테크 사업은 2001년에 1993년 대비 3배의 수익을 올리고 있다.

GE의 서비스 사업은 총매출액이 1995년 80억 달러에서 2010년 800억 달러에 달했다. 장기계약 서비스 수주액은 1995년 60억 달러에서 2001년 620억 달러로 10배 증가했다.

6시그마 품질관리 운동은 제품의 공정, 업무 프로세스, 서비스 등 모든 면에서 획기적인 성과를 가져왔다. 고객의 제품 주문에서 이용까지의 기간 편차를 3년 전보다 항공기 엔진 사업부는 80일에서 5일, 플라스틱 사업부는 50일에서 5일, 주택 금융 사업부는 54일에서 1일로 획기적으로 축소할 수 있었다.

e-비즈니스 사업에서 GE는 수익에 초점을 맞추어 디지털화를 단행한 결과 업무처리 과정과 생산성이 급상승했다. e-비즈니스는 30일 전의 목표가 30일 후에 터무니없는 것으로 만들만큼 그 혁신성은 상상을 초월했다. 업무 처리의 디지털화는 프린터와 복사기가 없는 사무실 온라인상의 판매 수익과 지출의 재정은 일몰 보고, 종이 없는 사무실을 가능하게 했고 터치포인트 없는 업무 처리의 디지털화는 100억 달러의 경비 절감을 가져올 수 있었다.

고객에 대한 더 많은 시간을 할애할 수 있게 했으며, 의료기기 사업부와 발전설비 사업부가 홈페이지에서 고객들이 여러 회사의 제품 성능을 비교

·검토할 수 있게 했고, 온라인상의 AS를 가능하게 했다. e-비즈니스는 기존의 튼튼한 기반과 결합함으로써 엄청난 시너지 효과를 주었고, GE를 혁신하고 재창조하는 유전자의 일부가 되었다.

변화의 산실, 크로톤빌(Crotonvile) 연수원

일반적으로 사람들은 변화를 싫어한다. 혁신은 더욱 그렇다. 그럼에도 불구하고 웰치는 과감히 혁신했다. 그 원천은 크로톤빌 경영개발센터였다.

잭 웰치는 회장이 된 지 2주 후에 플로리다의 GE 경영 책임자회의에 참석하여 크로톤빌의 책임자에게 "우리 회사를 모든 면에서 혁신할 생각입니다. 이를 위해 크로톤빌이 핵심적인 역할을 해주었으면 합니다"라고 말했다. 크로톤빌 경영개발센터는 1950년 중반 설립, 초기에는 분권화 이념을 전파하는 GE 경영혁신의 심장부로, 분권화가 정착된 후에는 리더십 훈련 장소로 사용되었다. 그러나 1980년에는 일선에서 물러난 사람들의 휴양지로 전락했고, 교육 프로그램은 아무에게나 개방되었으며, 이 과정의 이수가 GE의 미래 리더들의 필수과정도 아니었다.

웰치는 크로톤빌이 활발한 의견 개진과 공개적인 대화, GE의 경영철학의 전파, 관료주의적 위계질서의 완벽한 타파, 왜곡되지 않은 웰치의 메시지 전파, 리더십 훈련과 교육, GE의 최고 인재들의 마음과 가슴 속의 깊은 결속 변화를 통해 사람들을 하나로 묶어 줄 정신적인 교감을 성취할 GE의 심장부가 되기를 희망했다.

크로톤빌을 유능하고 잠재력이 풍부한 사람들의 리더십 훈련장으로서 최고의 인재양성을 위한 최상의 연수원으로 만들고 싶었다. 수강생, 강사진, 강의 내용, 건물 자체 등도 바꾸었다. 크로톤빌은 전보다 훨씬 더 열정적이고 의욕적이며 예리하고 도전적인 질문을 하고 젊고 다양한 사람들로 넘쳐났으며, 새로운 사고의 원동력을 제공하는 '에너지센터'가 되었다.

크로톤빌의 교육 프로그램 중 세 가지 리더십 과정은 성장 가능성이 아주 높은 임원 대상의 임원개발과정(EDC), 중간 관리자 대상의 경영관리과정(BMC), 짧은 경력의 우수한 직원 대상의 경영개발과정(MDC) 등이다. 실제 사업 관련 이슈를 다루는 현장 학습은 고급 과정인 BMC와 EDC는 선진국이나 개발도상국의 성공한 회사들의 성장과정을 고찰하고, GE의 네 가지 혁신적 이니셔티브들을 평가하는데, 이 평가들은 GE의 실질적인 혁신 성과를 도출한다.

웰치는 직원들의 자발적인 태도와 열정을 크로톤빌의 교실에서 일터까지 전파시켜 회사 전체를 또 하나의 인재육성의 장으로 재창조하려 했다. 크로톤빌에서 창안된 '워크아웃'은 사람들을 틀에 박힌 역할에서 벗어나게 했고, 어디서나 자신의 생각을 거침없이 이야기하게 하였으며 GE 전체에 확산되었다. 크로톤빌의 작은 아이디어들이 워크아웃을 통해 GE의 문화를 근본적으로 변화시켰다. 이렇게 해서 이곳은 웰치의 변화와 개혁과 혁신의 진원지가 되었다.

웰치가 회장에 취임한 후 15년 동안 거의 모든 시장에서 GE가 1등이나 2등이 되어야 한다는 '좁은 시장의 정의'가 이제 GE의 성장의 기회를 빼앗고 더 이상의 발전에 장애가 되므로 GE는 시장을 넓게 재정의하여 시장 점유율 10% 이상인 사업부가 하나도 없도록 만들어야 한다는 주장도 크로톤빌에서 나왔다. 웰치는 스스로 과감하게 패러다임의 대전환을 이룩한 것이다.

강력한 혁신 지도부 구축

변화와 개혁과 혁신의 시작은 최고 리더의 의지에 달려 있지만, 지속적인 추진은 강력한 혁신 지도부의 능력에 달려 있다. 개혁과 변화는 강력한 혁신적 지도부가 없으면 불가능하다. 강력한 혁신 지도부를 구축하는 것자체가 리더십이다. 웰치는 변화 관리자가 변화 저항세력과 맞서 변화를 계속 추진해 나갈 수 있게 하기 위해 강력한 혁신 지도부를 구성했다. 웰치는 어떤 프로젝트를 시작할 때는 가장 먼저 최고 관리자와 그 관리자를 중심으로 한 최고의 혁신 팀을 구성하는 데서부터 시작했다. 웰치의 혁신 성공은 강력한 혁신 지도부 구축에서 왔다.

1980년대의 GE의 거대한 혁신의 물결은 내부의 강력한 핵심 지원그룹이 없었다면 불가능했을 것이다. 운좋게도 웰치는 회장직 승계 직후 경쟁자였던 존 벌림검과 에드워드를 비롯하여 최고 재무관리자(CFO), 인적자원관리 최고 책임자(CHRO), 소재 및 서비스 부문 담당자 등의 전폭적 지지와 협력을 얻는 데 성공했다. 이사회도 웰치를 무조건 지지했으며 메사추세츠 주지사도 웰치에게 적극 협조했다.

1996년 1월 항공기 엔진 사업부의 서비스 사업을 새로이 시작할 때 서비스 담당 부사장과 유능한 재무 분석가를 중심으로 강력한 혁신 지도부를 구성했고, 2001년 5월 부도브스가 CNN 방송의 머니라인의 사회자로 돌아옴으로써 GE의 CNBC 방송의 비즈니스센터의 잠재적 위협 요소가 되자 웰치는 스스로 CNBC의 '프로젝트 관리자' 역할을 맡는다.

또한 중요 인사들을 중심으로 15명의 강력한 추진팀을 구성했고, 의료기기 사업혁신에서도 실질적인 '프로젝트 관리자' 역할을 했으며, 최고 관리자를 최상의 대우로 스카웃하여 최고의 기술 개발팀과 경영 프로젝트 팀을 구성했으며, 역시 의료기기 사업 추진시에도 관리 책임자와 최고의 기술자로 프로젝트팀을 구성하였다.

법률 부서 혁신에서도 웰치는 최고 책임자를 임명하고 우수한 법률 전문가를 스카웃하는데 쓰도록 그에게 백지 수표와 옵션 추가권까지 주어 'A급을 통해 A급'을 채용하여 GE가 오늘날 세계에서 가장 우수한 법률 부서를 가지고 있다.

웰치는 1995년 6시그마 품질 혁신 프로그램을 최고의 인재들이 추진하게 했다. 각 사업부서의 가장 유능한 관리자들에게 6시그마 프로젝트를 2년 동안 맡긴 후에 블랙벨트라는 자격을 주었다. 이 운동을 전 GE에 확산시키기 위해 1998년에는 6시그마 담당 부사장에 유능한 인재를 임명하고 2~3명의 강력한 혁신 팀을 구성하게 했다.

웰치는 e-비즈니스 사업 착수 후에 아마존닷컴 판매 프로세스를 도입하기 위해 GE에 적합한 모델을 개발하는 과정에서 여러 빌딩에 산재해 있는 팀들을 모아 '당신의 사업을 파괴하라(destroy your business)'라는 팀을 구성했다. 후에 이 팀을 '당신의 사업을 성장시켜라(grow your business)'라는 팀으로 개칭하였다.

열정

'진정한 열정은 즐기고 사랑하는 데에서 나온다.'

열정을 쏟기 위해서는 먼저 사랑해야 하고 즐겨야 한다. 물론 그 반대도 성립한다. 모든 성공한 리더는 조직과 사람에 대한 열정에 스스로 불타오를 뿐만 아니라, 그 열정을 구성원들과 공유하고, 구성원들의 열정을 고취시키며 활력을 이끌어 낸다.

웰치는 스스로 일과 사람에 대하여 열정을 느낄 뿐만 아니라 사람들로 하여금 일에 열정을 갖게 한다. GE 회장으로서의 웰치의 기업 활동에 대한 열정은 '깊은 관여'로 표출되었다. 그는 회장으로서의 지위나 위신을 전혀 의식하지 않고 중요한 일에는 깊이 관여하는 경우가 많았다. 그는 깊은 관여를 통해 성과를 낼 수 있고 재미있는 일에 대한 도전이라고 보았다. 어떤 사람들은 웰치의 관여의 정도가 심하다고 불평하기도 했다. 그는 일단 도전 대상이 정해지면 완전히 빠져들어 모든 열정을 쏟아 붓는다.

2001년 5월 경쟁사인 CNN 방송의 '머니라인' 프로가 GE의 CNBC 방송의 '비즈니스센터' 프로에 위협이 되자, 웰치는 CMBC의 '프로젝트 관리자' 역할에 열정을 쏟은 결과 '머니라인'에 승리, GE의 CT 등 의료기기 튜브 개발 프로젝트에 참여하여 5년 이내 튜브 수명 25,000스캔에서 20만 스캔으로 증대, 2000년 50만 스캔 성장과 업계 최고의 품질의 라이트로스피드 스캐너 개발 성공, 일본에서의 여성인력 개발 등이 웰치가 열정을 쏟아 성공한 사례들이다.

웰치는 세계화를 추진하는 과정에서도 엄청난 열정을 쏟아 부었다. 적재적소의 인재 발굴과 3개 국영기업의 인수와 활기차고 수익성 높은 회사로 전환, 영국의 '제너럴 일렉트릭사'의 인수 합병, 1989년 말 공산국가인 헝가리의 조명기기 업체 '퉁스람'의 인수, 인도의 의료기기 업체 '위프로'의 합작 투자 등이다.

이러한 열정의 결과 1987년 GE의 글로벌 비즈니스 매출액은 총매출액의 19%인 90억 달러에 불과했으나, 2002년에는 40% 이상인 530억 달러 규모로 성장하였다. 웰치의 열정과 혁신성이 20세기 가장 위대한 CEO로 만들었고, 회장 재임 20년 동안 GE를 40배로 성장시키는 기적을 연출했다.

인재 평가의 최우선 기준 – 4E 1P

웰치는 스스로 열정적이었을 뿐만 아니라 직원들도 열정적이기를 원했다. 인재 평가기준도 열정이 최우선이었다. 웰치는 일에 임함에 있어 비장함보다 즐거움이 넘쳐 흘렀다.

웰치는 차별화 활력 곡선을 활용하여 최상위 20%, 중간 70%, 하위 10%로 인사 평가를 했다. 최상위, 중간, 하위를 각각 A, B, C 3등급으로 분류하여 급료 인상, 스톡옵션 승진 등 보상체계의 중요한 가이드로 삼았다. A등급은 정열적이고, 현명하고, 능동적이고, 개방적이며, 다른 사람들을 열정적으로 만드는 능력을 가지고 있고 업무를 즐겁고 생산적으로 처리하며 GE의 리더십 요건인 4E를 갖춘 사람이라 하였다.

4E는 강력한 에너지(Energy) 목표 달성을 위해 다른 사람들에게 활력을 불어 넣을 수 있는 격려(Energize), 까다로운 의사결정 과정에서 '예'와 '아니오'를 분명하게 말할 수 있는 결단력(Edge), 자신의 약속을 지속적으로 수행할 수 있는 실행력(Execute)이다. 4E는 열정(Passion)에서 나온다.

웰치에 의하면 A등급과 B등급의 사람을 구별하는 가장 큰 차이는 열정이다.

"A등급 한 사람을 잃는 것은 죄악이다. 그들을 사랑하고 안아 주고 키스해 주고 하여 그들을 잃어서는 안 된다. 그들을 잃는 것에 대해 철저히 사후 검토하고 관리상의 책임을 져야 한다."

웰치는 회장의 신분을 개의치 않고 스스로 실질적 관리 책임자의 직책을 자임하여 관련 사업부 혁신 지도부를 구성하고 그들과 같이 허심탄회한 토론과 연구에 열정을 쏟았다.

혁신 지도부에 참여한 일반직원들과 열띤 토론과 논쟁을 하는 과정에서 웰치의 실질적 지위는 일반사원들과 동등했고, 그의 아이디어와 주장이 완전히 배척당하는 것도 전혀 문제가 되지 않는 분위기를 만들어 젊은 참여자들이 웰치의 눈치를 보지 않고 소신껏 거침없이 자기주장과 아이디어를 제시할 수 있게 했다. 이 점이 보통의 회장들과 다른 점이다. 웰치의 열정과 혁신성이 웰치를 20세기 가장 위대한 CEO로 만들었으며 GE를 세계 제1위 기업으로 만들었다. 또한 오랫동안 후계자를 경쟁시키고 육성한 후에 2001년, 그 스스로 CEO를 제프리 이멜트에게 넘겨주고 용퇴한 것은 과연 훌륭한 리더다운 면모였다.

마쓰시타전기 창업자 **마쓰시타 고노스케**

인간 경영으로 근로자들의 우상이 되다

마쓰시타 고노스케 (1894~1989)
· **1894**년 일본 와카야마현 와사무라에서 출생 · **1903**년 소학교 중퇴
· **1918**년 마쓰시타 전기기구 제작소 창립
· **1927**년 뿔모양 램프를 내쇼널 상표로 발매 시작 · **1933**년 사업부제 시행
· **1946**년 PHP연구소에서 PHP 연구와 보급 활동을 시작
[평화와 행복(Peace and Happiness through Prosperity)]
· **1952**년 필립스와 제휴 계약 · **1965**년 주 5일 근무 시행
· **1980**년 인재양성소 "마쓰시타 정경숙"을 설립
· **1989**년 별세(95세)

마쓰시타 고노스케의 리더십 포인트

- 언제나 부하의 말을 잘 들어 주어라.
- 방침을 명확하게 해 주어라.
- 권한을 대담하게 위임하라.
- 상대방에게 감동을 주어라.
- 사람보다 더 소중한 자산은 없다.
- 근로자들의 신뢰를 받는 것이 중요하다.

인간 경영으로 근로자들의 우상이 되다

마쓰시타 고노스케는 가전업체인 마쓰시타전기산업(주)의 창업자이다. 유년기부터 온갖 고생을 다하고 노력과 연구를 거듭한 끝에 자신의 힘으로 마쓰시타전기산업 등의 기업을 발전시켜 매출 1위 자리에 올랐다. 물자부족으로 어려운 생활을 하고 있던 일본 국민들은 그에게 용기를 얻었다. 그야말로 전후戰後 부흥기의 국민에게 희망을 주는 영웅이었던 것이다. 1918년 마쓰시타전기기구 제작소를 창업한 이후 독자적인 경영 이념과 경영 수완으로 사업 경영의 급속한 확충에 성공하였다.

1989년 그가 95세를 일기로 세상을 떠날 때, 회사는 내셔널과 파나소닉 브랜드로 매년 600억 달러 이상을 벌어들이며 국제시장을 주름잡는 세계 20위의 다국적 기업으로 성장했다. 본사는 오사카에 있으며 2010년 기준, 종업원은 약 35만 명에 달한다.

계열 회사가 많았지만 건설, 백화점 등 이른바 문어발 경영이 아니었다. 외골수로 전기, 가전제품 등 한 분야의 제품만 고집스럽게 만들었다. '땅 장사로 돈벌이하는 기업은 기업인으로서는 낙제'라고 종종 이야기했던 그는 땅투기에는 손대지 않았고, 부동산으로는 집 한 채만 남겼다.

1929년 미국발 세계 대공황으로 전 세계에 불황이 닥쳤을 때 35세의 젊은 사장은 불안에 떠는 종업원들을 모아놓고 다음과 같이 위기극복에 동참할 것을 호소한다.

"매주 이틀은 휴무이며 근무는 반나절로 줄인다. 생산도 반으로 감축하겠다. 그러나 한 사람도 해고하지 않을 것이며 월급도 전액을 지불하겠다."

직원들은 감격하였고 가족까지 동원하여 휴일도 잊은 채 재고품을 팔고 다녔다. 그 결과 두 달 만에 재고가 모두 소진되어 공장은 정상 가동되었다.

1980년 86세 때 마쓰시타는 부의 사회 환원을 목표로 당시 사재 100억엔 (약 1,000억원)을 털어 일본의 정치, 경제, 사회 분야의 차세대 인재양성을 위해 '마쓰시타 정경숙'을 만들었다. 올바른 가치관을 지닌 지도자를 많이 키워야 일본의 미래가 있다고 강조하며 세운 이 기관은 현역 중의원 약 30여 명이 배출되는 등 각 분야에 많은 인재를 양성하여 일본 최고의 엘리트 양성기관으로 자리매김하였다.

항상 "기업은 좋은 제품을 싼 값에 파는 것으로 승부해야 한다"고 말한 그는 '일본의 내일을 준비하는 일'에는 거금을 기부하는데 주저한 적이 없었다. 또한 종업원들을 위한 투자와 배려를 아끼지 않아 1965년에 주 5일제를 시행하는 등 벌어들인 재산을 사회와 종업들을 위해 헌신함으로써 마쓰시타는 전 세계적으로 많은 존경을 받았을 뿐만 아니라, 20세기를 이끌어간 지도자라고 세계의 언론으로부터 격찬을 받았다.

성장과정과 성공

어느 기자가 마쓰시타 회장에게 물었다.

"회장님 어떻게 하여 이처럼 큰 성공을 하셨습니까?"

"나는 3가지 하늘의 큰 은혜를 입고 태어났습니다. 가난한 것, 허약한 것, 못 배운 것인데, 나는 가난하게 태어났기 때문에 부지런히 일하지 않고서는 잘 살 수 없다는 진리를 깨달았고, 허약하게 태어났으므로 건강의 소중함을 일찍 깨달아 몸을 단련하고 건강에 힘써 90살이 넘은 지금도 겨울에 냉수마찰을 합니다. 또 소학교 4학년을 중퇴했기 때문에 항상 이 세상 모든 사람을 스승으로 받들어 배우는데 노력하여 많은 지식과 상식을 얻었습니다."

마쓰시타가 태어날 당시에는 집안이 비교적 부유하였으나 부친이 쌀장사 사업에 실패하고 망하자, 그는 소학교 4학년을 중퇴하고 직장에 들어가 잔심부름 일을 하게 되었다. 그가 6살 때 남동생이 전염병으로 사망하고, 그 다음 해에는 여동생과 형이 사망하는 불운을 겪었다. 두 번째 직장은 자전거 점포의 점원이었는데, 새벽 5시에 일어나 청소하고 밤늦게까지 점포를 지키면서도 손님이 없을 때는 열심히 책을 읽었다. 17세 때 세 번째의 직장은 오사카 전등회사의 직공이었는데, 당시에는 전등이 신문명의 상징이었다.

24세 때인 1918년에는 자본금 100엔으로 쌍소켓을 제조하는 전기기구 제작사를 창업하여 큰 돈을 벌고, 그 후에는 자전거 전조등 개발로 커다란 호응을 얻었다.

그는 163cm로 몸무게도 60kg을 넘지 않는 왜소한 체격이었으나 전후 일본을 대표하는 가장 훌륭한 경영인으로 국민들의 신뢰를 받았다.

인덕 경영

마쓰시타 고노스케는 이 시대의 경영자가 갖춰야 할 것은 정보와 지식만이 아니며 인간적인 매력, 즉 인덕人德의 중요함에 대해 교육하였다. 고객, 직원, 사회, 이해관계자들에게 덕과 진실로 그들을 대하면 경영은 반드시 성공한다는 신념을 가지고 다음과 같이 강조하였다.

- 인재육성에 대한 열망을 갖는다. 인재를 키우겠다는 열망이야말로 성공적으로 사람을 키우는 데 필요한 첫 걸음이다.
- 업무 현장이 곧 교육장이라는 것을 잊지 않는다. 업무 현장에서 땀과 눈물을 흘리며 노력을 되풀이하는 과정에서 지혜가 생기고 힘이 붙는다.
- 명확한 경영 이념으로 직원을 이끈다. 인재 육성과 더불어 회사의 성장을 위해 경영자는 경영의 기본 방침을 잊어서는 안 된다. 그리고 그 경영 이념을 직원들에게 철저히 가르친다.
- 때로는 계몽가가 되어 신념을 전달하고 끊임없이 반복한다. 경영자가 직원들에게 힘 있는 비전을 제시하고, 정열과 선견지명을 갖고 비전을 현실화하기 위해 노력해야 한다는 것을 전달하고 끈기 있게 반복한다.
- 직원의 장점에 눈을 돌려 격려하고 때로는 추궁한다. 직원의 장점을 격려하면 직원 한 사람 한 사람은 활기 있게 일하고 능력 향상에 몰두할 수 있다. 또한 직원의 잘못을 시의적절하고 진지하게 추궁함으로써 그 사람을 연마시킬 수 있다.

- 관대함과 엄격함을 적절히 행한다. 인간은 칭찬받음으로써 감격하고 분발한다. 경영자는 인재육성을 위해 사적인 감정을 버리고 시의적절한 칭찬과 위로를 아끼지 말아야 한다.
- 직원들에게 모범이 되기 위해 노력한다. 경영자는 직원들의 거울이다. 경영자의 태도가 직원 전체에게 반영되므로 경영자로서의 권위를 잃지 말고 모범을 보여야 한다.

종업원 중심 경영

마스시타는 직원들에게 교육시킬 때 고객이 당신네 회사는 무엇을 만드는 회사인가 물으면 "우리 회사는 인간을 만드는 회사입니다만, 전기제품도 만드는 회사입니다"라고 가르치면서 사람중심 경영을 실천하였다. 사람 다루는 솜씨가 뛰어나다는 주위의 평가에 대해 늘 이렇게 얘기했다고 한다.

"나는 그런 능력이 없습니다. 다만 부하직원들이 나보다 배운 것이 많고 재능이 많은 훌륭한 사람들입니다."

마쓰시타 고노스케의 이 말은 천금의 무게를 지니고 있다. 창업 때부터 신입 직원들에게는 일정기간 기숙사 입주를 의무로 하고 있으며, 마쓰시타 부부가 몸소 양부모가 되어 규율 있는 생활을 실천한다. 예의범절, 생활지도, 인생지도를 담당하는 이러한 제도는 오늘날 사원교육의 효시가 되었다. 교육의 성과를 올리기 위해서는 우수한 인재를 모으지 않으면 안 된다는 신념 아래 1934년 사원 양성소(연수원)를 설립한다.

마쓰시타는 종업원들을 대할 때 늘 인정이 넘쳤으며, 교육이라기보다는 상대의 좋은 점을 이끌어내는 것이 인재육성의 기본이었다. 이것이 인재

육성의 4가지 포인트가 된다.

마쓰시타에서 말하는 우수한 인재란 학업 우수, 스포츠맨, 호탕한 성품이라는 각기 다른 타입을 3분의 1씩 채용하고 있다. 즉 한 가지 재주에 뛰어난 인재를 모아 사원 각각의 성격을 혼혈시켜 보다 우수한 사원을 만들려고 하는 발상이다. 이러한 인재양성의 성과는 매우 만족스럽게 나타나고 있다.

마쓰시타전기의 사원은 업계에서 최고의 종업원이라고 해도 과언이 아니다. 이는 1918년의 창업 이래 60년 이상에 걸쳐서 견고한 경영이념을 신념으로 삼아 물건을 만들기 이전에 인재양성에 전념해 온 효과라고 할 수 있다.

고용보장

1973년 가을에 일본을 덮친 석유 공황은 일본의 경영자들에게 엄청난 위기감을 가져왔다. 군살을 빼고 합리화를 추진해야만 했으며 이것을 달성하기 위한 수단으로써 인원 구조조정이 필요하다고 대부분 생각하게 되었다. 그러나 이것은 바람직한 일이 아니라고 생각하고 마쓰시타는 인력에 대한 구조조정을 하지 않았다.

그는 '인재는 재산이다. 재산에 손을 대서는 안 된다'는 신념 아래 더 큰 손익을 따져보고 일본 최악의 불경기 상태에서도 건재할 수 있었다. 이것이 마쓰시타전기 인사정책의 근본이라고 할 수 있는데, 이 정신은 현재까지도 계승되고 있다.

종업원 개개인이 질적으로 향상되어 간다면 다음에 필요한 것은 인화일 것이다. 여기에 효과가 있는 것이 스포츠와 교양인데, 이를 위해서는 여가를 주지 않으면 안 된다. 이렇게 해서 마쓰시타전기는 1960년 1월의 경영 방침 발표회에서 재빠르게 '5년 후 주휴 2일제'라는 계획을 발표한 후 예정대로 1965년부터 주 5일(주 40시간제) 근무제를 단행하는 모범을 보였다.

노사상생 경영

마쓰시타전기의 노동조합은 1946년 1월에 결성되었다. 그 시기는 종전 직후의 시점이었고 종업원의 신경이 날카로워져 있을 때였다. 단체교섭이라고 해서 사장을 2~3일씩 밤낮에 걸쳐 감금하는 일 정도는 뉴스거리도 되지 않았던 시대이다. 그런데 그 날 마쓰시타 고노스케는 축사를 하였고, 이에 조합원은 떠나갈 듯한 박수로 그를 환영하며 뜨거운 박수갈채를 보냈다.

또한 마쓰시타전기의 '조회'는 유명하다. 1933년 5월 사업부제의 발족과 동시에 전 사업장에서 매일 조회·석회를 시행하게 되었다. 이것은 자연발생적으로 고조된 것을 행사화한 것으로서 회사 측에서 강요한 것이었다. 이를 계기로 현재까지도 계속 이어져 오고 있다.

이것의 효과는 막대하다. 조회의 장이 있다는 것은 사원에게 하나의 교육이 되며 무언가 모두 주의하지 않으면 안 될 일이 발생하면 다음 날 즉시 조회에서 전원에게 주의시킬 수 있다. 모든 사람 앞에서 꾸짖는다는 것은 비상식적인 일인 것 같지만 그렇지 않다.

흔히들 마쓰시타전기는 신상필벌이 분명하다고 말한다. 물론 조직으로서 어느 정도의 규칙을 지키도록 해 두지 않으면 질서를 유지하기가 어렵다. 그러나 마쓰시타전기에서는 한 가지 일을 잘못했다고 해서 그 사람을 매장시키는 일은 절대로 하지 않는다.

능력 중시

마쓰시타전기에는 일반 회사와 같은 이른바 정기 인사이동이라는 것이 없다. 적절한 시기에 필요에 따라 하게 되는 것이다. 또한 관리자의 등용에 대해서는 시험과 같은 제도가 있다. 그러나 이 시험은 상식적 수준이 될 정도의 것으로써 절대적인 등용기준으로 삼는 것이 아니다. 관리직의 등용은 어디까지나 그 인물의 업무태도, 사고방식을 보며 관리자로서의 역량, 식견이 있는지를 끝까지 지켜 본 뒤 결정한다. 또한 다양한 방법으로 인재를 채용하는데, 매년 봄과 가을에 졸업생, 유학생, 외국인 등을 대상으로 유능한 인력을 채용한다.

사내 공모제를 통해 직무에 적합한 인재를 적재적소에 배치하고, 젊고 능력 있는 직원들을 대상으로 해외연수 프로그램을 운영하며 해외 MBA 제도와 각국에 인재를 파견하여 6~12주 동안 여러 나라의 문화체험을 익히도록 한다.

원칙 중시

마쓰시타는 경영을 하면서 모든 면에 원칙을 바탕으로 조직을 이끌어가야 함을 수없이 강조하였다.

- 고객과 사회는 부당한 행위를 용납하지 않기 때문에 모든 관련 법규를 준수하고 양심적으로 경영해야 한다.
- 항상 경영이 비도덕적으로 흐르지 않도록 감시해야 하며 경영은 전쟁

이므로 신의와 정의를 중요시해야 한다.

- 한 가지 일을 잘못했다고 해서 그 사람을 매장시키는 일은 절대로 하지 않는다.
- 선의적으로 잘못을 저지른 것은 다음 단계로 성장하기 위한 수업료라고 생각한다.

마쓰시타는 직원들의 사기향상을 위해 칭찬과 격려를 아끼지 않았으나 비리나 부조리에 대해서는 결코 용납하지 않았는데, 이는 고객에 대한 배신행위로 간주하고 엄히 다스렸다.

인화 중시

마쓰시타는 회사가 아무리 어려워도 직원을 결코 해고해서는 안 된다는 철학을 지니고 있었는데, 종업원들에게 그러한 믿음을 주어야만 주인의식을 갖게 되고 회사에 최선을 다한다는 것이다. 그리하여 1930년대 세계 대공황 때나 1970년대 초반에 발생한 세계 오일쇼크 때도 직원들을 한 사람도 해고하지 않았으며 임금도 삭감하지 않았다. 또한 종업원들의 단합과 화합을 위해 조그마한 일에도 관심을 기울여야 한다고 강조하며 무엇보다도 직원 간에 인화를 중요시 하였다. 그러면서 회사의 환경을 항상 깨끗이 유지관리 할 것을 강조하고 식당, 화장실, 휴게실, 탈의실 등을 평소에 청결하게 유지해야 직원들의 마음도 건강하고 깨끗해진다고 교육을 반복하였다. 아울러 직원들이 함께 어울리도록 스포츠, 교양활동 등 여가활동을 장려하여 직원 간에 인화가 유지되도록 세심한 배려를 아끼지 않았으며 상하 간에 커뮤니케이션이 이루어지도록 대화를 강조하였다.

인재 육성

마쓰시타는 인재 육성의 3가지 포인트로 학업이 우수한 사람, 스포츠를 잘하는 사람, 호탕한 성품을 지닌 사람으로 설정하고, 세 분야별로 1/3씩 채용하여 특징을 혼합시켜 보다 우수한 사원을 만드는데 심혈을 기울였다. 그리고 인성교육을 강화하기 위해 사업보국, 공명정대, 인화단결, 역투향상, 예절겸양, 순응동화, 감사보은 등 7가지 덕목을 중요시하여 1933년부터 시행되어 온 조회를 통해 모든 종업원들에게 철저히 교육시키고 있다.

마쓰시타는 인재육성을 위해서는 리더의 역할이 중요함을 강조하고 리더들에게는 다음 4가지를 실천할 것을 주장하였다.

첫째, 부하의 말을 잘 경청하라.

둘째, 업무방침을 명확하게 해 주어라.

셋째, 권한을 대담하게 위임하라.

넷째, 상대방에게 감동을 주어라.

마쓰시타는 기업경영을 넘어 국가적 인재를 육성하는 것이 또 하나의 시대적 사명임을 인식하고 1947년에 PHP(번영을 통한 평화와 행복 연구소)를 설립하고 이를 바탕으로 1980년, 80세의 나이에 재산 약 100억엔을 출자하여 '마쓰시타 정경숙'을 설립했다.

마쓰시타 정경숙은 다음과 같은 특징이 있다.

교육기간 : 3년

입학자격 : 22~35세 / 학력, 성별, 국적 제한 없음

의무교육 : 리더로서 필요한 기본 인성을 육성하기 위해 검도, 다도,

좌선을 필수교육으로 한다.

상근교수가 없으며 스스로 학습 프로그램을 만든다.

새벽 6시에 일어나 주변을 청소한다.

이론적 강의보다 현장체험 학습을 중요시한다.

학비 무료, 기숙사 및 숙식 제공, 학습 활동비를 지원한다.

교육과정은 다음과 같다.

구분	내용
1년차	• 정치 경영 현장연수, 인간관, 정치 경영이념 학습 • 역사관 국가관 전통정신(검도, 다도, 좌선) • 100km 행군
2년차	• 국가관(공동연수) 정치(인턴십) 실천활동 • 합동연수(역사관 총괄 심사회) • 100km 행군 서포트
3년차	• 후배지도 합동연수(인간관 정치 경영이념) • 중간 심사회, 합동연수(역사관) • 100km 행군 서포트, 수료 심사회

상기와 같은 내용으로 철저한 교육훈련을 통해 150여 명의 리더를 양성하여 현재 중의원 30여 명 등 정치, 경제, 연구, 언론, 교육 분야에 일본을 이끌어가는 핵심인재들로 활동하고 있다.

견습공으로부터 출발하여 상인, 기업가, 경영자, 연구기관 설립자, 교육자, 철학자에 이르기까지 마쓰시타는 인간을 타락시키는 세력들에 영향을

받지 않았던 두드러진 인물이었다. 경영이념 전파를 위해 120세까지 살겠다며 의욕을 불태우던 그는 '전세계를 감동시킨 사람'이라는 찬사를 받으며 무려 2만 명의 일본인이 참석한 가운데 1989년 95세로 세상을 떠났다.

세계적으로 성공한 기업 총수들이 때때로 의혹과 심지어 경멸을 받는 시대에, 마쓰시타는 일본에서 국민적 영웅으로 추앙을 받고 있다. 그로부터 23년이 지난 지금 마쓰시타전기 전 사원 중 3분의 1은 마쓰시타 사망 후 입사했지만 아직도 마쓰시타 정신은 면면히 이어지고 있다. 또한 그의 생각과 사상을 전파하기 위해 쓰인 저서는 일본뿐만 아니라 전 세계인을 크게 감동시키고 있다.

마쓰시타(주) 노동조합에서는 고인이 살아있을 때 그의 훌륭한 인간경영의 뜻을 기리기 위해 회사 정문 앞에 동상을 세워 준다.

살아있는 경영자를 위해 노동조합 직원들이 성금을 모아 회사 내에 동상을 세워 준 일은 일본 뿐만 아니라 전 세계에서도 최초의 일이었다. 그만큼 그는 훌륭한 경영자였고 근로자들의 우상이었다.

영국의 탐험가 어니스트 섀클턴

남극 탐험에서 실패하고도 영웅이 되다

어니스트 섀클턴 (1874~1921)
· **1874**년 영국 아일랜드에서 출생 · **1896**년 덜 위치 칼리지 졸업
· **1901**년 스콧 대원으로 처음으로 남극탐험 참여
· **1907**년 탐험대 조직, '님드로호'로 남극탐험 도전
· **1909**년 지구 최남단 남위 88°23'에 도달
· **1914**년 인듀어런스호로 재도전했으나 실패
· **1916 8.30** 탐험대원 28명 전원 생환
· **1922**년 남극일주 도전 중 사망(47세)

섀클턴의 리더십 포인트

- 가시적인 행동으로 솔선수범하라.
- 위기 속에서도 낙천적인 마인드를 가져라.
- 팀 메시지를 끊임없이 강화하라.
- 신분 차이를 최소화하고 서로를 존중하라.
- 절대 포기하지 마라, 항상 또 다른 방법이 있다.
- 반대자를 끌어안고 갈등을 극복하라.

남극 탐험에서 실패하고도 영웅이 되다

어니스트 섀클턴은 1874년 영국 아일랜드에서 2남 8녀 중 장남으로 태어났다. 아버지는 의사로서 비교적 부유한 가정에서 태어났는데, 그가 유년시절에 아일랜드에서 영국으로 이사한 후 런던 교외의 시골에서 성장했다. 어려서부터 독서를 좋아하고 어머니를 따라 성당에 다니면서 신앙생활을 하며 성장했다. 어려서부터 바다를 좋아하여 해군사관학교 입학을 희망하였으나 뜻을 이루지 못하고 16세에 선원이 되어 바다를 누비게 되었다.

그러던 중 27세 때 당시 최고의 남극 탐험가였던 스콧의 탐험대에 참여하여 처음으로 남극탐험에 도전했다. 그 후 독자적으로 탐험대를 만들어 33세 때인 1907년 8월에 탐험대장이 되어 남극도전에 나섰으나 실패하고, 1909년 1월 9일 남극탐험사상 최고기록이었던 남위 88도 23분에 도달함으로서 남극점에는 못 미쳤으나 당시에 인류 역사상 처음으로 지구 최남단을 밟았다. 그러나 아문젠(노르웨이)이 1911년 12월 14일에 최초로 남극탐험에 성공하고 1912년 1월 18일에 스콧(영국)도 남극점을 밟음으로서 섀클턴은 꿈이 사라지게 되었다. 그는 목표를 남극 횡단으로 바꾸고 1914년에 27명의 대원과 함께 남극으로 향했다.

그러나 남극 근처 웨델 해엽에서 배가 빙벽 속에 묶여 남극횡단 도전은 시련에 직면하는데, 634일 동안 영하 30도의 추위 속에서 얼음 위에 텐트를 치고 펭귄과 물개를 잡아먹으며 사투를 벌린다.

그러나 탐험대장 섀클턴의 훌륭한 리더십으로 한 사람의 희생자도 없이 전원 살아 돌아옴으로써 비록 남극 탐험에는 실패했지만 섀클턴은 위대한 영웅이 되었다.

남극횡단 도전

남극점 탐험에 대한 희망이 아문젠과 스콧의 성공으로 좌절되자, 섀클턴은 1914년 12월 40세 되던 해에 지구상에 남겨진 마지막 탐험지 남극대륙 횡단에 뛰어들었다. 도보로 1,800마일을 횡단하는 대모험이었는데, 이 탐험대의 배는 섀클턴가의 가훈인 불굴의 정신에 착안하여 '인듀어런스호'로 명명되었다.

과학자, 지질학자, 선원 등 총 28명을 태우고 1914년 조지아 섬을 출항한 이 배는 1,000마일에 달하는 유빙지역을 깨며 전진해 나갔다. 그러나 목적지까지 하루를 남겨두고 인듀어런스호는 웨델 해협(Weddel Sea)의 빙벽에 걸려 움직일 수 없게 되었는데, 이 배는 10개월 동안 빙벽과 함께 북으로 북으로 흘러갔다. 최고 영하 60도의 혹한 속에서 시시각각 조여 오는 부빙으로 배는 파손되고 말았으며, 섀클턴은 할 수 없이 배를 버리고 강풍이 몰아치는 빙판 위에서 생활할 수밖에 없었다. 얼음 위로 올라가 텐트를 치고 물개와 펭귄을 잡아먹으며 인간의 한계에 도전했다. 바다가 얼어붙는 소리가 들릴 정도의 추위에 옷이 얼어붙고 손발이 타들어가는 듯이 아팠다. 온 천지가 얼어붙는 어두운 밤은 4개월이나 계속되었다.

그러나 섀클턴은 잠시도 긴장을 늦추지 않고 27명의 전 대원들에게 생존의 희망을 주고 용기를 잃지 않도록 격려했다. 섀클턴의 리더십으로 634일간 빙하에 갇혀 사투를 벌이던 28명의 대원들은 800마일 떨어진 사우스 조지아 섬을 목표로 거친 바다를 헤쳐 나갔다.

섀클턴은 몇 명의 대원을 데리고 여러 개의 빙산을 넘는 불굴의 정신으로 15일만에 사우스 조지아 섬에 도착하여 맨 몸으로 산맥을 넘어 포경 기지에 도착할 수 있었다. 그리고 칠레 중기선의 도움을 받아 구조대원들과 곧 엘리펀트 섬에 남아 있던 대원을 구하러 출발했다. 다행히 대원들은 전원 무사했다. 이 모든 것은 섀클턴이 있었기 때문에 달성할 수 있었던 위업이었다. 얼음생활 634일만에 28명 전원이 무사귀환 함으로써 남극횡단에는 실패했지만 영웅 대접을 받았다.

그는 오랜 기간동안 빙벽 속에서 죽음을 담보로 생활하면서도 희망을 잃지 않았으며 대원들을 안전하게 관리하고 보호하는 일에 최선을 다했다. 대원들도 처음에는 불평불만으로 가득 찼으나 섀클턴의 용기와 배려에 신뢰를 갖고 따름으로서 모두 생존할 수 있었다. 참으로 섀클턴의 위대한 리더십이 없이는 불가능한 일이었다.

그 후 섀클턴은 1921년에 다시 남극일주 항해에 도전했다가 심장마비로 사망하는데, 그의 부인은 언제든지 본인이 그리워하는 바다로 나갈 수 있도록 조지아 섬 해안가에 묻어 주었다.

계층을 파괴하고 편견 없이 대해 주었다

인듀어런스호의 대원을 통합하는 것은 쉬운 일이 아니었다. 계급도, 직업도, 성격도 가지각색이었다. 그들 사이의 벽을 무너뜨리지 않으면 안 되었다. 어떤 학자는 갑판원에 대해서 우월감을 느끼고 있었고, 갑판원은 약해 빠진 학자나 연구원들을 멍청이라고 여기고 있었다. 더욱 나쁜 상황은 분쟁이나 규율 위반이 일상화되어 가는 것이다. 대부분의 대원들은 일을 싫어했고 최소한의 일밖에 하지 않았다. 반면에 임무에 최선을 다하는 사람들은 정당한 평가를 받지 못한다고 불만을 표출하였다.

섀클턴은 독특한 방법으로 갑판원과 과학자 사이에서 업무의 균형을 유지했는데, 과학자에게도 배의 잡무를 분담시키고, 반대로 갑판원에게도 과학 조사의 계측이나 표본 수집을 시켰다.

이러한 방법을 취한 것은 비용을 최소한으로 줄이며 바다에서의 전통적인 계급의식 타파가 목적이었지만, 배의 모든 작업을 수행할 수 있는 대원들을 양성하는 효과를 누릴 수 있었다.

섀클턴의 이러한 작업 로테이션에 대하여 대원들은 공평하다고 생각했고 우정도 싹트고 다양한 작업을 경험하는 것으로 신뢰감이 높아졌으며 친근감도 생겼다. 대원들의 그 당시 일기를 보면 얼마나 다른 사람들을 친근하게 여겼는지 잘 알 수 있다. 일상작업이 당연한 것으로 여겨짐에 따라 대원 사이의 연대도 강화되었으며, 그 결과로 생겨난 신뢰감과 우정이 그 후 험한 악조건을 헤쳐 나가는 결정적인 도움이 되었다.

명령하지 않으면 사람들은 움직인다

인듀어런스호는 유빙에 걸려 꼼짝할 수 없게 되자, 유빙 지역을 깨부수고 수로로 나가기 위해서 몇 주간이나 고투했지만 쉽지 않았다. 섀클턴은 배에서의 일상 업무를 모두 그만두고 배에서 겨울을 나기로 했다. 겨울이 지나 봄이 와서 날이 풀리면 탈출할 수 있기를 기원하며 그때까지 대원들이 희망을 버리지 않도록 애썼다. 이 시점에서 항해사와 갑판원은 할 일이 없어졌다. 섀클턴은 대원들이 낙담하거나 지루해하고 불안해하는 것을 해소하기 위한 방법을 찾아 내지 않으면 안 되었는데, 이전부터 해오던 작업을 계속함으로써 대원들이 안심할 수 있도록 했다. 그가 고민을 혼자서 짊어진 덕분에 대원들은 자기 눈앞의 일에 집중할 수 있었으며, 그들은 단지 목표에 대한 도전이 늦어지는 것뿐이라고 생각하며 희망을 버리지 않았다.

대원들은 섀클턴을 전폭적으로 신뢰하고 있었으며, 섀클턴은 그들의 신뢰에 부응했다. 과학자나 화가에게는 얼음에 갇힌 환경이 매력적인 상황이었고 최신의 도구를 사용해서 탐색하거나 기록하는데 여념이 없었다. 지루해 하기는커녕 할 일이 주위에 즐비해 있었기 때문에 그들은 관심을 갖고 맡은 일에 집중할 수 있었다.

섀클턴은 대원들에게 일을 시키면서 각자의 개성을 관찰했는데, 이는 장기적으로는 각 개인이 즐거워 할 수 있는 일, 본인에게 가장 적합한 일을 할 수 있도록 배려하기 위한 것이었다.

그는 모든 대원이 한 몫 할 수 있는 뱃사람이 되도록 고심했는데 꼼꼼히 지적하는 것도 중요하지만, 그것은 그들이 필요로 할 때 하도록 하는 것이다. 그가 도움을 주는 것은 대원들이 잘 해내지 못했을 때에만 해당되었는데, 상대를 신뢰하는 것만으로 개개인의 장점을 이끌어 낼 수 있었던 것이다.

섀클턴은 획일적인 것을 추구하지 않았지만, 시키는 대로 일을 수행하는 대원보다는 독창적인 사람을 좋아했다. 또한 각 대원들이 정신적으로나 육체적으로 임무에 적합한 힘을 발휘하도록 각별히 배려하였다.

섀클턴은 모든 대원과 각각 친밀히 이야기하고, 마음을 열도록 하는 남다른 능력을 가지고 있어 결국에는 모두에게 변함없는 충성심을 이끌어 내었다. 그 시절 대원들의 일기를 보면 유빙에 갇혔을 때의 불안한 마음은 의외로 거의 나타나지 않았으며 매우 안정적이었다고 기록되어 있다.

극한 상황에서도 희망을 주었다

섀클턴은 어떠한 역경 속에서도 사물을 객관적으로 보려고 노력했으며 이러한 것이 모든 위기를 지탱할 수 있게 하는 힘이 되었다. 섀클턴의 인생철학 근본은 낙천주의적이고 인간의 좋은 면을 보려고 하는 것이며 좋은 일을 하는 것이었다. 기적이라고 여겨진 무사 귀환은 섀클턴의 깊은 인간에 대한 이해와 배려가 근간이 되었다고 하겠다.

그의 육체적·정신적 강인함은 초인적이라고 여겨지는데, 이는 자신의 신념과 부하에 대한 책임감에서 기인하는 것이었다. 리더십이란 목표를 달성하는 것뿐만 아니라 큰 목표를 향해 부하들을 고무시키고 계속해서 도전할 수 있도록 하는 것이다. 섀클턴은 모든 부하에게 그들이 가지고 있는 잠재력을 깨우치게 했고 인생에 큰 영향을 미쳤다.

섀클턴은 생존의 위협을 받고 있는 상황에서도 대원들에게 희망을 잃지 않도록 격려하고 메시지를 보냈다.

"우리는 어떠한 경우에도 희망을 잃어서는 안 됩니다. 희망은 그 자체로 무한의 가치를 지니기 때문입니다. 비록 희망이 무위로 끝난다 하더라도 우리는 절대로 희망의 끈을 놓아서는 안 됩니다. 희망이 없이 파국을 맞는 것과 희망을 가지고 파국을 맞는 것은 전혀 의미가 다릅니다. 설사 희망이 이루어지지 않더라도 희망은 우리로 하여금 끝까지 최선을 다하게 하고 우리를 인간의 존엄에서 지켜 줍니다. 죽을 때 죽더라도 마지막까지는 노력하고 존엄한 인간으로 살게 해주는 것이 희망의 힘입니다."

새클턴은 모든 대원들에게 그들이 가지고 있는 잠재력을 깨우게 했고 희망을 잃지 않도록 했다. 죽음이 가까이 오는 극한 상황에서도 희망이 지니고 있는 위대함을 그는 알고 있었다.

새클턴은 무사 귀환 후 저서나 강연에서 인듀어런스호의 대원들이 견디어 낸 시련을 이렇게 이야기하고 있다.

"대원들의 용기와 마음가짐은 어떤 말로도 표현하기 어렵습니다. 굳건한 용기로 시련을 견디고, 웃음과 노래로 목 타는 고통을 이겨냈으며, 몇 개월이나 죽음과 함께 하면서도 결코 비관적인 생각을 가지지 않았습니다. 이런 정신이 있었기에 용기가 의미 있는 것이 되었습니다. 모두가 희망을 버리지 않았기 때문이지요. 나는 대원들을 사랑합니다."

새클턴은 이견을 존중하고 갈등을 해결하기 위해 노력했다. 탐험 대원 가운데 트러블 메이커(trouble maker)를 파악한 뒤 자신과 같은 텐트를 사용하도록 하는 방법으로 인간관계를 돈독히 해서 그의 능력을 최대한 발휘하도록 했다.

대원 중에 사진사가 있었는데, 그는 자신이 대단한 전문가처럼 행동하고 대원들과 어울리지 않으며 불평불만을 늘어놓았는데, 새클턴은 그를 자신의 텐트에서 함께 묵도록 배려하고 관리함으로써 그의 행동을 바꾸어

놓을 수 있었다.

분노를 억제하고 다른 의견도 존중하며 불필요한 힘겨루기를 피하는데 많은 노력을 했다. 그리하여 그는 편견 없이 모든 사람을 대하고 친밀하게 다가감으로써 대원들의 마음을 얻도록 했고 그들로부터 변함없는 신뢰와 충성심을 얻어 낼 수 있었다. 그 시절 대원들의 일기에서는 유빙에 갇혀 있을 때도 불안은 거의 없었다고 표현하고 있다.

전원 얼어 죽거나 바다에 빠져 죽을 수밖에 없었던 절박한 상황에서 끝까지 희망을 잃지 않고 대원들에게 리더십을 발휘한 섀클턴이 있었기에 그들은 살아 돌아왔다.

섀클턴의 위대한 리더십 10가지

브랜드 포드 대학의 교수이자 경영컨설턴트인 데니스 퍼킨스는 섀클턴의 리더십을 다음 10가지 전략적 측면에서 분석함으로써 진정한 리더가 갖추어야 할 요소들을 구체적으로 제시하고 있다.

첫째, 궁극적인 목표를 잊지 마라.

인듀어런스가 침몰 후 섀클턴은 12년 전에 남겨두었던 비상식량을 얻기 위해 폴렛섬으로의 행군을 단행한다. 썰매와 구명보트를 끌고 톱니바퀴 같은 얼음벌판을 가로질러 행군하는데, 대원들은 행군을 하는 동안 자신들의 불행한 현실을 잊을 수 있었으며 에너지를 하나에 집중할 수 있었다. 중요한 것은 이러한 노력들이 모든 대원들로 하여금 하나의 공동 목표를 향해 나아가도록 단결시킬 수 있었다.

둘째, 가시적인 상징과 행동으로 솔선수범하라.

배가 얼음에 의해 난파되었을 때 새클턴은 꼭 필요한 물건 외에 모든 것을 버리도록 했다. 썰매를 이용해 바다로 나가는데 중량을 가볍게 하기 위함이었다. 탐험과 관련 없는 물건들을 모두 버릴 것을 명령하면서 본인 스스로 모범을 보이기 위해 그는 파카에서 금 장식물과 금으로 된 담배케이스를 꺼내 눈 속에 던져버렸다. 새클턴의 이 행동은 대원들에게 오로지 생존에 도움이 되는 것만이 중요하다는 사실을 명확히 보여준 것이다.

셋째, 낙천적인 마인드와 자기혁신을 가져라.

극한 상황에 직면한 리더에게 꼭 필요한 것은 낙천적인 마인드다. 새클턴은 남극탐험에서 돌풍으로 더 이상 전진할 수 없었을 때에도 그는 희망으로 가슴이 부풀어 있었다. 그가 탐험을 위해 자금을 모집할 때도 상대방의 거절을 결코 받아들이지 않고 끝까지 물고 늘어져 기금을 마련하는 집념을 보여 주었다. 그만큼 그는 자신의 성공을 믿었고, 이러한 굳은 신념을 다른 사람들에게 전파하였다.

넷째, 자신을 돌보고 죄책감에서 벗어나라.

새클턴은 내적으로 자신을 파괴할 수 있는 잠재적 힘을 여러 가지 방법으로 잘 다스렸다. 한 가지 방법은 그가 신뢰하는 부대장 프랭크 와일드에게 터놓고 이야기하는 것이었다. 와일드와 비밀스런 이야기도 서로 주고받으며 자신의 감정 분출구를 찾았던 것이다. 또한 다른 사람들과 공유할 수 없었던 비밀들은 일기장에 적어놓곤 하였는데, 여러 가지 고통을 글로 표현함으로써 절망감에서 다소 벗어날 수 있었고 자신을 스스로 다스릴 수 있었다.

다섯째, 팀 메시지를 끊임없이 강화하라.

배가 침몰하기 직전, 저녁식사 후 대원들을 전원 선장실에 집합시켰다. 자발적인 토론을 유도하고 탐험에서 중요한 역할을 하게 될 단결심을 배양하기 위해 모두 머리를 자르는 의식을 제안했고, 이를 통해 그들만이 공유하는 정체성을 확인하였다. 공동의 정체성이나 충성도가 없는 곳에서는 결코 팀워크가 생길 수 없기 때문이다. 그는 모든 구성원들과 정보를 공유하고 과업에 동참하도록 솔선수범했으며 대원들 스스로 해결책을 찾을 수 있도록 배려함으로써 자신이 팀에 큰 역할을 하고 있다는 생각을 심어 주었다. 특히 계획을 변경할 때마다 공개토론을 통해 대원들의 의견을 수렴함으로써 결과적으로 자신의 의견이 반영되었다는 자부심을 갖도록 하였다.

여섯째, 이질감을 최소화하고 서로를 존중하라.

구성원 간에 이질감이 존재하면 조직은 분열되고 직원들의 에너지를 모을 수 없게 된다. 섀클턴은 배 위에서 모든 대원들에게 신분과 직위를 초월하여 평등하게 대해 주었다. 자신도 대장으로서 어떠한 특권도 누리지 않았고 일상적 잡무도 대원들과 순번을 정해 지켰으며 주방장이 제공하는 특식도 형평에 어긋난다하여 거절하였다.

일곱째, 다른 의견도 존중하며 힘겨루기를 피하라.

섀클턴은 대원들에게 사소한 의견차이라도 자신에게 말하게 함으로써 단합을 해칠 수 있는 불씨를 사전에 파악했다. 또한 팀워크에 영향을 미치거나 반발할 가능성이 있는 대원들의 신상파악을 하여 세심한 관심을 갖고 대해 주었다. 불평불만이 많은 대원은 자신과 함께 생활하도록 배려하고 중요한 사안에 대해서는 의견을 구함으로써 자신이 조직에서 필요한 존재임을 인식하도록 하여 불평불만을 줄이고 팀워크에 동참하도록 유도하였다.

여덟째, 함께 웃을 수 있는 일을 찾아라.

어떠한 위기상황에서도 함께 웃을 수 있는 것은 절망감을 차단하고 두려움과 긴장을 완화하여 에너지를 재충전할 수 있게 하였다. 섀클턴은 축하할 소재를 찾아내어 대원들의 사기를 끌어올리곤 하였다. 썰매로 이동하기에 앞서 무게를 줄이기 위해 많은 물건들을 버렸지만 12파운드나 나가는 허시의 벤조는 버리지 못하게 하였다. 탐험대의 사기를 유지시키는 데 필요했기 때문이다.

아홉째, 큰 모험을 적극적으로 시도하라.

섀클턴 일행이 온갖 어려움을 극복하고 엘리펀트 섬에 상륙하였지만 구조될 희망은 전혀 없어 보였다. 식량도 바닥이 나고 대원들은 매우 지쳐 있었다. 그 때 섀클턴은 누구도 상상하지 못했던 800마일 거리의 사우스 조지아 섬까지 보트를 타고 구조요청 할 것을 결심한다. 이는 매우 위험과 고난이 수반되는 항해로서 목숨을 거는 모험이었다. 결국 그는 온갖 어려움을 헤치고 사우스 조지아 섬의 포경기지에 도착하여 구조를 요청하는데 성공하였고 모든 대원들은 기적적으로 살아남았다. 엘리펀트 섬에서의 일시적인 안락함을 박차고 모험을 감행한 섀클턴의 위대한 모험 덕분이었다.

열 번째, 절대 포기하지 마라. 항상 또 다른 기회가 있다.

인듀어런스호가 침몰하였을 때, 얼음에 둘러싸인 채 추위에 떨며 고통을 받을 때, 두 번의 썰매 이동이 실패로 끝났을 때, 엘리펀트 섬에 고립되었을 때, 사우스 조지아 섬의 거대한 얼음벽에 직면해있을 때, 그는 위기 때마다 좌절하지 않고 새로운 방법으로 문제해결을 시도하였다.

그의 이러한 인내와 불굴의 도전정신이 마침내 1916년 8월 30일 28명의 모든 대원들을 634일 간의 극한 상황 속에서 안전하게 구출하게 된 것이다. 비록 그는 남극탐험에 실패했지만 훌륭한 리더십으로 성공한 사람들 이상으로 탐험계 영웅으로 칭송되고 있다.

애플사 CEO 스티브 잡스

과감한 도전정신으로
애플의 신화를 창조하다

스티브 잡스 (1955~2011)
· 1955년 미국 위스콘신주 그린베이에서 출생(입양)
· 1972년 오리건주 리드대학 중퇴
· 1976년 Apple Computer 설립(친구 Steve Wizniak과 함께)
· 1984년 개인용 컴퓨터 매킨토시 발표
· 1986년 픽사 애니메이션 스튜디오 인수(CEO) · 1997년 애플사 복귀
· 2000년 애플의 정식 CEO 임명 · 2004년 췌장암 수술
· 2009년 포춘지 선정 최고의 CEO · 2011년 10월 사망

스티브 잡스의 리더십 포인트

- 남의 아이디어를 활용하라.
- 소비자 눈높이에 맞추어라.
- 기술적으로 우위에 있는 제품이 반드시 잘 팔리는 것은 아니다.
- 항상 자신감을 갖고 도전하라. 도전하지 않으면 아무 것도
  이룰 수 없다.
- 실패를 인정해 주는 조직 문화가 중요하다.

과감한 도전정신으로
애플의 신화를 창조하다

스티브 잡스

스티브 잡스는 1955년 태어나자마자 버려졌고 잡스 부부에게 입양
되어 샌프란시스코에서 자랐다. 1972년 고등학교를 졸업한 뒤 평
소에 관심이 많던 전자 분야를 배우기 위해 집 근처에 있던 HP 회사에서 썸
머 인턴으로 일하게 되었다. 이 때 애플 동업자인 스티브 위즈니악을 만나
는데, 당시 버클리 대학을 막 졸업한 컴퓨터 마니아 위즈니악을 통해 컴퓨
터라는 존재에 대해 관심을 갖게 된다.

잡스는 오리건주 포틀랜드에 있는 리드 칼리지에 입학하지만 전공인 물
리학에 흥미를 느끼지 못하고 한 학기만에 휴학을 한 후 자퇴하게 된다.
HP에서 만난 위즈니악과 컴퓨터 클럽 활동을 통해 더욱 친해진 그들은 개
인용 컴퓨터를 만들기로 의기투합하고 직접 조립에 나서 1976년 첫 번째
결과물을 만들었는데, 이것이 바로 애플 I 이다.

그 후 애플사를 설립하여 애플Ⅱ를 만들고, 1980년에 애플사가 증시에 상장되면서 25세에 억만장자가 되는데, 이어 1984년에 내놓은 매킨토시(일명 맥)는 시리즈가 계속되면서 큰 성공을 거두게 된다. 그 후 1985년에는 자신이 영입한 존 스컬리의 주도로 애플에서 퇴출되어 넥스트사를 설립하여 사업에 매진하다가 1996년에 애플로 복귀하여 2000년에 정식 CEO가 되어 현재에 이른다.

현재 퍼스널 컴퓨터의 연구 개발과 제도 및 판매 등을 주된 사업으로 세계 150여 개국에서 왕성하게 사업을 펼치고 있다.

결단은 단시간에 내린다

2001년 초여름 미국 산호세의 컨벤션센터에 마련된 임시 상담용 회의실, T셔츠에 짧은 반바지 차림의 애플컴퓨터 CEO 스티브 잡스는, 실리콘밸리에서 DVD 편집 소프트웨어를 개발하는 회사를 경영했던 소가曾我弘 사장에게 이렇게 말했다. "오늘 안에 이야기를 끝내고 싶다." 소가 사장이 애플에게서 회사를 인수하고 싶다는 제안을 받은 것은 불과 3일 전이었다. 스티브 잡스가 "둘이서만 만나고 싶다"라며 지정한 날은 일요일 밤이었는데, 장소는 다음 날부터 시작되는 애플 관계자 회의가 열리는 회의장이었다.

소가 사장은 일본의 '新日鐵'에서 33년간 재직한 후 정년을 계기로 실리콘 밸리에 이주해 미국과 독일 엔지니어들과 함께 창업했다. 자체적으로 개발한 DVD 편집기술은 디즈니에 채택되어 할리우드 업계의 표준이 되었지만, 일반 소비자용 소프트웨어를 판매한 직후에 경쟁사가 소송을 제기해 거의 확정 단계였던 한 일본 유명 기업의 출자계약이 결렬되었다.

하는 수 없이 회사를 인수해 줄 곳을 찾게 되었는데, DVD 시장의 가능성 때문에 경쟁이 치열해 이미 어도비와 마이크로소프트 같은 대기업의 인수 제안을 받았다.

소가가 개발한 상품은 마이크로소프트의 소프트웨어를 사용했기 때문에 애플의 매킨토시에서는 작동하지 않았다. 스티브 잡스는 이에 개의치 않는 듯 계속해서 이야기를 진행했다. 소가의 머리 속에는 "너무 냉정한 것 아니야"라는 생각이 스쳤다. "다른 회사와도 협상을 하고 있어서"라며 답변을 유보하자, 스티브 잡스는 회사 이름을 집요하게 물었다. "당신의 경쟁사입니다"라고 대답하자, 그는 잠시 침묵한 끝에 진지한 얼굴로 이렇게 되물었다.

"라이벌이라구요? 나에게는 라이벌이 없어요."

인수에 관해 스티브 잡스가 내건 조건은 기술을 개발한 핵심 멤버가 모두 잔류할 것, 그리고 특허를 100% 소유할 것, 두 가지 뿐이었다. 그것만 만족하면 하드웨어와 소프트웨어 양 부문 모두 인수할 것이라고 밝혔다. 결국 1시간만에 협상은 끝났다. 다음 날 아침 7시에는 양사 임원들이 참석한 조찬회의가 준비되었고, 전날 밤 협상했던 결과를 바탕으로 변호사가 만든 계약서도 마련되었다.

회사 매각의 계기가 된 일본 기업의 출자 계약은 약 1년간 보류된 끝에 결렬되었다. 스티브 잡스는 그 100분의 1에 불과한 시간에 결단을 내린 것이다.

소가는 이렇게 회고한다.

"정말로 원하는 것, 하고 싶은 것에 대해 빙빙 돌리지 않고 최단 거리를 생각해 돌진하는 사람이다. 소송 1건을 꼬투리로 인수대금을 깎거나 애먹

이거나 하는 협상술은 전혀 없었고, 오히려 '소송 상대와의 싸움도 받아들이겠다' 고 말했다. 그의 결단이 항상 정확하다고 말하기는 어렵지만 비즈니스는 결단의 연속이다. 그것이 없으면 결코 앞으로 나갈 수 없다."

CEO는 엔터테이너이다.

스티브 잡스의 기조강연과 신제품 발표회에서 자주 들어 이미 익숙해진 말이다. 쉬지 않고 연달아 뉴스를 발표한 다음 관중이 '이제 끝나려나' 라고 생각할 때 최대 뉴스를 발표하는 것이다. 열성 팬이 환상의 연설이라고 부르는 그의 강연에서 이 말이 나오면 분위기가 순간적으로 바뀐다. 강연에서는 간부사원 20~30명이 가장 앞에 앉는데, 이벤트는 스티브 잡스가 사원들에게 하는 '방침 전달' 의 장이 되기도 한다.

10월 발표회에서는 iMac의 신모델 iTunes6, 비디오 iPod 등이 잇달아 소개되었고, 가장 마지막에 방영 중인 인기 드라마를 다음 날부터 iTunes에서 구입할 수 있다는 뉴스가 발표되었다.

애플은 스티브 잡스가 복귀한 이후에 정보 관리가 매우 엄격해져 발표일까지 신제품의 힌트조차 새어나가지 못하게 했다. 이 때문에 인터넷의 팬 사이트에서는 발표 직전까지 '이번에는 비디오다', '아니 휴대전화다' 라며 갖가지 억측이 나돈다. 발표일까지 서서히 분위기를 고조시켜 대대적으로 선전한 다음 신제품은 원칙적으로 발표 당일에 매장에 진열한다. 효과를 최대한으로 끌어올리는 연출이다.

이에 비해 이벤트의 무대 장치는 매우 심플하다. 시연용 컴퓨터가 놓여 있는 테이블과 의자 뒤에는 거대한 스크린이 걸려 있을 뿐이다. 시연회에 등장하는 스티브 잡스는 언제나 검은 T셔츠와 청바지 차림이다. 스티브 잡스가 심취해 있는 선禪의 세계와도 일맥 상통한 듯한 간소한 차림이지만 사실 거기에는 치밀한 계산이 깔려 있다. 무대 뒤를 아는 관계자에 의하면 몇 번이고 치밀하게 리허설을 반복한다고 한다.

"발표회는 스티브 잡스가 연출과 주연을 모두 맡아 보여 주는 하나의 쇼이지요."

세부에 집착하라

애플의 일본 법인에서 마케팅을 담당했으며 현재는 실리콘 밸리에서 회사를 경영하는 소토무라(外村仁)도 스티브 잡스의 쇼맨십에 매료된 사람 중의 한 명이다. 애플에 근무할 때 4명의 CEO가 하는 프레젠테이션을 보았으나 "소비자가 실제로 접촉하는 부문까지 자신이 직접 설명하고 시연하는 사람은 스티브 잡스 뿐이지요."라고 말한다.

아울러 소토무라는 "스티브 잡스의 프레젠테이션에서는 치밀한 연출뿐만이 아니라 제품에 대한 집착을 느낄 수 있다"고 말한다. "제조공정부터 관여하지 않으면 그렇게 능숙하게 새로운 기능을 사용하지 못합니다. 스티브 잡스는 CEO이자 최고의 제품 담당 책임자입니다. iPod와 OS에서 소프트웨어까지 애플의 폭넓은 제품군이 통일성을 갖는 것도 스티브 잡스가 콘셉트 단계에서 참여하여 최종 공정까지 체크를 게을리 하지 않았기 때문입니다. 따라서 제품에 '혼'이 담겨져 있어 애플의 강한 경쟁력의 원천이 되고 있습니다."

잡스는 제품의 로고와 패키지 디자인, 프레젠테이션의 세심한 부분까지 철저하게 집착한다. 요구 수준이 높아 주위에서 그가 원하는 수준만큼 만족시키지 않으면, 때로는 시간에 쫓겨 폭발하기 때문에 '독재적'이라는 비난도 받는다. 그러나 자사가 개발한 소프트웨어를 애플에 매각한 후 애플의 사원이 된 현역 임원은 이렇게 말한다.

"발표회 리허설에서 스티브 잡스가 '당신의 설명을 못 알아듣겠다. 다시 고치지 않으면 당신이 설명하는 부분은 빼겠다' 라고 말했다. 농담이었지만 다시 한 번 생각해 보니 그의 말이 옳았다는 것을 알았다. 옆에서 보면 잡스가 나에게 너무 심하게 대한 것처럼 보였을 것이다. 그러나 실제로는 나의 능력을 끌어올려 준 셈이다. 실제로 시연회가 끝나자 여러 사람들로부터 '잘했다' 라는 말을 들었다. 물론 잡스에게도 이 말을 들었다."

이런 일화도 있다. 완성을 눈앞에 둔 비디오 편집 소프트웨어의 개발팀의 방이었다. 어느 날 갑자기 방에 들어선 스티브 잡스는 소프트웨어기를 동시에 클릭하는 아이콘의 디자인이 마음에 들지 않는다고 말했다. 디자인용 컴퓨터를 조작하는 디자이너의 뒤에 서서 '그걸 더 크게! 아니 그것은 작게' 라며 지시하기를 수십여 분, 드디어 그의 마음에 드는 아이콘이 완성되어 출시되었다고 한다.

애플 관계자는 말한다. '그는 완벽주의자로 자신이 생각한 것을 최대한 만들어 내기 위해 애쓴다. 그의 밑에서 일하는 사람들에게는 상당한 노력이 필요하다. 그러나 완성되었을 때 지금까지 본 적이 없는 새로운 것이 탄생한다. 거기에 감동이 있다.' 스티브 잡스는 최고의 것을 만들어 낸다. 앞서 말하는 소토무라는 이렇게 지적한다.

"기술의 본질을 꿰뚫어 보는 사람이 최고 자리에 있으면 엔지니어의 태도가 바뀐다. 제대로 하면 인정받을 수 있고, 반면 조금이라도 방심하면 바로 알아차리기 때문이다. 개발형 메이커의 CEO로서 스티브 잡스는 최고의 경영자가 아닐까."

과거에 사로잡히지 말라

'미래지향'도 잡스의 경영철학이다. 1997년에 애플의 잠정 CEO에 취임한 지 얼마 안 되어 마이크로소프트와 자본과 기술을 제휴하는 '역사적인 화해'를 이루어냈다. 1998년에는 애플 재건의 핵심 역할을 한 'iMac'을 투입했다. 새로운 애플을 선언하듯이 6가지 색이었던 사과 모양의 심벌도 단색으로 통일했다. 플로피 드라이브 대신에 당시에 그다지 보급되지 않았던 USB를 채용했다.

이러한 '결단력'은 최근의 상품 전략에서도 뚜렷하게 드러나고 있다. 9월의 'iPod나노'를 출시할 때는 4가지 색상으로 iPod 붐을 이끈 최고 인기제품인 'iPod mini'의 제조를 과감하게 중단했다. 1996년에 애플에 입사하여 길버트 아멜리오와 잡스 2명의 CEO를 모셨던 전 애플사원은 이렇게 말한다.

"스티브 잡스에게서 제품과 조직, 전략이 모두 심플해야 한다는 사실을 배웠다. 그 이전에는 제품라인이 중복되어 일본에서만 출시되는 모델이 있을 정도였다. 사원들조차 차이점을 잘 몰랐다. 스티브 잡스는 우선 초보자용 제품을 없앴다. 제품은 일반 소비자용과 비즈니스용, 데스크톱과 포터블형 2가지 축의 4가지로 모두 설명될 수 있는 체계로 했다. 고객들의 입장에서 보아 심플하지 않으면 성공할 수 없기 때문이다."

2002년에 애플을 그만두고 미국의 비즈니스 스쿨에서 공부한 이 사원은 최근의 애플 전략은 과거의 방식과 결별하고 있다고 말한다.

"전략 수업에서 마이크로소프트는 자신을 보완하는 중개자와 생태계를 구축하여 성장했기 때문에 독자적인 길을 단독으로 추구하는 애플보다도 강해졌다고 배웠다. 그러한 동료 만들기의 관점에서 애플은 반성하고 지금은 오히려 강점을 발휘하고 있다. 음악사업자들을 설득하여 인터넷에서 사업에 끌어들이고, 할리우드로부터 영상을 조달하는 것도 가능하게 만들었다. 스티브 잡스는 변신에 성공했다고 생각한다."

잊어서는 안 되는 것은 스티브 잡스 자신의 생활 방식 또한 미래지향적인 점이라는 것이다. 앞서 나온 소가는 인수 협상을 끝내고 헤어질 때 스티브 잡스와 나눈 말을 떠올린다.

"소가 사장님! 당신의 다음 도전 과제는 무엇입니까?" 애써 키운 회사의 매각이 결정되어 심정이 복잡한 순간이었다. "네, 일단은 좀 쉬려고 합니다."라고 대답하자 "예? 조금 쉬면서 생각한다구요? 아! 그것도 나쁘지 않네요." 항상 다음(next)을 생각하는 스티브 잡스의 창업자 정신을 강하게 느꼈다고 한다. "과거에 구애받지 않고 앞만 바라보고 잇따라 떠오르는 아이디어를 눈에 보이는 형태로 실현해간다. 스티브 잡스와 같은 인물이야말로 진정한 창업가이다."

항상 비전을 제시하라

높은 이상을 내걸고 이를 위해 동지를 만든다. 스티브 잡스가 '카리스마'라고 불리는 이유이다. 엔지니어의 능력을 최대한 이끌어내어 처음에는 불가능하다고 여겨졌던 기술과 디자인을 실현하는 현상을 사원들은 '현실 왜곡 공간'이라고 한다. 스티브 잡스는 새로운 아이디어가 떠오르면 핵심이 되는 엔지니어와 함께 산책을 나가는데, 때로는 회사의 주변을 몇 번씩 돌면서 끈질기게 비전을 설명해 상대방에게 의욕을 불어넣는다고 한다.

캐논은 맥전용 레이저 프린터를 만들고, 스티브 잡스가 애플을 떠난 후에 설립된 넥스트 컴퓨터에도 출자했다. 당시 소프트웨어 부문의 총책임자였던 캐논전자 사장인 사카마키酒卷久는 '최고의 컴퓨터'를 추구하여 타협을 용인하지 않은 스티브 잡스의 태도에 매우 감명을 받았던 사람 중의 하나이다.

넥스트의 첫 제품인 '큐브(cube)'는 무광택 처리를 한 검은색 박스와 같은 독특한 디자인으로 음악 재생처리 기능과 음악과 이미지를 전송할 수 있는 메일 소프트웨어 등 당시의 최고 기술이 구사되었다. 사카마키는 개발 도중에 스티브 잡스로부터 실물 크기의 모형과 사양서를 받았다. 책에서만 보았던 음성과 영상을 고속 처리하는 DSP를 장착한 것이었다. 게다가 매우 고가이면서도 방열성이 높고 마무리가 깔끔한 알루미늄 다이캐스트(diecast : 압력 주조된 주물)를 채택하는 '깐깐함'에 탄복했다고 한다.

"계속해서 새로운 기능을 추가하여 상품은 좀처럼 완성되지 않았다. 우리는 빨리 판매하고 싶다며 불만을 말했으나, 스티브 잡스는 결코 타협하지 않았다."

스티브 잡스의 집착은 시스템 전체에 두루 미쳐 캐논이 만드는 프린터 등 주변기기의 모양과 두께까지도 세심하게 주문했다. 기업과 고등교육기관에서 사용할 제품으로 개발된 큐브는 최고를 추구한 나머지 가격이 비싸 상업적으로는 실패로 끝났다. 그러나 당시부터 잡스가 고집했던 기능 중의 하나인 음악 재생기능은 10여년 후에 'iPod'로 모양을 바꾸어 결실을 맺었고 열광적인 호응을 얻게 된다.

매킨토시의 역사를 잘 아는 IT 저널리스트인 오타니大谷和利는 이렇게 지적한다.

"잡스는 언제나 세간의 다른 사람보다도 앞서 나갑니다. 예전에는 그가 너무 앞서 나가 대부분의 사람들에게는 그의 뒷모습이 보이지 않았죠. 그러나 지금은 다릅니다. 많은 사람은 그가 앞서 나간다는 것을 알고 있습니다. 그리고 그의 행보를 따라가려 합니다. 드디어 시대가 스티브 잡스의 집념을 이해하기 시작한 것이지요."

자신감과 창조성

"혁신이라는 것은 연구개발비에 얼마나 투자하느냐에 따라서 나오는 것이 아니다. 애플이 매킨토시를 처음 만들었을 때 IBM은 애플이 쓰는 돈보다 100배나 많은 돈을 연구 개발비에 쏟아 붓고 있었다. 돈은 문제가 아니다. 문제는 당신이 이끄는 사람들이고 그들에게서 무엇을 이끌어 낼 것인가 하는 것이다. 자신감이 없으면 아무리 노력한다고 할지라도 결코 가능해지지 않는다."

그는 '애플의 독재자 스티브 잡스' 라 불릴 만큼 독보적이고 오만한 경영방식의 전설로 전해질 정도로 누구도 따라 잡을 수 없는 우월성과 완벽한 경영을 선호하였다. 잡스는 '절대적 권력' 을 추구했으며 목표 지향적인 경영자였다. 그는 오로지 자신이 세운 목표 달성에만 관심이 있었으며 인간관계나 조직의 역학 구조에 대해서는 일말의 고려도 없었다.

그의 이러한 독선적인 리더십은 자기처럼 판단하지 않는 사람은 싫어하였으며 오만으로 인해 흑백 인간관계만이 존재했다. 그는 빌 게이츠와는 다르게 상황이론에서 독재적인 모형을 갖게 되었다. 그럼에도 불구하고 그가 성공적인 기업가의 길을 걷고 있는 것은 완벽주의를 추구하는 그의 의지와 탁월함 덕분이다. 또 다른 특징은 그의 카리스마적 리더십이다.

카리스마 리더들은 고도의 자신감, 자신의 신념에 대한 높은 확신, 그리고 남들에게 영향력을 행사하려는 강한 욕구를 가지고 있을 가능성이 크다. 카리스마 리더들은 자신이 스스로 행동의 모범을 부하들에게 보여 줌으로써 부하들의 행동뿐만 아니라 가치관, 태도, 감정 등 모든 것을 자기가 원하는 쪽으로 변화시키려 한다. 스티브 잡스는 다른 사람을 새로운 경쟁 공간에 끌어들이기 위해서는 에너지, 카리스마, 인내심, 추진력을 미래에 집중해야 하며 불가능은 없다는 신념이 필요하다는 것도 증명해 주었다.

잡스는 항상 말한다.

"경쟁사의 CEO는 두렵지 않다. 그들이 갖고 있을 새로운 아이디어가 두려울 따름이다."

끝없는 도전정신

다음은 스티브 잡스가 2005년에 스탠포드 대학에서 행한 유명한 연설의 일부분이다.

"저는 완전히 '공공의 실패작'으로 전락했고 실리콘 밸리에서 도망치고 싶었습니다. 그러나 저는 여전히 제가 했던 일을 사랑했고, 애플에서 겪었던 일들조차도 그런 마음들을 꺾지 못했습니다. 애플에서 해고당한 것은 제 인생 최고의 사건임을 깨닫게 됐습니다. 그 사건으로 인해 저는 성공이란 중압감에서 벗어나 초심자의 마음으로 돌아가 자유를 만끽하며 내 인생 최고의 창의력을 발휘하는 시기로 갈 수 있게 되었습니다.

그 후 5년 동안 저는 넥스트, 픽사를 만들었으며 지금 제 아내가 되어 준 그녀와 사랑에 빠져버렸습니다. 세기의 사건으로 평가되는 애플의 넥스트 인수와 저의 애플로 복귀 후에 넥스트 시절 개발했던 기술들은 현재 애플의 르네상스의 중추적인 역할을 하고 있습니다. 애플에서 해고당하지 않았다면 이런 기쁜 일들 중 어떤 한 가지도 겪을 수도 없었을 것입니다.

때로는 인생이 당신의 뒤통수를 때리더라도 결코 믿음을 잃지 마십시오. 저는 반드시 인생에서 해야 할 제가 사랑하는 일이 있었기에 반드시 이겨 낸다고 확신했습니다."

고아로 태어나 평범한 가정에서 자라난 스티브 잡스, 그보다 더 성공한 사람, 더 많은 돈을 버는 사람도 있지만 잡스만큼 인생의 많은 면을 경험한 경영자는 드물다. 컴퓨터 분야에서 훌륭한 업적을 남긴 사람들이 많지만 유독 스티브 잡스를 슈퍼스타로 추앙하는 사람들이 많은 이유가 바로 그 것이다.

그의 등장과 함께 개인용 컴퓨터가 등장했으며 그 자신이 벤처 비즈니스의 성공 모델이 되고 있기 때문이다. 애플 I 의 탄생을 되새겨 보라. 보잘 것 없는 사과상자에 그가 담았던 것은 컴퓨터라는 원대한 꿈이 아니었던가. 애플의 도전은 곧 스티브 잡스의 도전이다. 스티브 잡스는 앞으로도 그가 걸어온 길을 계속해서 걸어갈 것이며 진정한 슈퍼스타인 그를 따라 수많은 팬들 역시 영원한 지지를 보낼 것이다.

뛰어난 협상력과 설득력

최근 『스티브 잡스의 프레젠테이션 - 그는 어떻게 청중을 설득하는가』라는 책이 출판되었을 정도로 그의 화술은 청중을 매료시킨다고 할 수 있다. 기본적으로 잡스는 회사의 명운이 달린 협상에서는 탁월한 솜씨를 발휘하여 성공적인 계약을 이루어내는데, 신품 발표회와 같은 많은 청중들 앞에서 탁월한 언변으로 모든 사람의 이목을 집중시키는 힘을 가졌다.

비록 출생은 비참했지만 사업에 대한 감각과 고객을 사로잡는 설득력, 협상력은 타의 추종을 불허했으며 오늘의 애플을 이룩한 원동력이었다.

미국 35대 대통령 존 F. 케네디

젊음과 패기로 세계를 사로잡다

존 F. 케네디 (1917~1963)

· 1917년 메사추세츠주 브루클린 출생 · 1939년 하버드대학교 정치학과 졸업
· 1943년 해군 중위로 제2차 세계대전 참전 · 1946년 메사추세츠주 하원의원
· 1958년 메사추세츠주 상원의원 · 1961년 제35대 미국 대통령 취임
· 1963년 오스왈드에 의해 암살당함(46세)

케네디의 리더십 포인트

- 비전을 정확히 제시하라.
- 항상 겸손한 자세를 잃지 마라.
- 당신의 생각을 효과적으로 전달하라.
- 자신을 도와 줄 오른팔을 찾아라.
- 위기 때 더욱 냉정하라.
- 실패에서 교훈을 배워라.

젊음과 패기로
세계를 사로잡다

케네디 대통령은 부친 조셉 케네디와 어머니 로즈 케네디의 9남매 중 차남으로 태어났다. 부친은 금융사업에 손을 대어 돈을 많이 벌었고 25세 때 은행장이 되었으며 1937년에는 주 영국 대사로 부임했는데, 자녀들에게 영국 문물을 익혀주기 위해 가족을 모두 데리고 영국으로 이사를 갔다. 어머니는 보스턴가의 명문가 출신으로 그녀의 부친은 보스턴 시장을 역임하는 등 양가는 당시에 상당한 엘리트 집안이었다. 형제 중 가장 총명했던 그의 형 조 케네디는 제2차 세계대전 때 전투기 조종사로 참여하여 1944년 유럽 전투에서 사망했다.

그의 누나인 케서린 아그니스도 여객기 추락으로 사망하였으며, 동생인 로버트 케네디 역시 그가 암살당한 후 대통령에 출마하여 유세 중에 암살당했다. 그의 가족은 부인 재클린과 아들 존, 그리고 딸 캐롤라인이 있었는데, 그의 외아들이었던 존 케네디 주니어는 1999년 7월 16일에 부인과 함께 자가용 경비행기를 몰고 가다 사고로 사망하는 불행을 당했다.

미국의 명문가에서 출생한 케네디는 부모님들의 훌륭한 가정교육 덕택으로 엘리트 코스를 밟아 하버드대학 정치학과를 졸업했다. 졸업논문인 "영국은 왜 잠자고 있었나"는 우수 논문으로 선정되었고, 1957년에 쓴 "용기 있는 사람들"은 후에 퓰리쳐상을 받는 영광을 누린다.

그는 대학 졸업 후 미래의 지도자를 꿈꾸며 해군에 자원입대하는데, 제2차 세계대전 중 자신이 지휘하는 전투함이 일본의 어뢰정 공격으로 격침되지만 부하를 먼저 구하고 본인도 구사일생으로 살아나 후에 훈장을 받는다. 맏형의 전사로 케네디는 교사나 작가가 되기를 꿈꾸지만 29세 때 하원의원에 당선됨으로써 정치인의 길을 걷게 된다.

그의 부모는 자녀들에 대한 교육을 게을리 하지 않았는데, 특히 아버지는 케네디 가문의 정신을 잘 구현한 사람으로 자녀들의 성공에 많은 영향을 끼쳤다. 자녀들의 계속되는 불행에도 좌절하지 않고 담담하게 받아들였으며, 성공하는 모습에도 흥분하지 않고 침착하게 축하해 주며 가문의 명예를 지켜나갔다. 후에 케네디는 자신의 가정교육에 대하여 다음과 같이 술회하였다.

"나는 엄격한 가정교육을 받으며 자랐다. 우리 집에서는 가만히 앉아서 거저 얻는다는 것은 있을 수 없는 일이었다. 모두 최고가 될 때까지 노력하는 것을 당연히 여겼고, 끝없는 도전에 맞서서 자아를 완성해 가야 한다고 믿었다."

케네디가의 마지막 생존자였던 에드워드 케네디는 형의 지역구인 메사추세츠 주를 물려받아 47년 동안 상원의원으로 활동하다가 2009년 8월 25

일에 세상을 떠났는데, 그의 유해는 알링턴 국립묘지에 형들과 옆에 나란히 안장됨으로써 케네디가와 함께한 미국 정치의 한 시대가 막을 내렸다.

대통령 당선과 업적

젊은 정치가 케네디는 메사추세츠주에서 하원과 상원의원을 역임하고 1953년 '타임 헤럴드'의 사진기자 재클린과 결혼했다.

1960년 대통령 선거에서 민주당 후보로 출마하여 '뉴 프론티어'를 슬로건으로 내걸고 미국 국민의 헌신적인 협력을 호소하여 당시 부통령이었던 공화당 후보 리처드 닉슨을 누르고 미국의 제35대 대통령에 당선되었다.

그의 나이 43세로 미국 역사상 최연소이자 최초의 가톨릭 신자로서 대통령이 된 것이다. 당시에 케네디와 닉슨 사이의 텔레비전 토론은 미국 대통령 선거 운동에 새로운 장을 열어 놓았으며, 대통령이 된 이후에도 웅변과 재치를 무기삼아 국민에게 호소하는 방법을 자주 이용하였다. 또한 기자회견 등에서도 텔레비전을 유용하게 활용하였는데, 그러나 내정 면에서는 의회와의 관계가 원활하지 못하여 두드러진 업적을 이룩하지는 못하였다.

한편 외교에서는 쿠바 미사일 위기에 즈음하여 핵전쟁의 위험을 무릅쓰고 구소련의 총리 흐루시초프와 대결한 결과 미국은 쿠바를 침략하지 않을 것을 약속하는 대신에, 소련은 미사일, 폭격기 등을 쿠바에서 철수하고 미국 측의 사찰을 인정함으로써 소련과의 극적인 타협을 이루게 되었다. 이것을 계기로 소련과 부분적인 핵실험금지 조약을 체결하였고 미·소 사이의 해빙 무드가 형성되었다. 또한 중남미 여러 나라와 '진보를 위한 동맹'을 결성하였고, 평화봉사단을 창설하기도 하였다. 또한 평화봉사단을 창립하여 개발도상국과 후진국들에게 여러 분야의 봉사활동을 추구함으로서 국가 간 상생을 강조하고 인류평화 실현을 위해 노력하였다.

베트남 전쟁 개입에도 신중한 태도를 취하였으며 중국 본토와의 수교를 재선 후의 최대 과제로 삼았으나 1963년 11월 22일 유세지인 텍사스주 댈러스시에서 자동차 퍼레이드 중 오스왈드의 흉탄에 치명상을 입고 사망하였다.

쿠바의 피그만 사건과 미사일 사건

쿠바는 미국의 본토에서 불과 150km 밖에 떨어지지 않은 작은 섬나라로 오랫동안 스페인의 식민지로서 착취와 굶주림으로 시달리다가 1898년 미국이 스페인과의 전쟁에서 승리하여 미국 군정의 지배를 받다가 독립하였다. 그러나 1952년 독재자 바스티나가 집권하지만 카스트로가 체 게바라와 함께 정권을 전복시킨 후 1959년에 공산화하여 미국 자본을 몰수하고 구소련과 가깝게 지냄으로서 미국은 카스트로 정부를 목에 걸린 가시처럼 여기게 되었다. 이에 미국은 카스트로 정부를 무너뜨릴 필요성을 느끼게 되는데, 미국 망명자들을 모아 비밀리에 훈련시켰다. 1961년 아이젠하워가 세웠던 쿠바 침공작전은 미국영토의 반대편에 있는 피그만항을 공격하는데 실패로 끝나게 된다. 이를 계기로 카스트로는 반대파를 일소하고 불안했던 정권을 완전히 장악하는 계기가 되어 케네디는 대통령으로서 리더십에 심한 상처를 입게 된다.

피그만 사건으로 미국이 자존심에 상처를 입고 의기소침해 있는 동안 구소련은 1962년 10월 비밀리에 핵미사일을 쿠바로 이동시키는데, 케네디는 전국 방송망을 통해 이를 전 세계 국민들에게 알림과 동시에 쿠바에 대하여 해상봉쇄 조치를 취하고 구소련의 후르시초프 수상에게 쿠바에 있는 공격용 무기를 철거할 것을 요구한다. 전 세계의 긴장감 속에서 구소련은 미국이 쿠바를 침공하지 않는다는 조건으로 쿠바로 향하던 16척의 핵 미사일 선박이 방향을 되돌림으로서 위기는 사라지고 미국은 해상봉쇄를 해제한다.

이 사건을 계기로 미·소 정상 간에 핫라인이 개설되었으며 부분적 핵 실험 금지조약이 체결되고 양국 간에 긴장상태가 완화되어 케네디의 리더십은 전 세계인들에게 강하게 어필되었다.

실패로부터 배우는 교훈

피그만 사건의 교훈은 조직의 중요한 의사결정에서 집단적 사고에 의한 의사결정이 얼마나 위험한가를 보여주었는데, 피그만 침공의 경우 정책결정에 케네디, 러스크 국무장관, 맥나마라 국방장관, 번디 안보 보좌관, 델러스 CIA 국장 등 7인이 주로 하버드 출신들로서 대선의 승리감에 도취되어 누구도 반대의견을 얘기하지 않고 일사분란하게 결정되었다. 그러나 미사일 사건은 케네디가 피그만의 실수를 인정하고 맥나마라, 로버트 케네디 등 15명의 참모들에게 대통령이 의도적으로 불참한 상태에서 개방적인 토론을 통해 여러 대안을 제안토록 하였던 것이다.

집단적 사고란 조직의 운명에 중요한 의사결정을 함에 있어 권한 있는 일부 의사결정 집단이 독선과 편견에 빠져 잘못된 결정을 함으로써 조직을 위기에 몰아넣는 현상으로 보스의 의중을 헤아려 동질성을 강조한 나머지 다른 의견을 제시하는 사람을 배제하는 것이다. 케네디는 피그만 공격에서 집단적 사고의 함정을 교훈으로 삼아 미사일 사건 때는 같은 과

오를 범하지 않았다. 그는 실패로부터 교훈을 배울 줄 아는 훌륭한 지도자였다.

비전을 제시

케네디는 취임 연설에서 자신의 비전을 선포했다. 당시 미국은 제2차 세계대전이 막 끝난 시점으로 모든 국민들은 전쟁이 또다시 시작되는 것을 원하지 않고 있었다. 이런 상황에서 안주하기보다 이념을 지키기 위해 군사적인 준비를 갖추어야 한다고 생각한 케네디는 1,355단어로 이루어진 짧은 연설문을 통해 자신이 생각하는 바를 밝혔다. 그는 세계인들에게 노력과 희생이 필요함을 역설하고 자유의 확산이라는 희망을 제시하였다.

"친애하는 미국 국민 여러분, 조국이 여러분을 위해 무엇을 할 수 있는지를 묻지 말고, 여러분이 조국을 위해 무엇을 할 수 있는지를 질문해 보십시오. 그리고 세계의 시민 여러분, 미국이 여러분을 위해 무엇을 베풀어 줄 것인지 묻지 말고, 우리가 손잡고 인류의 자유를 위해 무엇을 할 수 있을지 질문해 보십시오."

이 유명한 연설은 바로 케네디의 비전을 잘 나타낸다. 케네디는 연설 원고 자성자인 시어도어 소렌센과 연설에 관해 많은 대화를 나눴고, 그뿐만 아니라 다른 주위 사람들과도 비전에 대해 이야기했다고 한다. 그러나 최종 선택은 그 자신의 직관과 경험을 통해 연구하여 결정했다고 한다.

리더십 컨설턴트인 제임스 스트룩은 비전이 성공하기 위해서는 기억하기 쉬워야 한다고 했다. 또 비전이 제대로 실현되기 위해서는 여러 가지 방법을 수용할 수 있는 유연성이 있어야 하며, 청중의 가치와 일치해야 하고 포괄적이고 낙관적이며 리더 스스로가 그 비전의 상징이 되는 것이 좋다고 하였다. 케네디의 비전은 이 모든 면에서 성공했다고 평가받고 있다. 그는 자신 행동의 커뮤니케이션 기술을 적절히 조합하여 비전에 힘을 불어넣고 구현한 리더가 되었다.

이런 면에서 케네디는 미국민과 전 세계인들에게 자유의 확산과 희망을 제시했고 인류의 평화를 위한 비전을 제시하는 데 성공했다.

불리함을 기회로 바꾸는 지혜

규칙의 파괴란 말 그대로 기존 체제에 대한 반항이라고 할 수 있다. 그런 기존의 권위와 관행에 대한 도전은 변화를 일으키고 조직을 발전시키는데, 케네디는 이러한 역할을 하는데 주저하지 않았다. 어린 시절 그는 엄격한 사립 기숙학교에 다녔는데, 그의 형이 우등생이었던 것에 반해 그는 그다지 뛰어나지 않은 학생으로 비교가 되기 일쑤였다. 그는 문제아 단체를 결성해 규제에 대항하기도 했는데 학교에 불려 온 그의 아버지는 그를 옹호해 주었다. 그래서 케네디는 권위에 도전하기를 두려워하지 않고 위협에 따르지 않는 사람이 되었다.

마커스 버킹엄과 커트 코프만은 "세상에서 가장 훌륭한 관리자들은 공통점이 그리 많지 않다. 하지만 그들은 자신들의 차이점에도 불구하고 한 가지 공통점이 있다면 기존 관념에서 나온 모든 규칙을 깨는 것이다"라고 말했다.

고정관념에는 현명한 생각들이 많지 않다. 케네디는 항상 기존의 통념과 상반된 입장에 서 왔고 자신만의 방법으로 새로운 시도를 하였다. 다시 말하면, 훌륭한 리더는 독립적인 사고체계를 갖추어야 한다는 것이다. 그리고 그것을 추진할 용기가 필요한 것이다.

인생을 살다보면 누구든지 어려움을 겪는다. 조직을 이끄는 문제도 마찬가지일 것이다. 하지만 리더들은 그런 문제에 봉착하더라도 포기하지 않고 극복해 낼 수 있어야 한다. 불리한 상황을 유리하게 바꾸는 유연함 역시 케네디는 갖고 있었다.

그는 초선 의원에 선출되었을 당시 예전에 자신을 위해 출마를 포기했던 마이클 컬리의 사기죄 탄원서에 서명을 하지 않은 적이 있다. 컬리는 케네디의 지역구와 보스턴에서 폭넓은 인기를 얻고 있어서 모든 사람은 케네디의 정치생명을 걱정했다. 하지만 케네디는 전국적인 관점에서 생각해 부도덕한 사람의 편을 드는 것은 좋지 않다고 판단하여 큰 지지를 받았다. 또 대통령 선거 때 가톨릭이었던 케네디는 신교도로부터 공격을 받는다. 하지만 비난하는 사람들을 오히려 비난하며 상황을 역전시켰다.

노동연합과의 문제도 연합 간부들의 비리를 조사하여 오히려 평범한 조합원들과 비조합원 유권자들의 지지를 얻어 냈다. 또한 43세로 대통령이 되기에는 젊은 나이였지만 TV토론시 젊고 패기 있는 모습을 보여줌으로서 국민들에게 긍정적인 요소로 어필하였다.

카리스마와 커뮤니케이션

사람들은 제각각의 스타일을 갖고 있다. 이런 요소들은 리더십에 영향을 미친다. 현대 사회는 이미 미학의 시대에 접어들었으며, 케네디는 그런 이미지를 창조하여 그만의 카리스마를 이끌어 냈다.

카리스마는 꼭 리더의 필수 자질은 아니지만 많은 잠재력을 가진 도구인 것만은 확실하다. 뉴욕타임스의 윌리엄 사파이어는 카리스마를 정치적 섹스어필이라고 하였다. 이 말은 카리스마를 가장 잘 표현한 말로 카리스마는 사람을 끌어들이는 자석 같은 매력이라 할 수 있다.

많은 사람들이 카리스마는 선천적인 것이라고 생각하지만 케네디의 경우는 후천적인 것에 기인한다. 초기 케네디는 심약한 모습을 많이 보여 주었다.

케네디는 자신만의 방법으로 카리스마를 만들어갔는데, 이미지를 만들어 스스로를 홍보하고 항상 긍정적인 태도를 유지하였다. 외모의 중요성도 무시하지 않았으며 솔직한 발언으로 자신감을 드러냈다.

케네디의 아버지는 미국에서 가장 유명한 사람 중 하나였다. 그는 언론에 노출되는 이미지를 중요하게 생각하여 기자들을 자주 초대하고 친밀한 관계를 유지했다고 한다. 이런 이유로 케네디는 어렸을 때부터 자연스럽게 언론을 대해왔고 그런 그에게 커뮤니케이션 능력은 의심할 바 없었을 것이다.

케네디의 커뮤니케이션 기술은 리더들이 그것을 개발하는데 많은 교훈을 주고 있다.

첫째, 케네디는 항상 메시지를 확신했다. 어떤 연설문에서나 글에서도 그는 자신만의 메시지를 정확하게 전달하고자 했다.

둘째, 청중을 파악했다. 그는 청중과의 유대관계를 중요하게 생각했다. 그 최고의 방법은 가치와 경험의 공유로 그를 충분히 활용하여 좋은 분위기를 내거나 기대 이상의 성과를 거두기도 하였다.

셋째, 언론에 대처하는 방법을 배웠다. 많은 기업 경영자들은 뉴스 매체를 두려워한다. 하지만 언론을 두려움의 대상으로 보지 말고 기회 요인으로 잡아야 한다. 일반인들은 그런 경영자들을 실제로 만날 경우가 흔치 않다. 그들은 뉴스에 나온 단편적인 모습으로 경영자들을 판단할 것이다. 그래서 언론과의 매끄러운 관계는 중요하다.

케네디는 기자 출신이어서 자신에게 호의적인 뉴스가 많아지게 하는 기술도 가지고 있었다. 그것은 언론과의 접근 기회를 늘려 서로의 의견교환 빈도를 높이고 열린 커뮤니케이션을 통해 호의적인 기자들을 확산해 나갔다. 또 항상 그런 도움을 주는 사람을 배려해 관계를 유지시키려 노력했다.

케네디는 1956년 민주당 집회에서 스티븐슨을 위한 추천 연설 때 선거본부에서 준 연설 초안을 거부하고 자신이 직접 연설을 준비해 사람들의 마음을 사로잡았다. 그 후에도 케네디의 수많은 연설을 많은 사람들이 기억하고 있다.

케네디의 연설 원고는 물론 여러 사람이 같이 쓰게 되지만 그 자신도 깊이 개입하였다. 그는 시간이 허락된다면 연설용 주제를 스스로 선정하고 어떤 부분을 강조할지 결정하며 뒷받침되는 자료들을 많이 수집해서 손수 훌륭하게 원고를 쓸 수도 있었지만, 그는 시스템적인 것을 선호했다.

케네디는 소렌센처럼 자신의 메시지를 다듬는데 도움이 될 수 있는 사람을 찾았다. 소렌센은 여러 모로 케네디와 반대되는 면이 많았지만, 내부적으로는 생각하는 것도 비슷하고 직설적이고 논리정연하기까지 하여 케네디 대부분의 연설문 초안은 그가 작성하였다.

케네디는 그만의 스타일을 갖고 있었다. 그가 정치인 생활을 시작했을 때 대부분의 정치가들은 장황하고 화려한 연설을 하고 있었지만 케네디는 이런 스타일을 따르지 않고 논리적이고 냉철한 연설과 유권자들에게 질문을 할 수 있는 시간까지 배려해 유지시켰다.

케네디의 연설 스타일은 간단명료했다. 그는 청중의 이해를 최우선으로 생각하고 연설하였기 때문에 간단하고 명확한 표현을 사용하였다. 이

것이 다른 정치인들과 다른 케네디만의 커뮤니케이션 방식이었고 매력이었다.

겸손과 학습하는 자세

"대통령의 자질을 가르치는 학교도 없는 건 마찬가지요. 우리 함께 배워 봅시다." 언론이 국방장관 자격이 없는 것 같다는 맥마나라에게 케네디가 한 말이다. 리더들은 자신이 옳지 않을 때도 약해 보이거나 우유부단해 보일까봐 입장을 바꾸지 않고 잘못을 인정하지 않는다. 하지만 케네디는 상황이 바뀌고 환경이 바뀌는데 성공하지 못하는 정책을 계속 추구하는 것이 진정 어리석은 것이라고 했다.

케네디는 공약에 미국의 경제발전을 약속하였지만, 그 방면에는 지식이 풍부하지 않았다. 그래서 그는 그 사실을 인정하고 보좌관들에게 적극적으로 배웠다. 그리하여 20세기의 가장 인상 깊은 경제정책이라는 세율 인하를 얻게 되었다. 이 정책은 그로부터 20년 뒤 공급 경제학이라 불리게 되었다.

리더의 옆에서 보좌하는 팀은 리더십에 많은 영향을 미친다. 그러한 팀은 여러 가지 다양한 의사 결정에 참여하기 때문에 하나의 주제에 대해 각기 다른 의견을 낼 수 있는 다양한 배경의 사람들로 팀을 구성해야 한다.

케네디 이전의 백악관 참모들은 규모가 작았다. 하지만 케네디는 관료주의를 싫어하고 자신의 필요에 빠르게 반응할 수 있는 유연한 조직을 원했다. 그래서 케네디는 백악관 참모진을 늘리고 독립적인 판단을 할 수 있게 허락하였다. 그들은 대통령에게 신뢰할 수 있는 정보를 제공하였으며 대통령의 손에 핵심 결정을 맡기고 전략적으로 행동할 수 있는 여지를 제공했다.

취임 후 쿠바 미사일 사태가 발생했을 때 케네디는 미국이 미사일 보유나 기술면에서 소련보다 우세하다는 것을 알았다. 그러나 케네디는 이를 과시하거나 자만하지 않고 차분하게 대처해 나갔으며 그 결과 구소련의 후르시초프 수상과 핵실험 금지조약 체결과 양국정상 간에 핫라인을 설치하여 동서 긴장완화에 기여하였다.

또한 그는 1943년 제2차 세계대전에 해군장교로 참전하여 어뢰정 정장으로서 훌륭한 공을 세우지만, 정치하는 중에 한 번도 자신의 전쟁 체험을 과시하지 않았다. 그러나 그의 공적을 모르는 사람은 없었다. 웬만한 정치인 같으면 책으로 펴내고도 남았을텐데 케네디는 그렇게 하지 않았다. 그렇지만 참전용사들은 그에게 경의를 표했으며 국민들도 나라를 위해 목숨을 아끼지 않은 그를 진정한 영웅으로 대접했다.

위기 때 냉정을 유지

조직을 이끄는 리더는 언제나 최종적인 의사 결정을 해야 하는데, 의사 결정을 하는데 있어 리더들은 각각의 스타일을 가지고 있다. 어떤 리더는 직원들의 보고서를 참고하여 자신이 결정을 내리고, 어떤 리더는 직원들과 회의를 거쳐 합의점을 찾기도 한다. 어쨌든 이런 과정에서 최종 판단은 리더가 내리게 되고, 그들은 그들만의 의사결정 프로세스를 구축해야한다.

케네디는 "행동 프로그램에는 비용과 위험이 수반한다. 하지만 편안하게 행동하지 않고 있는 것에 수반되는 장기적인 위험과 비용보다는 훨씬 적다"라고 말했다. 상명하복식의 스타일보다는 유연한 업무방식을 선호했으며 그 방법은 상당히 효과적인 것으로, 지금의 백악관 참모 시스템은 케네디의 것이 현재까지 내려오고 있는 것이다.

케네디는 참모들로 하여금 자유스럽게 그들의 의견을 개진하고 관철시킬 수 있도록 도움을 주었다. 그는 참모진들이 언제라도 원하면 약속 없이 회의할 수 있도록 집무실 문을 열어 두었다.

케네디는 인권 문제를 간과해 모호한 입장을 유지하여 인종 차별주의자들에게 힘을 실어준 적이 있다. 하지만 그는 실수를 인정하고 인종 간 평등을 이루는데 힘썼다. 또 피그만 침공의 실패도 곧바로 인정하고 책임을 통감하여 국내 정치적 문제를 타개하는데 노력하였다.

조직을 이끄는데 가장 중요한 것이 위기관리인데, 위기가 발생하면 부차적인 것에 신경쓰기보다는 당면한 문제에 집중해야 한다. 주위의 조언과 경험을 토대로 결정을 내리고 결정을 내렸다면 자신감 있고 단호하게 행동해야 한다.

케네디는 참전했을 당시 위기상황에서 냉정을 유지하여 전우를 구출하고, 베를린 위기 때 전쟁 대신 장벽을 선택하여 유혈사태를 막았으며, 세계대전이 될 수도 있었던 쿠바 미사일 사태 역시 냉정을 유지하여 해결하였다.

최고 지도자가 위기 때 이성을 잃고 당황하게 되면 사태를 객관적으로 파악하기가 어렵다. 케네디는 집권시절에 여러 가지 위기에 봉착하게 되는데, 피그만 사건의 교훈으로 쿠바 미사일 사건을 침착하게 해결했으며, 민권운동에 대한 사회적 혼란에 대해서도 적절히 대응하였다. 쿠바사태 때 미사일을 싫은 구소련의 배가 쿠바로 향하는 것이 확인되자, 참모들은 흥분하여 이성을 잃고 즉각 강경대응을 주장하지만 케네디는 냉정을 잃지 않고 차분하게 대응하며 외교 전략을 적절히 구사함으로써 핵전쟁의 공포로부터 평화를 지켜낼 수 있었다.

믿을만한 참모 발굴

최정상에 있는 리더들이 혼자서 모든 일을 해낼 수 있다고 생각한다면 그것은 어리석은 짓이다. 항상 유능한 리더는 자신을 보좌할 수 있는 훌륭한 보좌관을 찾는 것이 중요하다. 케네디도 대통령에 당선되어 실력 있는 엘리트들을 중심으로 참모진을 구성한다. 러스크 국무장관, 맥나마라 국방장관, 로버트 케네디 법무장관, 델러스 CIA국장 등 하버드 인맥을 중심으로 20여 명의 싱크탱크를 구성한다. 또한 그는 올바른 인사가 정부정책 성공의 핵심이라고 생각하고 유능한 사람을 적재적소에 배치하는 것을 게을리 하지 않았다. 그는 정부관료 상위 50%에 해당하는 고위직들은 자신이 직접 인사권을 행사하면서 인재를 중요시 하였다.

케네디 대통령은 정책의 성패나 사생활의 옳고 그름을 떠나 사랑받는 대통령이었다. 그 이유는 자신만의 비전을 가지고 확실하게 추진하고 국민들이 원하는 바를 정확히 읽어 국가라는 조직을 잘 운영했기 때문이다.

케네디는 미국의 힘을 가능한 한 보다 진보된 사회, 보다 자유스러운 사회, 그리고 보다 평화적인 사회를 구축하기 위한 수단으로 인식한 젊은 지도자였다.

케네디 대통령으로부터 배우는 리더십의 핵심은 실수를 인정하고 거기서 교훈을 얻는 것이며 조직에서 중요한 의사결정을 해야 할 때 소수 엘리트 중심으로 결정되는 집단적 사고의 함정에 빠져서는 안 된다는 것이다.

불과 2년 10개월의 짧은 재임기간이었지만 젊고 패기 있는 비전을 제시하여 미국민들의 자존심을 회복하고 전 세계의 평화를 지켜낸 훌륭한 리더였으나, 인기가 절정에 이르던 1963년 11월 22일, 46세의 젊은 나이에 암살자의 흉탄에 생을 마감한 것은 더욱 안타까운 일이었다.

스타벅스 전문 CEO **하워드 슐츠**

커피로 세계를 제패하고
비즈니스의 황제가 되다

하워드 슐츠 (1953~)

· **1953**년 뉴욕 브루클린 빈민가에서 출생 · **1975**년 노던 미시간대 비즈니스학과 졸업
· **1975**년 제록스신 마케팅 담당 · **1982**년 스타벅스 마케팅 책임자 입사
· **1986**년 스타벅스 사직 후 일지오날레(IL Gionale) 오픈
· **1987**년 스타벅스 인수, CEO 취임 · **1992**년 회사 상장
· **2010**년 세계 40여국 1,400여 매장으로 성장
· **2012**년 현재 스타벅스 CEO

하워드 슐츠의 리더십 포인트

- 훌륭한 작업 환경을 제공하고 서로를 존경과 품위로 대한다.
- 다양성을 인정하고 포용한다.
- 고객들이 만족할 수 있도록 적극적으로 노력한다.
- 사회와 환경에 공헌한다.
- 예스맨을 멀리하고 아이디어맨을 가까이 하라.
- 부정적인 사람은 결코 성공할 수 없다.

커피로 세계를 제패하고
비즈니스의 황제가 되다

1971년 제럴드 볼드윈(Gerald Baldwin)과 고든 보커(Gordon Bowker), 지브 시글(Zev Siegl)이 미국 시애틀에 1만 달러씩 투자하여 커피판매점 스타벅스를 설립했다. 이 당시에는 커피숍이 아닌 커피 원재료를 판매하는 곳이었다. 1982년에 하워드 슐츠(Howard Schultz)를 영입해 마케팅을 맡긴 후 1983년 피츠(Peets)를 인수하였다.

하워드 슐츠는 이탈리아 여행 중 밀라노 에스프레소 바에서 영감을 얻고 미국에도 이러한 커피문화를 도입하고자 결심한다. 그는 '일 지오날레(IL Giornale)' 라는 커피회사를 설립하고 스타벅스로부터 원두를 제공받아 커피를 판매하였다. 1987년 하워드 슐츠가 스타벅스를 인수해 스타벅스 코포레이션을 설립한 후 세계적인 기업으로 성장하였으며, 1992년 기업을 공개하여 나스닥에 상장되었다.

스타벅스는 단순한 커피 전문점이 아닌 집이나 직장에 대한 관심을 잊고 쉬면서 이야기할 수 있는 편안한 '제3의 장소'를 제공한다는 신념으로 커피 문화를 만드는 데 목표를 두고 있다.

최고급 아라비카산 원두를 구입하기 위해 노력하고 개봉한 원두는 7일 이내에 사용하는 등 최상의 제품을 유지하기 위해 노력하고 있다. 빈스톡 (Beans Stock)으로 대표되는 사원복지가 유명하며 2005년『포춘』지에 의해 세계 100대 최고 직장의 하나로 꼽히기도 하였다.

본사는 시애틀에 있으며, 미국은 물론 유럽과 아시아 등 40여 개국에 총 14,000여 개의 매장을 가지고 있다. 한국에는 1997년에 스타벅스커피 인터내셔날과 (주)신세계가 라이센스를 체결하여 (주)에스코 코리아로 진출한 후 2000년에 사명을 (주)스타벅스 코리아로 변경하였다. 1999년 서울 신촌에 이대점을 1호로 냈으며, 2010년 현재 우리나라에 총 250여개의 점포를 운영 중에 있다. 하워드 슐츠의 탁월한 경영능력이 오늘의 스타벅스를 성장시킨 것이다.

스타벅스를 인수했을 때 이미 그는 조직의 강점과 약점을 알고 있었다. 무엇이 불가능하고 가능한지 얼마나 빨리 일을 진척할 수 있는지 예상할 수 있었는데, 이것은 그에게 스타벅스 경영에 있어 아주 큰 소득이었다.

종업원에 대한 배려

하워드가 스타벅스를 인수한 뒤 며칠 후 지식과 현실 사이에 심각한 괴리가 있음을 알게 된다. 스타벅스 직원들의 근로의욕이 형편 없었던 것이다. 그가 떠난 이래로 20개월 동안 모든 부서가 커져 있었지만 사람들은 냉소적이고 소심해졌으며 자신감을 잃은 상태였다. 그들은 이전 경영진에게 버림받았다는 느낌과 새로운 경영자에 대한 불안감을 갖고 있었기 때문이다.

그가 처음 스타벅스에 합류했을 때 스타벅스가 가지고 있었던 신뢰와 공동체의 짜임새는 허물어져 있는 상태였다. 그 때 자신의 첫 번째 과제는 노사 간 상호존중의 새로운 인간관계를 구축해야 하는 것이라 생각했다. 그는 아무리 위대한 사업계획이라도 회사 구성원이 인정하지 않으면 한 푼의 값어치도 없다고 생각했다.

그는 종업원들의 복지 혜택을 늘려 주고 직접 자신의 사무실로 직원들을 불러모아 말할 기회를 주었으며, 심지어는 회사의 어려운 상황에 대해 모든 직원들에게 털어놓기도 하였다. 1995년 크리스마스 시즌에 원했던 만큼의 성과를 올리지 못했을 때 그는 전체 회의를 열어 전 직원을 상대로 위기에 대해 자세히 설명해 주었다. 그는 한 회사의 우두머리는 언제나 듣기 좋은 말만 해서는 안 된다고 생각했다.

대부분의 CEO는 힘든 상황을 종업원들에게 알리고 싶어 하지 않고 언제나 일이 잘 풀리는 것처럼 안심시키길 원하지만, 하워드는 직원들로 하여금 회사의 문제점을 직시하도록 해야 한다고 믿었다. 그때의 시련으로 인해 직원들이 그를 더 좋아하게 되고 기업을 신뢰하게 되었다.

신뢰와 동기부여

브라질에 심각한 서리가 내려 커피가격이 천정부지로 오르게 되는 위기가 있었다. 다른 경쟁업체들은 가격을 모두 급격히 인상하였지만, 하워드 슐츠는 고객들에게 공정하지 못한 처사라 판단하여 소매가격을 올리지 않았다. 그로부터 2주만에 또 다른 위기가 닥쳤는데, 브라질의 두 번째 서리로 커피 수확량이 첫 번째 위기인 40%보다 10% 더 감소한 것이다. 스타벅스 주가는 최저치로 떨어졌다. 다른 커피 회사들은 커피가격을 다시 인상했지만 스타벅스는 실질적인 비용 증가분만 상쇄하고자 노력했다.

그러는 동안 하워드는 이 위기를 극복할 수 있다는 자신감을 직원에게 심어 주기 위해 회사의 대처방안을 직원과 고객들에게 적극 홍보했다. 그동안 고객들과 맺어 온 유대관계 덕분에 고객들은 개의치 않고 인상된 가격을 지불하는데 주저하지 않았다. 위기가 예고 없이 닥쳤을 때 그 위기는 경영진을 잘 결속된 팀으로 훈련시켰다.

다른 예로, 사업을 확장하면서 스토어를 여러 지역에 오픈할 때 전국적으로 판매를 확대하려면 커피의 신선함과 향을 떨어뜨리지 않기 위해 신선도 유지 봉투를 사용하였는데 7일 이내에 팔지 못하면 자선단체에 기부했다.

이처럼 하워드는 직원들에게 이익만을 위해 비양심적인 면을 보이지 않았다. 그의 도덕적 양심적인 경영방침은 직원들에게 신뢰감을 주었으며 업무 자체에 대한 사명감을 심어 줌으로써 역할 모델이 되었다.

하워드는 스타벅스 사람들이 같은 열정으로 동기를 부여받는다면 훨씬 큰 일을 할 수 있다는 것을 알고 있었다. 직원들의 신뢰를 얻어 내는 한 가지 방법은 그들에게 정직하고 미래에 대한 계획과 꿈을 나누고 함께 하는 것이다. 공통의 목표를 성취하도록 직원을 존중하고 고무시키며 장기적 가치를 창출하기 위해 함께 일한 사람들과 보상을 나누는 사업을 창조하고자 했다.

존경과 칭송을 받는 기업문화 창출을 위해 새로운 종이컵 등을 개발했으며, 고객에게는 보이지 않지만 정수기 관리 철저, 커피 품질 유지 등 도덕적·양심적 경영으로 스타벅스에 대한 자부심과 가치를 심어 줌으로써 동기를 부여했다.

하워드는 인사, 마케팅, 홍보, 관리 등에 있어서 각 부서의 최고 책임자에게 지시적으로 대하지 않고 그들을 믿고 중요한 일은 위임하였으며, 신입사원들에게는 업무에서부터 사명감 만족감을 고취시키기 위해 1:1 교육 시스템을 마련하여 기초지식부터 업무에 능숙해질 때까지 직원 교육에 대한 투자를 아끼지 않았다. 또한 나이, 장애 조건, 학습 태도 등의 면에서도 인력의 다양성을 모색하였다. 하워드는 동성의 한 가정 직원들에게도 복지 혜택을 주기도 하였는데, 이는 스타벅스에서 일하고 있는 다양한 개개인의 요구를 인정한다는 뜻이다.

토의와 권한 위임

구성원의 참여가 필요하다고 느낄 때에는 집단 참여형으로 전체 회의를 소집해서 직원들의 의견을 듣고 하워드가 최종 결정을 한다. 그 사례 중 한 가지를 예로 보면, 그가 스타벅스를 인수했을 때 회사 이름에 관한 중요한 결정을 내려야 했다. 무에서 창조해 낸 애착이 가는 '일 지오날레'를 그대로 쓸 것인가, 이름이 훨씬 알려져 있는 스타벅스라는 이름을 쓸 것인가. 그는 한 번은 주요 투자자들, 또 한 번은 직원들과 두 번의 회의를 열었고 결국 스타벅스라는 이름을 사용하기로 결정했다. 이 분야에서는 스토어의 위치에 따라 사업의 성패가 좌우되기도 한다. 하워드는 스토어 위치 선정의 중요성을 인식하고 이를 위해 부동산 부문의 수석 부사장을 고용했다.

자신보다 더 경험이 많은 이사를 채용하는 것과 실질적으로 권한을 위임한다는 것이 기업인들에게 위험할 수 있다는 걸 알았지만 수용했다. 하워드는 꼭 필요한 일을 하도록 위치 선정에 대한 권한을 그에게 위임했다.

하워드는 장기적 마케팅 업무 총괄을 위해 나이키의 홍보이사였던 스콧 베드버리(Scott Bedbury)를 합류시키고, 광고회사를 선정할 때 스콧에게 결정 권한을 위임했다.

목표와 보상

초창기 스타벅스의 사람들에게 무엇이 그들을 그렇게 움직였는가 물으면, 그들은 친근감과 공통의 목표였노라고 대답한다. 스타벅스 브랜드를 배리스타들의 손에 맡기기 때문에 훌륭한 사람들을 채용하고 그들에게 커피에 대한 열정을 불어 넣기 위해 여러 해 동안 상품의 홍보보다는 직원들의 교육을 시키는데 더 많은 비용을 투자했다.

24시간짜리 교육 프로그램을 지속적으로 모든 신입사원이 이수하게 했다. 신입 배리스타들이 입사한 첫날부터 스타벅스의 가치 중심 문화를 그들에게 심어 주려고 노력하며 고객을 존중하는 마음의 중요성을 일깨워 준다. 기존 스토어에서 풍부한 경험을 쌓은 매니저들과 배리스타들로 구성된 '스타 팀'을 파견하여 1:1 교육 시스템을 활용했다. 이처럼 하워드는 그들에게 스타벅스의 목표를 분명히 해주며 일에 대한 열정을 심어 주려고 노력하고 목표에 도달하기 위한 교육시스템으로 경로를 명확하게 해주었다.

당시 의료보험 비용이 감당할 수 없을 정도로 치솟고 있어 대부분의 경영자들은 의료보험 비용을 억제할 수 있는 방법을 열심히 찾고 있었다. 그가 의료보험 확대를 이사회에 제안했을 때 스타벅스는 적자를 면하기 위해 투쟁하는 시기였으므로 이사들은 회의적으로 받아들였으나, 그는 파트

타임 종업원들에게까지 종합적인 의료보험 혜택을 제공하기 시작했다. 스타벅스는 의료 혜택의 75%까지 제공한다. 또한 실제적인 부부 관계에 있는 미혼의 배우자들에게도 의료 혜택을 제공한다. 의료 혜택의 투자로 인한 가장 뚜렷한 효과는 낮은 이직률이다. 대부분의 소매점 패스트푸드 체인점의 이직률이 연간 150〜400%인데 비해, 스타벅스는 단지 25%밖에 되지 않았다. 더 나은 복지 혜택을 채택함으로써 좋은 사람들을 유치하고 더 오랫동안 근무하게 하는 것이다. 회사가 종업원에게 혜택을 주면 종업원들은 보다 긍정적인 생각을 갖게 된다. 치명적인 병에 걸린 모든 종업원에게 그들이 일할 수 없을 때부터 정부 보조 프로그램의 혜택을 받기 전까지 보통 29개월 간의 의료비 전액을 지불해 주는 의료보험 혜택을 제공하기로 결정했다.

재정적 성공에 대해 보답하고 그들과 회사의 소유권을 함께 나눌 방법으로, 비상장 기업이었지만 기본 봉급 수준에 따라 고위 경영자로부터 모든 직원까지 스톡옵션을 주기로 했다. 스톡옵션을 통해 종업원들을 회사와 하나가 되게 하면 투자자들은 주식 지분을 덜 갖게 되지만 회사 가치가 상승할 것이라는 생각에서였다.

빈스톡스타벅스만의 스톡옵션 이름 계획을 직원들에게 설명하기 위해 대규모 모임을 가졌다. 그 날 이후 종업원이라는 단어를 쓰지 않고 동업자라 칭했다. 6개월 동안 스타벅스에서 일하면 스톡옵션 획득 자격이 주어지는데 1주일에 20시간 일하는 파트타임 종업원들까지 자격이 주어진다.

종업원을 인간적으로 대접하기 위해 '임무 검토 의견' 에 회답하는 것에 추가하여 분기마다 '열린 토론회'를 열어 직접 대화를 했다. 각 분기별 최고 관리자를 뽑아 상을 주고 그들을 매년 말 시애틀 합동 만찬에 초대하며,

그 자리에서 그 해의 최고 관리자를 뽑아 시상한다.

공장에서 무거운 자루에 담긴 원두를 내리고 접수하는 사람인 마틴과의 일화로 예를 들어 보고자 한다.

어느 날 현장에서 일하는 작업자들이 사무실 근무자들의 회의에 초대된 적이 있었다. 몇 달 후 마틴은 사무실로 배송 매니저가 필요하다고 말했는데, 그 때 하워드는 제안서를 작성하여 경영회의에서 발표하라고 그에게 말했다. 그래서 그는 그렇게 했고 6개월이 채 안 되어 그 제안을 채택했다.

그 후 마틴은 창고와 배전공장의 많은 종업원들이 노동조합에 속하고 싶지 않다는 뜻으로 사인한 문서를 가지고 와서 이렇게 말했다고 한다.

"당신은 사업의 경영에 우리를 참여시켰다. 어떤 불평도 모두 들어 주었다. 우리를 믿었기에 우리도 당신을 믿는다."

하워드는 종업원들로 하여금 작업 그 자체에 만족을 주는 최선책은 조직에 그 자신의 가치를 심어 주는 것이라고 확신했다. 파트너들이 느끼는 회사에 대한 애착과 그들이 고객과 함께 만드는 동질감이 바로 스타벅스 브랜드가 가지는 비밀의 힘이다.

스타벅스에서는 주주들의 모임도 마련하여 귀중한 멤버임을 느끼도록 했으며, 스토어 책임자들과 상호 대화를 확인하기 위해 빈번한 방문조사와 문화적 감사도 실시하였다.

다음은 ARC 컨설팅 회사의 협력으로 실시한 조사결과이다.

직원들의 88%는 그들의 직무에 만족하고,

85%는 회사가 종업원들을 보살펴 주고 있다고 생각하며,

89%는 회사에 근무하는 것에 자부심을 가지고 있고,

100%가 회사에 근무하는 것이 직무 만족에 중요한 요인임에 동의하

였다.

민주적 경영

앞의 일화에서 하워드는 현장 작업자인 마틴에게 직접 제안서를 작성하여 경영회의에서 발표할 기회를 주었다.

직원의 작은 아이디어가 회사를 살린다. 매장 관리인들은 냉커피에 설탕을 섞은, 근처의 커피 전문점에서 파는 커피가 인기 있는 것을 보고 스타벅스에도 그런 음료를 개발할 필요가 있다고 느끼고 있었다. 그러나 하워드는 그것을 커피의 완전성을 희석시킨다는 생각에 진정한 커피음료로 간주하지 않아 완강히 거절했다.

몇몇 종업원들은 본사 승인도 받지 않은 채, 문책에 대한 두려움은 있었지만 믹서기를 사다가 개발을 하기 시작했다. 음료가 개발되었을 때 받아들이지 않기로 결심했었지만, 결국 하워드는 직원들의 뜻대로 스토어에 선보이고 '후라푸치노' 라는 상표에 대한 권리도 양도받았다. 직원들의 의견을 존중하기로 하고 양보한 것이다.

결국 후라푸치노는 커피를 마시지 않는 사람들에게 스타벅스 커피를 소개하는 매개로서 역할도 했다. 사전에 후라푸치노 사업 전망에 대해 재무분석을 하지 않았고 값비싼 컨설턴트를 고용하지도 않았다. 만약 스타벅스가 민주적·참여적이 아닌 대기업적 관료주의 조직문화였다면 도입될수 없었을 것이다.

모두 수익을 올리기 위해 급급할 때 하워드는 본격적 성장 단계에 앞서 든든한 기반을 위해 투자의 필요성을 강조했다. 확장 전략에 필요한 훌륭한 경영진을 끌어들이고 판매 활동을 보기 위한 정교한 컴퓨터 정보시스

템 도입에 투자하였다. 하지만 그 기간 동안 수익은 적었고 투자 비용부담
이 커서 스타벅스는 적자를 기록하게 되었다. 그로 인해 주주들에게 신뢰
감을 잃고 비난도 받았으며, 최악의 경우에 스타벅스에서 쫓겨날 수도 있
었다. 그러나 그는 이런 위험을 감수하면서까지 든든한 기반을 위한 투자
를 아끼지 않았고, 1990년대에는 반드시 흑자로 돌려놓겠다는 약속을 이
행함으로써 다시 신뢰감을 회복할 수 있었다.

변화시도

스타벅스는 창사 이래 두 번의 패러다임 변화 시도가 있었는데, 그 첫 번
째는 배전된 커피 판매에 음료를 추가한 것을 들 수 있고, 다음으로는 커피
의 향기를 즐길 수 있는 새로운 방법으로 캔 음료, 아이스크림과 그 밖의
제품을 선보인 것이었다. 회사 내에 개발부를 두고 커피 연구소를 짓는 데
만 수백만 달러를 투자하였다. 새로운 스타벅스 상품을 개발할 때마다 성
공 가능성과 그에 따른 리스크도 고려했다. 만약 하워드가 현재의 상태에
만족하고 유지하기만을 바랐다면 사업 확장을 위해 새로운 제품 개발이나
컴퓨터 시스템 도입에 거액의 비용을 지출하면서까지 위험한 모험을 하지
않았을 것이다.

증권 분석가들은 그가 도입한 혁신적인 상품들로 인하여 회사가 핵심
사업으로부터 벗어난다고 비난했다. 그는 단기적인 측면만을 본 것이 아
니라 먼 미래를 위한 계획 없이는 회사는 결코 일시적인 유행에서 벗어나
성장할 수 없다고 생각했다.

사실 내부에서조차 핵심사업에 치중하기보다 장기적인 계획에 따라 일
할 것을 요구하면서 너무 많은 압박을 한다고 불평하고 분개하는 사람들

도 있었다. 그들이 크리스마스의 매출부진을 수습하고 있을 때 하워드는 아이스크림 병에 든 후라푸치노를 유나이티드 항공사와의 새로운 계약과 씨름하고 있었다. 이것은 핵심에서 벗어난 것이 아니라 신상품 창출로써 장기적 비전을 갖고 확고한 브랜드 구축하기 위한 노력이었다.

창의적인 활력이 넘치도록 스타벅스센터 빌딩 심장부에 비밀 스튜디오를 차려 놓고 화가, 건축가, 디자이너 등으로 구성된 팀을 고용해서 스타벅스의 차세대 스토어를 구상했다. 바로 이런 노력으로 현재의 스타벅스를 대변하는 독창적인 이미지들이 탄생한 것이다.

일관성 있게 멋을 유지하면서도 다양성과 깊이를 갖도록 포장법을 개선하고, 포장을 다시 디자인하고 자연속 흙의 감각을 가진 새로운 도형을 창출하는 노력을 하였다. 호넬 앤더슨 디자인 회사에서 근무하던 미라 고즈(Myra Gose)를 디자인 책임자로 채용하고 항상 새로운 포장과 제품을 도입한 후 바로 스토어들을 건축하기 시작하였다. 미래의 스토어 프로젝트는 단지 스토어가 정형화되었다는 비난 때문은 아니었다. 이는 진취성을 보여 주는 단면이며 문제 발생시 해결하기 위한 노력과 혁신적인 면이 더 강했다.

커피 한 잔의 컵으로 인한 쓰레기 분량이 어마어마했으며 환경 윤리에 위배되는 분명한 낭비라고 생각하여 재활용할 수 있는 체계적인 방법으로 스토어 관리인으로 구성된 '그린 팀(green team)' 을 창설하였다. 환경적으로 민감한 파트너들로부터 최상의 아이디어를 얻기 위해 1년에 3번씩 마케팅 운영 부서의 수석 관리자 및 대표들과 만나 '지구의 날' 을 위한 여러 가지 활동 계획을 종합하고 재활용 감사 보고서를 처리하며, 최고의 새로운 아이디어를 선정하여 자기들의 지역에 적용시켰다.

미국에서는 스타벅스의 커피로 아침을 시작한다고 해도 과언이 아니다. 우리나라에서도 이미 만남의 약속 장소로 유명해진지 오래다. 일부 사람들은 커피 한 잔으로 대단한 돈을 벌었으니 그저 하워드 슐츠를 운 좋은 사람 정도로 생각할지도 모른다. 단 한 개의 점포에서 출발하여 10년 만에 2,000여 개의 스토어를 거느리며 스타벅스를 세계 최고의 커피 브랜드로 성장시킨 하워드 슐츠의 도전과 노력의 과정을 본다면 이 모든 것이 운이 좋아 이루어진 것이 아니라는 것을 알 수 있다. 급변하는 커피가격과 실망스런 크리스마스 판매고, 불평과 항의 등 많은 위기가 있었다.

인간중심 경영

앞에서 보았듯이 하워드는 위기를 극복하는 과정에서 직원들에게 신뢰감을 잃지 않는 것을 최우선으로 했다. 스타벅스의 수많은 사람들이 노조의 해체에 성원을 보내는 것은 그들이 하워드를 신뢰한다는 증거이다. 조잡한 품질로 높은 이익을 냈다면 우수한 직원들은 떠났을 것이며 사기는 떨어졌을 것이다. 열린 사무실의 원칙을 지키고 있었기 때문에 누구라도 고충이 있으면 그의 사무실에 와서 말할 수 있었다.

그는 가장 중요한 부서는 인력자원부라고 자신 있게 말한다. 회사 성공은 전적으로 지금 회사 내에서 함께 일하고 있으며, 발전시켜 온 그 사람들의 덕택이라 생각하기 때문이다.

25,000명의 사람들이 한 회사에 친근감을 가지게 하기 위해 종업원에게 주식 매입권을 준 것은 그들을 보살펴 주고 있다는 느낌을 주는데 최상의 조치였다고 본다.

전체 직원이 2,800명이 되었을 때 회사의 모든 사람들로 하여금 회사가 성장하더라도 유대관계를 잃지 않고 따뜻한 소기업의 분위기를 유지하도록 노력했다. 회사가 성장하면서 직원들을 돌보아 주는 기업 문화는 드물다. 바로 이 점이 구성원들로 하여금 스타벅스에 매일 출근하게 하는 이유가 아닌가 싶다.

스타벅스는 단 한 번의 브랜드 광고없이 세계 최고 브랜드를 구축했다. 미국 워싱턴주 시애틀에 본사를 둔 스타벅스는 세계 최고의 원두만을 사용하고 추출된 커피는 한 시간이 지나면 자동으로 폐기된다고 한다. 하워드 슐츠 회장은 '사람이 커피보다 더 향기롭다'라는 모토로 편안한 휴식 공간과 경험을 파는 새로운 가치를 창조하여 세계 커피시장을 점령했다.

앞으로도 스타벅스에는 미래를 형성할 특별한 많은 아이디어들이 회사 내부에서 생겨날 것이다. 스타벅스가 있기까지 가장 중요한 원칙은 바로 회사 직원들 간의 이해와 화합, 즉 인간 중심 경영이었음을 알 수 있다.

두바이의 최고 지도자 **셰이크 모하메드**

불모지 사막을 세계의 기적으로 만들다

셰이크 모하메드 (1949~)
· **1949**년 셰이크 라시드의 4남 중 셋째로 태어남
· **1965**년 두바이에서 정규학교 과정을 모두 마침
· **1968**년 영국으로 유학 후 두바이 경찰국장 자리를 맡음
· **1971**년 세계 최연소 국방장관 자리에 오름 · **1990**년 아버지 사망
· **1995**년 맏형인 셰이크 막툼이 차기 왕세자로 동생을 지명
· **1996**년 두바이 21C 비전 발표 · **2006**년 형의 사망으로 공식 지도자로 취임
· **2011**년 두바이를 세계 최고의 국가로 건설 중임

셰이크 모하메드의 리더십 포인트

- 우리는 변화를 바라보고 있다. 이는 사고방식과 태도를 바꾸어야만 이룰 수 있는 것이다.
- 나는 도전을 좋아한다. 불가능한 것을 보면 그것을 가능한 것으로 만들고 싶어진다.
- 번영과 기술은 돈이 가져오는 것이 아니라 오직 사람만이 가지고 온다.
- 나는 항상 상황을 지켜본다. 하지만 한 번 결정을 내리면 전광석화처럼 움직인다.
- 우리가 스스로 변하지 않으면 우리는 누군가로부터 변화를 당할 것이다.

불모지 사막을
세계의 기적으로 만들다

두바이는 아라비아 반도의 동쪽 해안, 아라비아 만灣 연안에 있는 토후국으로 면적은 3,885km²로 제주도의 2.1배이며 90%가 사막이다. 고온다습한 아열대 기후와 사막성 기후를 가지고 있으며, 여름에는 최고 53℃까지 올라간다. 아랍에미리트 연방을 구성하는 7개국 중의 한 나라로 두바이는 아랍어로 메뚜기를 뜻하며, 토후국 중 유일한 국제 무역항으로 중계 무역지가 되었다. 1969년부터 석유를 수출하기 시작했으며, 1971년에는 650만 배럴의 원유를 수출하여 새로운 산유국으로 알려지게 되었다.

현재 두바이는 1인당 GDP는 25,000달러에 이르며, 인구는 140만 명 정도로 80%가 외국인이다. 두바이의 외국인 근로자는 인도인이 절반 이상되고 주변 아랍국가 출신도 많다. 1979년 이란 혁명 이후에는 이란인이 대거 몰려왔고, 최근에는 필리핀, 중국, 인도네시아, 베트남 등 동남아시아 인도 늘고 있다.

두바이는 상반되는 면이 공존하는 매력적인 곳으로 과거와 현재, 동양과 서양이 하나로 어우러져 신비하고 독특한 개성을 자랑한다. 전통적인 아랍의 이슬람 문화에 초현대적인 특징이 더해진 친절하고 매력적인 곳이다. 다양한 민족과 문화가 공존하므로 두바이에서는 세계의 문화가 함께 어우러져 빚어내는 독특한 매력을 만날 수 있다. 또 두바이는 세계적으로 생활수준이 가장 높은 도시로 유명하다. 세계 최고급 호텔들을 비롯하여 아랍 고유의 음식과 세계 각국의 음식들은 이미 최고급 풍미가 널리 알려져 있으며, 또한 다양한 스포츠 시설과 전통 축제에서부터 최신 디스코텍에 이르기까지 화려한 엔터테인먼트로 가득하다.

두바이는 세계 최고의 상품을 저렴한 가격으로 구입할 수 있는 쇼핑의 천국이기도 하다. 일 년에 두 번 있는 쇼핑 축제기간 동안 쇼핑을 하면 더욱 큰 즐거움과 혜택을 누릴 수 있다. 매년 6월부터 8월까지 '두바이 여름 깜짝 세일 축제'가 열리며 1월 중순부터 2월 중순까지 '두바이 쇼핑 페스티벌'이 열린다. 상인의 도시로 잘 알려진 두바이는 지난 오랜 세월 동안 선원과 상인을 환영해 왔으며, 오늘날에도 이러한 친절과 환대의 전통은 계속되고 있다.

두바이는 매우 안전한 도시로서 여행객은 그 따뜻함과 친절함에 매료될 것이다. 조용하고 편안한 휴식을 원하는 여행객부터 새롭고 짜릿한 경험을 원하는 모험에 이르기까지 모든 여행객에게 특별한 만족을 준다. UAE는 각종 국제회의와 전람회 장소로도 각광받고 있다.

두바이의 기적

두바이는 요즘 세계인들의 화두가 되고 있다. 석유 한 방울 나지 않는 우리에게는 '두바이 유'라는 이름 정도만 알려졌던 이곳은 이제 '중동의 싱가포르'로 자리매김하면서 전 세계의 벤치마킹 대상이 되고 있다. 두바이의 불모지 사막은 이제 젖과 꿀이 흐르는 오아시스로 변화되고 있다.

두바이에서는 무조건 세계 최대, 세계 최초, 세계 최고다. 전세계 타워크레인의 20% 가까이가 몰려 매일 수십 층이 올라가고, 수많은 도로가 펼쳐지고 있다. 이러한 두바이의 천지개벽은 2006년 1월 4일 맏형 셰이크 막툼이 세상을 떠나면서, 공식적으로 두바이의 지도자가 된 셰이크 모하메드의 진두지휘에 따라 진행되고 있다.

셰이크 모하메드는 현재 세계 리더십 전문가들이 주목하는 인물이 됐다. 국가적 리더십 결핍시대에 살고 있는 국제사회에서도 그의 리더십에 찬사를 보내는 사람들이 많다.

두바이에서는 공식적으로 셰이크 모하메드를 표현할 때 'UAE Vice President and Prime Minister and Ruler of Dubai His Highness Sheikh Mohammed bin Rashid Al Maktoum'이라고 적는다. 이는 셰이크 모하메드가 두바이에서 얼마나 중요한 인물인지를 나타내 주고 있다.

이러한 두바이의 CEO인 셰이크 모하메드는 첫째, 현실을 냉철하게 진단하는 통찰력, 둘째, 도전과 모험정신으로 미래를 내다보고 발전상을 머리에 그릴 줄 아는 상상력, 셋째, 불가능은 없다는 자세로 일사천리로 밀어붙이는 실천력 등 리더십의 3대 조건을 고루 갖추고 있는 지도자이다.

1995년 그가 왕세자로 지명된 뒤 10년 동안 두바이는 혁명적인 개조의 길을 걸어왔다. 독불장군식 밀어붙이기로는 아무것도 할 수 없다고 판단한 그는 세계를 유혹하기로 결정한다. 이러한 그의 전략은 성공했고, 지난 10년간 두바이의 명목 국내 총생산은 80억 달러에서 200억 달러로 폭증했다.

이는 두바이의 석유 부존량이 2020년쯤이면 바닥날 것으로 판단한 지도자 셰이크 모하메드가 관광무역 엔터테인먼트 전시회 등의 아이디어로 승부를 건 결과이다.

사실 두바이에서 1966년 석유를 발견했을 때 장차 닥쳐 올 석유 고갈을 먼저 걱정한 것은 셰이크 모하메드의 아버지 셰이크 라시드였다. 두바이의 석유 매장량은 40억 배럴로 UAE 전체의 982억 배럴과 비교하면 어림도 없는 수준이었다. 이런 상황에서 셰이크 라시드는 냉철한 통찰력과 지도력으로 석유 수입을 가지고 학교, 병원, 도로 등 각종 인프라를 건설하는데 투입했다.

이를 이어받은 셰이크 모하메드도 1996년에 '2011년까지 100% 탈석유 경제 구조를 만들자'는 정책을 마련했다. 이는 석유 의존 경제 구조로부터 완전 탈피, 2011년까지 GDP 중 비석유 산업의 구성 비율을 100% 확대, 노동집약적 산업보다는 자본집약적 산업 육성을 통한 외국 노동력 유입 억제, 민간분야 투자여건 개선, 교통·통신 등 사회 간접자본에 대한 투자 확대, 각종 경제 통계 체계화 추진 등이다. 실제로 오늘날 두바이 GDP의 93%가 무역·관광·서비스·금융 등 비석유 분야에서 나올 정도로 그의 계획은 성공적으로 진행되었다.

그는 이후 통치체계가 흔들릴 위기가 닥칠 때마다 "나는 먼저 상황을 지켜본다. 그리고 사람들 표정을 읽고 결정을 내린다. 하지만 일단 결심하고 나면 전광석화처럼 움직여야 한다"는 사상과 이념을 바탕으로 위기를 오히려 기회로 삼는 리더십을 발휘한다.

셰이크 모하메드의 위대한 리더십이 돋보이는 것은 그가 행정 규제로는 경제발전을 기할 수 없다는 점을 간파하고 있었다는 데 있다. 그는 평소 "두바이에서는 실패를 제외한 모든 것이 가능하다"면서 규제 철폐에 총력을 기울였다.

그런가하면 인터넷 시티, 미디어 시티 등 다양한 형태의 자유 지역을 지정하여 마이크로소프트, 시스코, CNN, 로이터 등 세계적인 업체를 마음껏 끌어들이는 데도 성공했다. 또 현재 두바이에는 용적률이나 층고層高 제한이 거의 없어 건축이 활성화되고 있다.

'셰이크 모하메드' 하면 반드시 빼놓을 수 없는 것이 바로 그의 뒤에서 온갖 실천 아이디어를 제시하는 글로벌 인재집단 싱크 탱크다. 그는 "우리는 비전에 의해 움직이고 용기를 가지고 있다. 내 뒤에는 열심히 일하는 젊은 싱크 탱크가 있다. 내가 아이디어와 목표를 제시하면 그들은 실행에 옮긴다. 나는 과거의 경험을 되살리기는 하지만 누구의 것이든 복사하지 않는다. 두바이에서 추진되는 어떤 것도 복제품이 아니다"라고 말한다.

두바이에서 그는 대단한 혁신가이지만, 엄연한 국가 원수이자 왕과 같은 존재로서 자신의 세부사항을 완전히 노출하지는 않기 때문에 이 조직에 대해서는 아직 알려진 바가 없다. 하지만 그만이 지닌 싱크 탱크 역시 두바이 리더십의 큰 원동력이 되어 주고 있는 것임은 분명하다.

『알 사다』라는 잡지의 기자와 만난 그는 "누구든 10년 앞에 무엇이 벌어질지 예언하기는 불가능하다. 그러나 한 가지는 말할 수 있다. 앞으로 3년 이내에 두바이는 지금보다 2배는 더 부유해질 것이다"라고 선언했다. 그의 예언은 그대로 지켜졌다.

"중동 붐은 이제 시작일 뿐이다. 두바이에서 지금 벌어지고 있는 현상은 내가 계획한 것의 10%에 불과하다. 나는 빨리 나머지도 보고 싶다."

그의 입에서는 거침이 없다. 또 그는 비판과 반대는 항상 존재하기 마련이라며 불가능을 가능으로 바꾸는 그의 철학에는 변함이 없다고 말했다. 앞으로 두바이가 세계적 자본가들을 필요로 하는 것이 아닌 세계적 자본가들이 두바이가 필요하도록 만들겠다는 것. 두바이가 세계 그 자체라는 말을 듣도록 발전시키겠다는 자신감으로 가득 차 있다.

버즈 두바이 빌딩

세계 건축사의 한 장을 장식하게 될 기념비적 건물이 바로 버즈 두바이다. 두바이에서 아부다비쪽 방향으로 간선도로인 셰이크 자예드 대로를 달리다가 왼쪽으로 바라보면 '역사가 올라간다(History Rising)'는 글자가 적힌 대형 간판이 보이고, 그 뒤로 세계 최고층 빌딩인 버즈 두바이의 공사 현장이 나타난다. 초대형 타워크레인 수십여 대가 동원되어 버즈 두바이의 규모를 짐작케 한다.

지상 160층 이상에 높이 800m 이상의 초고층으로 지어지며 꼭대기 전망대 위로 철탑을 세운다. 대략 3일에 1개 층씩 올라가는 셈이다. 높이가 800m가 넘는다면 서울 63빌딩보다도 3배 이상 높은데, 1층부터 39층까지는 호텔이며 40층부터 108층까지는 고급 아파트, 109층 이상은 사무실과 전망대로 쓰인다.

버즈 두바이가 우리의 관심을 끄는 또 다른 이유는 바로 우리나라 건설사인 삼성물산이 짓고 있기 때문이다. 한국 기업이 세계 건축사의 새 역사를 쓰고 있다. 삼성이 리딩 컴퍼니로서 전체 공사를 책임지고 이끌고 있으며, 건물의 전체 설계는 미국의 세계적 설계 회사인 솜(SOM)이 담당했다. 버즈 두바이가 건설되는 일대는 '버즈 두바이 프로젝트'라는 개발 계획이 총체적으로 진행되고 있으며 버즈 두바이 주변에 인공 호수와 각종 첨단 주거시설이 들어선다.

버즈 알 아랍 호텔

공식적으로는 별 5개짜리 호텔이지만 세계 최고급 수준의 서비스를 제공한다고 별 7개짜리 호텔로 불리고 있는 버즈 알 아랍은 셰이크 모하메드 지도자의 첫 작품으로 오늘날 두바이의 상징물로 통하고 있다. 두바이를 세계적 관광도시로 육성하기 위해 만든 전략적 호텔이다. 버즈 알 아랍은 두바이 시내에서 남쪽으로 15km 떨어진 주메이라 해변에서 280m의 다리로 연결된 인공 섬 위에 에펠탑보다 더 높은 321m 높이로 지어졌다.

세계에서 가장 호화로운 호텔로 내부 장식의 상당부분이 금으로 덮여 있는데, 돛단배 모양의 이 호텔은 외관은 물론 공법도 특이하다. 테플론 코팅이 된 표면은 낮에는 하얀색으로 눈부시고, 밤에는 무지개빛을 발산하는 캔버스로 사용되어 대단한 장관을 연출한다.

이 호텔은 총 28층에 2,002개의 스위트룸으로 구성되어 있으며, 모든 객실에서 아라비아의 바다를 조망할 수 있다. 하룻밤 숙박료는 1,500∼7,300 달러에 이르는데, 공항과 호텔을 잇는 헬리콥터 체크 인, 체크아웃 서비스도 가능하다. 객실에서는 LG 전자 텔레비전과 커튼을 포함한 모든 장비가 리모컨으로 조작되며 노트북 컴퓨터와 인터넷이 제공된다. 내부 장식은 대부분 금으로 되어 있으며, 지하에는 220척의 요트 피난시설도 구비되어 있다.

팜 아일랜드

두바이 앞바다에 조성하는 팜 아일랜드는 그 이름처럼 야자수 모양의 인공섬 3개를 조성하고 섬 위에 주거 및 위락시설을 갖춘 종합 관광 레저 타운을 건설하는 곳이다. 달에서도 식별이 가능하다고 해서 세계 8번째 불가사의라고 불린다. 상상력의 승리로 받아들여지는 이 프로젝트는 두바이 개발을 지휘하고 있는 셰이크 모하메드에 의해 탄생되었다.

두바이 같은 사막 민족의 소원은 조금이라도 해변을 늘리는 것이다. 단순한 원형이나 평범한 직선으로는 해변을 획기적으로 늘릴 수 없기에, 결국 땅의 요철을 많이 만들어 해변을 획기적으로 늘리자는 생각을 한 것이다. 3개의 인공섬 가운데 가장 먼저 시작된 '팜 주메이라'는 가장 작은 규모로서 지름 5.5km, 면적 25km²에 줄기 부분과 17개의 야자수 잎, 그리고 초승달 모양의 방파제로 구성되어 있다.

팜 주메이라는 공개된 지 3주만에 분양이 완료되었다. 영국의 축구 선수 데이비드 베컴과 마돈나 등이 이곳의 고급 빌라를 구입하여 화제가 되었다. 모두 35개의 특급 호텔, 고급 빌라, 아파트, 고급 쇼핑센터, 요트장 등 레저 시설이 들어선다.

팜 주메이라보다 약간 더 큰 팜 제벨알리도 17개의 야자수 잎 그리고 초승달 모양의 방파제로 이루어져 있다. 지름 7.5km, 면적 52.5km² 규모이며 섬 한복판에는 고층빌딩으로 이루어진 중심가가 조성된다. 지름 14.5km, 면적 200여km²로 가장 규모가 큰 팜데이라는 야자의 줄기부분과 41개의 잎, 그리고 초승달 모양의 방파제로 구성된다. 주거지역은 잎 부분에 들어서며 총 8,000개의 2층짜리 타운 하우스가 지어질 예정이다.

더 월드

두바이 해안 앞에 펼쳐진 아라비아 만의 푸른 바다 위로 세계 지도 모양의 인공섬이 떠오르고 있다. 인간이 자연을 창조하는 현장이다. 해안에서 8km 떨어진 바다 위에 조성되고 있는 더 월드 프로젝트는 두바이의 야심찬 대형 개발 프로젝트다. 두바이 해안에서 8km 떨어진 아라비아 만에 가로 9km, 세로 6km, 면적 50km²의 원형 해상을 조성하고 300개의 크고 작은 섬으로 세계지도를 만들어 각각의 나라에 고급 주택과 호텔과 쇼핑몰을 조성한다는 계획이다.

섬의 모양은 아시아, 아프리카, 유럽, 남북 아메리카, 오세아니아 등 지구의 6대륙 국가를 본뜨고 있다.

두바이랜드

두바이에서 아부다비 방향으로 가는 사막 4,271만여 평에 조성 중인 두바이 랜드는 두바이 정부가 '2018년까지 관광객 유치 1억 명 달성'을 목표로 힘을 기울이고 있는 세계 최대 테마파크다. 미국 디즈니랜드 2배에 육박하는 초대형 테마공원인 두바이 랜드는 대형 유리돔 안에 인공으로 조성한 열대 우림과 스키 슬로프, 각종 놀이 시설과 박물관 등으로 꾸며진다.

영국의 할크로우라는 업체가 총 설계를 맡고 있으며, 2007년까지 1단계 공사를 마무리하고, 2018년까지는 모든 프로젝트를 완료할 계획이다. 6개 테마 지역을 건설하는데 들어가는 총사업비는 무려 50억 달러이다. 이런 두바이 랜드가 완공되면 하루 평균 20만 명 연간 7,280만 명에 달하는 관광객을 유치할 수 있을 것으로 전망되고 있다.

스키 두바이

세계 최대의 쇼핑센터라는 에미리트 몰 안에 들어 있는 실내 스키장인 '스키 두바이'는 높이 62m, 길이 400m, 면적 3,000km²로 실내 스키장으로는 세계 3위의 규모다. 연간 관광객 1억 명을 끌어들이겠다는 셰이크 모하메드의 야심찬 두바이 드림 중 하나로 2005년 10월 완공되었다.

10억 달러가 투입되어 다양한 난이도의 인공 슬로프 5개를 갖추고 최대 1,500명을 수용할 수 있다. 천장에서는 제설기가 눈을 펑펑 쏟아 내고 고드름과 얼음동굴, 살을 에는 겨울폭풍도 인공적으로 만들어져 진짜 겨울 맛을 느끼게 한다. 인공 슬로프 위에 50cm 두께로 깔린 눈은 6,000톤에 이른다.

가장 큰 문제는 역시 온도 유지인데, 영하 7℃ 안팎의 실내온도를 유지하기 위해 특수 벽이 제작됐으며, 안과 밖의 온도차가 60℃나 되기 때문에 이용객이 감기에 걸리는 것을 막기 위해 서서히 온도에 적응할 수 있는 시설도 갖춰져 있다. 2006년 2월 마리아 샤라포바가 이곳에서 열린 프로모션 투어에 참가해 세계인의 눈길을 끌기도 했다. 사막에 실내 스키장을 만들어 운영하는 것은 그 사업 자체로만 보면 적자이지만, 쇼핑몰과 연계하여 마케팅을 극대화하자는 전략이다.

하이드로 폴리스

두바이 개발을 바다 속이라고 해도 예외가 아니다. 주메이라 해변에서 200m 떨어진 곳에서 20m 해저에 세계 최초의 해저 호텔인 하이드로폴리스 건설이 추진되고 있다. 모두 5억 5,000만 달러가 투입되는 하이드로폴리스를 지음으로써 팜 아일랜드와 버즈 알 아랍 호텔을 연계한 대규모 해

양파크를 건설, 세계적인 관광명소로 부각시키겠다는 것이 두바이 정부의 의도이다.

하이드로 폴리스는 객실 220개를 갖춘 초호화 특급 호텔로 스파 시설, 컨벤션 시설, 해저 빌라 등 각종 부대시설이 들어서며 육지와 호텔을 잇는 300m 길이의 해저 터널 잠수함 선착장까지 갖출 예정이다. 물의 도시로 불릴 이 해저 호텔은 두께 18cm의 투명 유리로 둘러싸인 3층 건물로 콘크리트와 철재 플렉시 글라스라는 비행 창문용 강화 아크릴 유리를 사용해 지어질 예정이다.

200여 개의 객실과 식당, 쇼핑 상가로 구성된다. 호텔 본체는 밀폐된 공간의 특성상 손님이 느끼기 쉬운 불안감을 해소하기 위해 인공으로 낮과 밤을 연출하는 조절시스템을 갖추는 등 세심한 신경을 기울이고 있다.

에미리트 골프 클럽

두바이 시내에서 차로 10분 정도 거리의 사막 한복판에 있는 에미리트 골프 클럽은 중동지역 최초의 잔디코스로 유명하다. 1988년에 개장한 이 골프장은 셰이크 모하메드가 수십억 달러의 오일 달러를 들여 건설한 오아시스로 불린다. 미국의 골프장 디자이너 칼 리튼이 참여해 사막 위에 현대식 디자인으로 설계됐으며, 미국의 골프 월간지 골프다이제스트가 선정한 세계 100대 코스의 하나에 오른 명문 골프장이다.

1989년부터 유럽프로골프(EPGA) 투어인 두바이 데저트 클래식을 유치해 타이거 우즈, 어니 엘스 등 스타플레이어들이 펼치는 '사막의 그린 결투장'으로 유명세를 타고 있다. 하지만 사막 위에 건설한 데다 무더운 날씨에 푸른 잔디를 유지하기 위한 코스관리가 가장 큰 고민거리다. 코스관리를 위해 땅 속에 총 30.5km에 달하는 파이프라인과 700개의 스프링클러를 통해 석유보다 비싸다는 물을 하루에 최고 1,000만 리터나 쏟아 붓고 있다. 엄청난 골프장 관리 비용 때문에 수익은커녕 만성적자에 시달리고 있지만, 매년 세계 톱스타들이 출전하는 국제대회를 개최하면서 관리 비용을 훨씬 웃도는 부대 수익을 올리고 있다.

시 티

지식경제시대의 도래에 대등하기 위해 조성한 '두바이 테크놀로지-미디어 프리존' 사업 역시 두바이다운 발상이다. 자유지역의 핵심은 인터넷 시티, 미디어 시티, 지식 마을이다. 인터넷 시티는 e-비즈니스와 정보통신기술산업의 허브를 목표로 하여 2000년에 개장했다. 여기에는 마이크로소프트, 아라클, 컴팩, HP, IBM 등 700여 회사가 입주해 있고 6,000여 명에 이르는 고급 인력이 근무하고 있다.

특히 인터넷 시티는 IT 강국 인도가 지척에 있어 신기술 노하우와 값싼 고급인력을 실시간으로 수급할 수 있다는 것도 강점이다. 2001년 개장한 미디어 시티는 세계 미디어 기업에게 '창조하는 자유'를 제공하는 것을 모토로 내세우고 있다. BBC, CNBC, 타임 등 850여 개 기업에서 8,000여 명의 미디어 관련 인력이 근무하고 있다.

지식마을은 인터넷 시티와 미디어 시티에 입주한 기업에 인력을 공급하는 대학이 밀집한 지역으로 현재 서던퀸즈랜드대, 미들섹스대 등 영국과 호주의 대학 분교 6개가 입주해 있고, 그 숫자는 계속 늘어날 전망이다.

두바이 당국은 또 외국인에게 세계 최고 수준의 의료서비스를 제공하기 위해 2010년 완성 계획으로 헬스 케어 시티를 짓고 있다. 하버드와 존스홉

킨스 대학의 고급인력이 투입되는 헬스 케어 시티는 두바이의 지정학적 장점을 최대한 살려 연간 750억 달러에 이르는 중동지역이 의료비 지출을 모두 두바이로 가지고 오겠다는 전략이다.

11만 평의 부지에 종합 병원뿐만 아니라 생명과학연구소, 의과대학, 간호대학, 스포츠센터 등이 들어서고 최고급 호텔과 레스토랑, 쇼핑몰이 함께 입주한다. 특히 이란, 이라크, 시리아 등 중동지역에는 정세가 불안한 나라가 많아 안정된 환경에서 하버드와 존스홉킨스 대학의 최고 의료서비스를 받으려는 잠재 수요층이 풍부하다.

이들 각종 시티는 프리 존이라는 이름에 걸맞게 사업 가동 후 50년 동안 법인세는 물론, 소득세와 관세가 100% 면제되며, 공장이나 사무실 등 부동산에 대한 완전한 소유권도 인정된다. 본국으로의 송금과 환전에 대한 규제도 없다. 아랍국가에 일반적으로 적용되는 스폰서 제도도 여기에 적용되지 않는다. 두바이는 자유지역을 외국 기업 유치의 지렛대로 활용하면서 중동의 무역과 지식산업의 허브로 키우고 있다.

통찰력과 상상력으로 비전을 제시

…당신의 눈망울 속에 나를 담아 주세요.

그 눈망울 속에 나를 담아 주세요.

그 눈망울 속에서 살 수 있도록.

어쩔 수 없더라도 그 눈 깜빡이지 마세요.

당신에게 잡혀 있는 나를 떨어뜨리지 마세요.

슬프더라도 눈물 흘리지 마세요.

그 눈물이 홍수되어 쏟아지면 나도 함께 쓸려가 버리니까요…

오늘날 두바이라는 꿈의 나라가 건설된 이면에는 무슨 딱딱하고 거창한 국가 발전 리포트가 아니라, 바로 이같은 시적 상상력과 창의력이 자리 잡고 있다. 위의 시는 셰이크 모하메드가 지은 것이다. 그는 어릴 때부터 시와 함께 자랐으며, 지금도 시를 통해 영감과 상상력을 얻는다고 했다. 현재 두바이에서 진행되는 온갖 기발한 이벤트와 건축물은 바로 그의 또 다른 시작(詩作)인 셈이다.

그의 다른 시를 보면 국가 개조에 대한 의지가 잘 나타난다.

…누구든지 원하는 자는 열심히 헌신할 지라

영광은 오늘에 있나니

지난날의 영광은 잊어버려라

고난을 사랑하기에 어려움이 밀려올수록 난 의기양양하리라

고난은 나의 친구이기에 기꺼이 맞아들이리라…

셰이크 모하메드 '도전'이란 제목의 이 시에서 두바이를 향한 자신의 의지를 묘사했다. 1995년 그가 왕세자로 지명된 뒤 15년 동안 두바이는 혁명적인 개조의 길을 걸어왔다. 그의 전략은 성공했고, 지난 10년간 두바이의 명목 국내총생산은 80억 달러에서 200억 달러로 폭증했다. 이는 두바이의 석유가 곧 바닥날 것으로 판단한 셰이크 모하메드가 관광, 금융, 무역, 엔터테인먼트, 전시회 등의 아이디어로 승부를 건 결과이다.

단계적 훈련으로 미래를 준비

지도자는 체계적인 훈련을 거쳐야 한다. 셰이크 라시드는 제왕학 차원에서 아들 중 가장 영특한 셰이크 모하메드로 하여금 은행원, 건축가, 상인, 학자, 등 다양한 엘리트 집단과 자주 만나도록 했다. 영국에서 영어교육과 군사교육을 받았고, 이후 그는 경찰국장을 비롯하여 단계적으로 리더십 훈련을 받았다. 매번 자신감과 단호함과 상상력을 동원하는 그를 보고 아버지와 형은 무제한의 신뢰를 보내기 시작했다.

1995년 셰이크 모하메드가 차기 지도자로 지명되자, 그는 두바이의 21세기 비전을 발표했다. 2011년까지 탈석유 산업의 구성 비율을 100%로 확대하는 계획을 세웠다. 셰이크 모하메드는 평소 "내게 가장 큰 영향을 끼친 존재는 아버지이며, 그로부터 무슨 결정을 내릴 때 인내심과 신중함을 배웠다."고 말했다. 아들은 항상 아버지보다 앞서 나갔다. 그는 "나는 항상 상황을 지켜본다. 그리고 사람들 표정을 읽고 결정을 내린다. 하지만 결정 후에는 전광석화처럼 움직여야 한다"고 말했다.

강력한 추진력

셰이크 모하메드의 위대한 리더십이 돋보이는 것은 그가 행정 규제로는 경제 발전을 기할 수 없다는 점을 간파하고 있었다는 데 있다. 그는 평소 "두바이에서는 실패를 제외한 모든 것이 가능하다"면서 규제 철폐에 총력을 기울였다. 그는 2004년 5월 16일 세계 경제 포럼에 참석하여 "불가능이란 단어는 지도자의 사전에 들어 있지 않습니다. 도전이 아무리 크다 해도, 강력한 믿음과 결단력과 결의는 불가능을 극복할 것입니다"라고 말했다.

그는 인터넷 시티, 미디어 시티 등 다양한 형태의 자유지역을 지정하여 마이크로소프트, 시스코, CNN, 로이터 등 세계적인 업체를 마음껏 끌어들이는데 성공했다. 또 현재 두바이에는 용적률이나 층고 제한이 거의 없어 건축업체에는 천국이나 다름없다.

시적인 상상력을 바탕으로 한 그의 아이디어는 그칠 줄 몰랐다. 비수기 때 세계 부자의 돈을 끌어들일 목적으로 1월 중순부터 2월 중순까지 두바이 쇼핑 페스티벌이란 대대적인 바겐세일 행사를 진행하고, 6월부터 8월까지도 이와 비슷한 두바이 여름 깜짝 세일 축제를 개최한다. 지금도 셰이크 모하메드는 늘 새로운 아이디어가 넘치고 있다. 그는 '미래를 바꾸려고 시도하지 않는 사람은 과거의 노예 상태로 머무르게 될 것'이라고 외치고 있다.

종교와 국적 불문, 인재 유치

셰이크 모하메드를 이야기하면서 반드시 빼놓을 수 없는 것이 바로 그의 뒤에서 온갖 실천 아이디어를 제시하는 싱크 탱크다. 그는 "우리는 비전에 의해 움직이고 용기를 가지고 있다. 내 뒤에는 열심히 일하는 젊은 싱크 탱크가 있다. 내가 아이디어와 목표를 제시하면 그들은 실행에 옮긴다"라고 말했다.

두바이 현지에서 여러 가지 정황을 종합해 보면, 이 브레인 집단은 영국 옥스퍼드대 박사 출신을 주축으로 세계에서 모여든 2,000명의 전문가다. 이들은 두바이 시내 빌딩에 사무실을 얻어 놓거나 '두바이 아이디어 오아시스' 등의 이름으로 셰이크 모하메드의 뒤에서 싱크 탱크를 구축, 다양한 세부전략을 마련하고 있다.

셰이크 모하메드는 하루 24시간 이들과 긴밀한 연락을 주고받는다. 그는 이들을 수시로 집무실이나 사막 휴양소로 불러 묻고, 듣고, 토론한다. 종교와 국적을 불문하고 세계 최고의 기술과 실력을 갖춘 사람은 유치한다는 것이 셰이크 모하메드의 전략이다.

그는 "번영은 기술과 돈이 가져 오는 것이 아니라 오직 사람만이 가져온다"면서 "가장 유능한 팀은 1 더하기 1을 11로 만든다"고 밝혔다. 그리고 그는 "이 싱크 탱크를 통해서 나는 과거의 경험을 되살리기는 하지만 누구의 것이든 복사하지 않는다. 두바이에서 추진되는 그 어떤 것도 복사나 복제품이 아니다"라고 말했다.

끊임없는 도전정신

셰이크 모하메드는 체질적으로 불가능과의 전쟁을 즐긴다.

"나는 도전을 좋아한다. 불가능한 것을 보면 그것을 가능한 것으로 만들고 싶어한다. 어떤 꿈이든 현실화시킨다"고 말했다. 또 어느 잡지와의 인터뷰에서는 "내 아버지는 역사가 쓰여지길 기다리지 않았다. 그는 역사를 만들었다. 다른 사람이 우리에 대해 쓰기 전에 우리가 먼저 역사를 썼다"고 말했다.

『알 사다』라는 잡지의 기자와 만나서는 "누구든 10년 앞에 무엇이 벌어질지 예언하기는 불가능하다. 그러나 한 가지는 말할 수 있다. 앞으로 3년 이내에 두바이는 지금보다 2배는 더 부유해질 것이다"고 선언했으며 그의 예언은 그대로 지켜졌다. 하지만 셰이크 모하메드는 조심할 줄도 아는 지도자이다. 그는 '사슴은 사자보다 더 빨라야 잡히지 않고, 사자는 사슴보다 늘 빨라야 굶어 죽지 않는다는 사실을 늘 깨달아야 한다' 는 아프리카 격언을 늘 인용하면서 국제사회에서 두바이가 살아갈 길을 제시하고 있다.

지금도 두바이에서는 셰이크 모하메드의 지휘 아래 초대형 프로젝트들이 기적처럼 진행되고 있다.

모하메드 셰이크는 항상 국민에게 경고한다.

"국민들께 고합니다. 만일 우리 스스로 변하지 않는다면 우리는 누군가에 의해 변화를 당할 것입니다."

일부 매스컴에서는 2009년 두바이월드가 모라토리움(채무 지불유예)을 선언하면서 두바이 신화는 빚더미 위에 쌓은 신기루라고 비판하고 있으나, 두바이 지도자들은 너무 짧은 시간에 많은 일을 하면서 시행착오를 겪고 있지만 일시적 어려움일 뿐 반드시 성공할 수 있다고 믿는다며 자신감을 나타낸다. 모하메드 셰이크의 강력한 리더십으로 어려움을 극복하고 중동의 유토피아로 우뚝 설 것이라는 미래의 희망에 국민들은 신뢰를 보내고 있다.

MS사 설립자 **빌 게이츠**

대학 중퇴 후 컴퓨터 하나로
세계를 지배하다

빌 게이츠 (1955~)

·**1955**년 10월 28일 미국 시애틀에서 출생 · **1973**년 미국 하버드대학교 법학과 입학
·**1974**년 최초의 소형 컴퓨터용 언어베이직(BASIC) 개발
·**1975**년 하버드대학교 수학과 중퇴 · **1975**년 마이크로소프트사 설립
·**2000**년 빌 앤드 멜린다 게이츠 재단 설립 · **2005**년 타임지 선정 '올해의 인물'
·**2010**년 MS사 회장
·**2012**년 빌 앤 맬린다 게이츠 재단이사장

빌 게이츠의 리더십 포인트

- 고객 중심의 사고방식이 필요하다.
- 직원들에게 '내가 지금 하고 있는 프로젝트가 아주 중요하다'는 생각을 심어 줄 필요가 있다.
- 업무 진행상황을 투명하게 공개하라.
- 프로젝트를 원활하게 운영하려면 터놓고 대화를 나눠야 한다.
- 팀원 사이에는 비밀이 없어야 한다.
- 팀원들의 경쟁심리를 자극하라.

대학 중퇴 후 컴퓨터 하나로 세계를 지배하다

MS는 1975년 빌 게이츠(Bill Gates)와 폴 앨런(Paul Allen)이 설립하였다. 1980년대 초 IBM 개인용 컴퓨터 PC가 대중의 폭발적인 인기를 얻으며, 그 운영체제인 MS-DOS(disk operating system)를 제작한 마이크로소프트도 급성장하기 시작하였다. MS-DOS는 이전에 등장한 개인용 컴퓨터의 운영체제보다 사용이 편리하고 배우기 쉽다는 점 때문에 초창기의 수많은 경쟁업체들을 제압하고 개인용 컴퓨터 운영체제의 대명사가 되었다.

그 후 하드웨어의 발달에 힘입어 등장한 그래픽 운영체제에 대응하여 출시한 윈도(Windows) 시리즈도 계속 성공을 거두어 창업자인 게이츠를 40대 초반에 세계 최대 갑부 중 한 사람으로 만들었다.

현재 마이크로소프트는 윈도 컴퓨터 운영체제뿐만 아니라 마이크로소프트, 오피스 등 종합 소프트웨어를 개발·보급하고 있으며, 인터넷 익스플로러를 개발하여 인터넷 통신사업의 선발업체인 넷스케이프(Netscape)를 위협하고 있다.

이밖에도 '손가락 하나로 모든 정보를' 이라는 모토 아래 이동통신 분야에 활발히 투자하여 2000년대 초반에는 인공위성을 이용한 글로벌 통신망 구축이라는 야심찬 사업 계획을 추진하고 있다. 한국에는 한국마이크로소프트라는 지사를 설립하여, 미국 본사에서 개발한 소프트웨어를 한글화하여 판매하고 있다.

그는 마이크로소프트사의 회장이자 최고 경영자이다. 1955년 미국 시애틀에서 태어나 13세 때부터 프로그래밍을 하기 시작하였다. 1973년 하버드 대학에 입학했으나 장차 개인용 컴퓨터가 모든 사무실과 가정에 중요한 도구로 자리 잡게 될 것을 예견, 1975년 학교를 그만두고 폴 앨런과 함께 마이크로소프트사를 설립했다.

빌 게이츠는 탁월한 비전과 끊임없는 연구로 보다 많은 사람이 보다 쉽고 재미있게 소프트웨어를 이용할 수 있도록 하였으며 컴퓨터 산업을 눈부신 발전과 진보의 길로 이끌었다. 빌 게이츠가 마이크로소프트사에서 개발한 주요 소프트웨어로는 MS-DOS, EXCEL, WINDOWS 등이 있다.

MS는 1975년 하버드 대학을 중퇴한 어리벙벙해 보이는 청년 빌 게이츠에 의해 세워졌다. IBM의 중견 간부가 마이크로소프트의 사무실을 방문했을 때 의자에 파묻혀 있는 한 청년을 가리키며 "저 사람은 누구입니까?"라고 물은 일이 있는데 그가 바로 빌 게이츠였다.

빌 게이츠는 무(zero)에서 시작하여 혁신적인 사업 방식으로 25년 만에 시가 총액 600조의 대제국을 건설한다. 그렇다면 마이크로소프트는 어떻게 세계 최고의 시가 총액을 자랑하는 회사가 되었을까? 뛰어난 기술, 자본력, 단기적인 수익 모델? 셋 모두 다 아니다. 마이크로소프트의 성공비결은 비즈니스계의 상식을 깨는 세 가지 혁신에 있었다.

작고 가벼운 것이 무겁고 큰 것을 이긴다.

1970년대 컴퓨터 시장은 하드웨어를 중심으로 형성되어 있었다. IBM을 필두로 많은 기업들이 하드웨어 시장에만 주력했고 소프트웨어는 하드웨어에 끼워 파는 부속품 정도로 생각했다. 게다가 당시의 하드웨어 생산업체들은 자신의 제품을 배타적으로 사용하게 할 목적으로 각 회사마다 독자적인 소프트웨어를 개발했다.

그 결과 다른 컴퓨터에서 자료를 복원시킬 경우 자료가 한꺼번에 날아가는 끔찍한 일이 자주 발생했다. 컴퓨터 사용자들은 질이 다소 떨어지더라도 다른 컴퓨터에서도 사용할 수 있는 소프트웨어를 열망하고 있었는데 빌 게이츠가 이것을 이룩한 것이다.

단기적인 이익보다 인기(표준화)가 중요

빌 게이츠는 자신의 소프트웨어를 컴퓨터 생산업체에게 헐값으로 장착시켜 소프트웨어 업계의 관행을 깨버린다. 1981년 빌 게이츠는 자사의 MS-DOS를 IBM에 납품하게 되는데, IBM에서는 MS-DOS 이외에도 2가지의 소프트웨어를 선택 사양으로 내놓았다. 당시 MS-DOS는 세 가지 제품 중 가장 조잡하고 버그가 자주 발생하는 프로그램이었다.

그러나 타사 제품에 비해 MS-DOS는 절반 또는 3분의 1 가격 밖에 되지 않았다. 사용자들이 요구하는 제품 수준에서 크게 떨어지는 것도 아니었다. MS-DOS의 인기가 높아지자 다른 컴퓨터 제조업체들도 MS-DOS를 장착하게 되고 마이크로소프트는 하루아침에 수억 달러의 매출을 올리는 회사로 성장한다.

기술보다 중요한 것은 시장

소형 컴퓨터 시장에 뒤늦게 뛰어든 IBM사는 소프트웨어를 사오기로 결정한다. 당시 OS(컴퓨터 운영시스템)업계의 최고 실력자는 디지털 리서치사. IBM은 디지털 리서치사의 문을 두드리나 보기 좋게 퇴짜를 맞는다. 새로운 컴퓨터에 맞는 OS를 개발하는 데는 시일이 너무 촉박하다는 이유 때문이었다.

반면 빌 게이츠는 OS를 새로 개발하는 것을 포기하고 디지털 리서치사의 제품을 모방한 Q-DOS를 사서 업데이트하기로 결정한다. 그것이 바로 MS-DOS이다. 기술적인 완벽성만을 추구하다보면 PC 소프트웨어 산업 같이 급속하게 발전하는 분야에서는 성공할 수 없다고 생각했기 때문이다.

인터넷 기업들의 주가가 폭락하면서 기술력과 수익 모델을 갖춘 회사에만 투자해야 한다는 의견이 유행처럼 번지고 있다. 그러나 사업의 세계와 시장은 단기적인 수익 모델과 기술에 의해 돌아가지 않는다. 유행병이 치유되고 나면 사람들은 다시 장기적인 사업 모델과 장래의 시장 수요에 초점을 맞출 것이다.

이제 그의 '비전을 현실화하는 경영전략 5가지'를 알아본다.

경영전략

1970년대에는 집 한 채만한 크기의 대형 컴퓨터(mainframe computer) 밖에 없던 시절이었는데, 빌 게이츠는 두 가지의 획기적인 가정 아래 사업을 시작한 것이다.

첫째는 컴퓨터의 소형화와 대중화에 대한 신념이었다. 신제품의 수요예측이란 항상 힘들게 마련이지만 컴퓨터의 경우는 더욱 그러했다. 1950년대 컴퓨터가 처음 도입될 때 어느 교수는 전 세계에 10대 이상 팔리기 힘들 것이라는 분석을 내놓은 사례도 있다. 그러나 이 대형 컴퓨터의 수요가 늘어나기는 했어도 개인 혹은 가정에서 컴퓨터를 사용한다는 것은 상상하기 힘들었다. 그러나 빌 게이츠는 라디오도 발명 후 점차 소형화 · 대중화된 예를 들면서 PC(personal computer) 시대의 개막을 예고한 것이다.

두 번째 발상의 전환은 이러한 PC 시대가 오더라도 실제로 PC를 만들기보다는 거기에 사용되는 운영체계만을 다루겠다는 선택이었다. 즉 하드웨어로부터 독립된 소프트웨어만의 상품성을 깨달은 것이다. 그리고 부수적으로는 고객마다 특화된 제품이 아닌 통일된 패키지 소프트웨어 시장을 주창하고 나섰다. 이러한 빌 게이츠의 20살 때 가졌던 비전은 오늘날 그대로 현실화되었다. 그러나 그 꿈이 이룩되기 위해서는 빌 게이츠만의 지식 경영이 필요했다. 즉 비전을 현실화할 수 있었던 그만의 경영전략이 있었기에 그는 세계 최고의 지식 경영자가 된 것이다.

MIT의 쿠수마노 교수는 1995년 마이크로소프트사의 성공 비결을 소개하면서, 그 중 첫째로 훌륭한 인재의 등용과 적재적소適材適所의 배치를 들고 있다. 몇 년 전 '인사가 만사' 라는 말이 회자되어 그 진정한 의미가 퇴색된 면이 없지 않으나, 지식 경영의 가장 중요한 요체는 바로 사람을 제대로 쓰는 데 있다. 시스템이 아무리 완벽하더라도 그것을 실제로 운영하고 적용하는 것은 사람이다.

빌 게이츠의 경우 본인의 능력도 출중하지만 주위에 자신이 즐겨 쓰는 표현으로 'smart people'로 둘러싸여 있다. 스티브 발머(Steve Ballmer) 사장, 나탄 미어볼드(Nathan Myhrovold) 기술 고문으로 대표되는 빌 게이츠의 인재 풀은 MIT, 하버드, 스탠포드 출신들이 망라되어 있으며, 특이한 점은 과거에 타 업종이나 경쟁사에서 좌절한 경험이 있는 사람들도 제법 있다는 사실이다. 이는 실패를 두려워하지 않고 인재의 참 가치를 찾아내어 귀중하게 재활용하는 마이크로소프트의 기업 문화가 존재하기 때문이다.

세 번째 지식 경영 전략은 기술에 대한 이해와 사랑이다. 빌 게이츠는 사업 초기에는 물론 1980년대 초반까지 직접 소프트웨어를 제작(programming)하는 작업에 참여했으며, 그 후 회사가 커지면서 경영에만 전념하게 되었지만, 여전히 전 제품의 개발과정에 간접적으로 관여하고 있다.

마이크로소프트 내에서는 개발부서에서 미처 못 잡아낸 오류(bug)들을 한 번 훑어보고 잡아낸 빌 게이츠의 일화들이 수없이 많다. 지식 경영을 위해서는 빌 게이츠의 표현대로, 'falling in the love with the technology'가 필요한 것이다.

네 번째 지식 경영 전략은 기술과 시장의 접목이다. 기술적인 측면에만 매료되어 고객의 수요와 부조화가 되면 그 기술은 무용지물이 되는 것이다. PC 소프트웨어 시장에서 수없이 소멸해 간 마이크로소프트의 경쟁사 중에는 빌 게이츠의 제품들을 유치하고 단순한 것이라고 평가 절하했다가 소비자들이 선택하기 쉬운 것을 선호하는 바람에 시장을 잃은 예가 많다.

빌 게이츠의 마지막 지식경영 전략으로는 철저한 준비정신을 들 수 있다. PC에 들어가는 반도체 칩을 만드는 인텔(Intel)사의 그로브 회장은 'only the paranoid survive'라는 유명한 말을 한 적이 있다. 그의 자서전 제목으로도 사용된 이 말은 직역하자면 '편집증 환자만이 살아남는다'라는 뜻인데, 끊임없이 미래를 준비하고 대처하는 회사만이 초 단위로 변화하는 경쟁시대를 이겨 낼 수 있다는 의미다.

빌 게이츠는 1년 후, 3년 후, 10년 단위별로 미래에 대한 비전을 갖고 사업 계획을 준비하면서도 유연성과 민첩성을 추구하는 경영자이다. 1996년 인터넷에 대한 주도권을 넷스케이프(Netscape)라는 복병에 빼앗기자, 빌 게이츠는 회사의 전 역량을 인터넷 사업에 집중시켜 1년 안에 'Internet Explorer'라는 검색기를 넷스케이프와 동일하게, 아니 오히려 능가하는 수준으로 올려놓았다.

이처럼 역전이 가능했던 이유는 여기저기 사업 영역에 조금씩이라도 투자하여 현재의 경쟁 환경을 바꿔놓을 만한 새로운 상황이 등장하게 되면 곧바로 방향 전환을 할 수 있는 여건을 마련했기 때문이다. 현재 마이크로소프트는 전화, 유선방송, 위성사업, 출판사업, 방송사, 여행사, 금융업 등 다양한 분야에 걸친 소액투자(seed money investments)로 미래 환경에 대비하고 있다.

앞서 말한 빌 게이츠의 'smart people'을 등용한 지식 경영을 알아보자.

앞에서 열거한 빌 게이츠식 지식 경영의 핵심은 무엇인가? 과거 전통적인 경제학에서 다뤘던 자본(capital)과 노동(labor)이라는 이분법적 요소 환경을 초월해서 지식(knowledge)이라는 새로운 핵심자원을 기반으로 최대의 생산성을 올리자는 것이다.

몸이나 돈으로 싸우기보다는 머리로 경쟁하는 경영 전략이다. 그렇다고 완전히 생소한 전략이라기보다는 인재를 최우선으로 하고 조직적인 지식 개발과 운영을 통해 비전을 현실화하는 경영 기법이다. 신지식을 유일한 기준으로 하여 학력이나 학벌을 초월한 'smart people'을 등용함으로써 기존의 경영을 최대로 합리화 - 효율화 - 유연화 - 신속화 하는 것이 빌 게이츠식 지식 경영이다. 빌 게이츠는 전에 사이버 경영 시대를 헤쳐 나갈 수 있는 지침서인 『Business @ The Speed of Thought』를 발간했다.

이 책에 따르면 사이버 경영의 핵심은 적합한 상품의 기획, 차별화된 고객서비스의 제공, 근로자에 대한 능력 부여, 그리고 시장 상황 변화에 대한 대응을 위해 빠르고 정확한 정보를 이용하는 새로운 사업방식에 있다고 한다. '정보와 지식을 어떻게 사용하느냐에 따라 사업이 번창하느냐 실패하느냐가 결정된다'는 것이다.

21C의 경영 환경은 빌 게이츠 책의 제목처럼 광속도보다 빠른 사고의 회전 속도만큼 급변할 것이다. 새 천년에는 과거의 낡은 틀을 깨는 새로운 패러다임이 필요하고, IMF 구제금융 사태를 겪은 우리나라로서는 더욱더 절실한 것이 바로 빌 게이츠식 지식 경영이다.

그렇다면 우리는 앞서 살펴본 빌 게이츠와 성공 요인 표준을 개발하고 확장하는 과정에서 보여 준 그의 전략을 어떻게 기업 경영에 유용하게 쓰일 수 있는지 조망해 보아야 할 것이다.

'공적 표준'과 '사실상 표준' 모두 기업들이 당면한 현안이다. 국내 기업들은 미국식 글로벌 스탠더드 WTO 체제 정부정책 등 '공적 표준'에 대응해야 한다. 그리고 소프트웨어 디지털 기기 시스템 설계 등에서 사실상 표준을 주도하여 유리한 고지를 선점해야만 한다. 그렇다면 우리 기업들이 배워야 할 전략적 기업 경영에 대해 자세히 살펴본다.

기업 경영 노하우

첫째, 무기가 되는 표준을 개발해야 한다.

빌 게이츠는 경쟁력 있는 운영체제를 구입, 개발·개량하여 주도권을 장악했다. 21세기 초는 글로벌화와 표준화가 한층 심화될 것이다. 표준을 미리 알고 공격적으로 프론티어에 나서는 기업만이 승리한다.

IMF 사태 이후 우리의 정체성을 비하하면서 미국식으로 기울어지고 있는데, 표준이라는 시각에서 볼 때 이는 실패로 가는 길이다. 고유한 시스템과 외래제도를 결합해 우리에게 강점이 되면서 세계에 통용되는 방식을 창안할 필요가 있다. CDMA · MPEG 등과 같이 세계 표준으로 채택될 수 있는 기술을 개발해 나가야 한다.

둘째, 초기 시장을 선점해야 한다.

빌 게이츠는 베이직 언어, IBM, PC의 운영체제를 통해 표준으로 자리 잡았다. 무료 배포, 불완전한 제품의 조기 출시 등은 서둘러 표준을 선정하기 위한 것이었다. 국내 기업은 고유의 강점이 있는 제도를 정립하고 사내와 국내에서부터 표준으로 정착시키는 것이 바람직하다.

정부와 협력하여 회계·조세·환경 등 글로벌 스탠더드의 수용이 시급한 부문을 우선 변화시키고 난 뒤 적용 부문을 넓혀가야 한다. '사실상 표준'은 조기 출시, 대형 고객 확보, 공격적 마케팅 등으로 시장을 선점하는 것도 중요하다. 표준에서 경쟁자가 될 가능성이 있거나 앞서 있는 기업에 대해서는 제휴 혹은 인수를 제의하도록 한다.

셋째, 표준의 힘을 이용하여 영역을 확장해 나간다.

빌 게이츠는 PC의 중심에 있는 운영체제에서 출발하여 주변으로 뻗어 나갔다. 이 때 운영체제에서 벌어들이는 자금과 소스 코드를 장악한 데 따른 기술적 우위를 충분히 활용할 수 있었다.

빌 게이츠는 표준을 장악하여 승자가 되었다. 일부 학자들은 마이크로소프트에 대해 기술력이 떨어지는 데도 산업 표준을 선점함으로써 경쟁사들을 제압했다고 비판한다. 초기 윈도와 매킨토시를 비교해 보면 분명히 맞는 이야기이다.

그러나 뛰어난 기술을 갖고서도 표준 장악을 게을리 하면 여지없이 도태당하는 것이 바로 표준경쟁의 특징이다. 많은 기업들이 PC 운영체제의 표준을 장악할 수 있는 기회를 놓쳤다. 제록스, IBM, 애플, AT&T, 디지털리서치 등이 여기에 해당한다. 이들은 표준의 의미를 제대로 이해하지 못하여 역사 속에 묻혀버렸다.

여기서 잘 알 수 있듯이 빌 게이츠는 시장을 선점하고 표준을 장악하는 데 천재적인 재능을 발휘했다. 1980년대 초 MS-DOS를 무료로 뿌리고 무단복제를 허용하여 소비자들이 MS-DOS에 길들여지도록 했다. 다음 제품은 물론 돈을 주고 살 수밖에 없었다. 신제품을 미리 홍보해 고객들이 경쟁사 소프트웨어를 구입하는 것을 막았다. 버그가 있는 불완전한 상태에서 출시하고 사용자들의 불만이 터져 나올 때쯤 개선된 제품으로 교체해 주기도 했다. 기술 완성도보다 스피드를 우선했던 것이다.

국내 기업은 특유의 인사제도나 관리체제를 해외 공장에 이전시키거나 인수한 기업에 이식시킬 수 있다. 탁월한 연구개발 시스템을 보유하고 있다면 성공의 경험을 새로운 사업 분야로 이어 나간다. '사실상 표준'을 적용한 제품의 점유율을 높이거나 새로운 시장을 개척하는 것은 PC 운영체제와 같이 표준이 강력해야 가능한 일이다. 표준의 독점력이 약하다면 코스트·브랜드 등 비표준 수단들을 동원해야 한다.

넷째, 네트워크를 구축하고 아웃소싱을 적절히 배합한다.

국적과 출신을 불문하고 경륜이 있는 인재를 널리 구하여 회사 역량을 극대화했다. 빌 게이츠는 IBM의 지원으로 PC의 최초 표준에 참여하였다. IBM PC 호환 업체들이 마이크로소프트 운영체제를 탑재했기 때문에 빌 게이츠는 네트워크의 심장부에 설 수 있었다. 애플은 1994년에야 자사의 운영체제를 다른 회사 하드웨어에 탑재할 수 있어 기회를 상실했다. 빌 게이츠는 Q-DOS, 파워포인트 등 좋은 소프트웨어가 눈에 띄면 저작권을 사들였다.

업계 차원에서 회계 기준, 윤리 코드 등을 마련하고 국제기구에 전향적으로 참여하였다. 아시아권에 맞는 공적 표준을 제안하고 역내(域內) 협력을 강화할 것이 요구되었다. 사실상 표준에서는 설계, 디자인, 소프트웨어 등의 기준을 개발하고 참여 기업을 늘려야만 한다. 부품을 공용화하고 납품 관계를 개방형으로 바꾸면 조립산업의 경쟁력이 한 차원 높아진다.

마지막으로, 표준을 방어하고 오만을 경계해야 한다.

유능한 후계자를 선발하고 천하 인재가 그를 보필하도록 하는 시스템을 구축하도록 하여야 한다. PC에서 출발한 빌 게이츠의 표준도 영원할 수 없다.

넷스케이프와의 경쟁에서 빌 게이츠는 크게 고전하였다. 개인용 단말기인 PDA에서는 아직 표준에 접근하지 못하고 있다. 독점 인정 판결 이후 마이크로소프트 주가는 5% 정도 하락하였다.

국내 대기업들은 나름의 표준을 방어하지 못하면 몰락할 위기에 처했다. 정부, 금융기관과의 관계, 내부 시장 독과점 지위 등이 모두 위협받고 있어 역동적이면서 투명한 기업 시스템을 창조해 내야만 한다.

빌 게이츠는 마이크로소프트사의 최고 경영자로서 정보화 시대를 열어 가는데 핵심적인 역할을 담당하고 있다. 또한 그는 미래에 대한 통찰력으로 정보화 기술의 확대를 통해 비즈니스 세계가 새롭고 활력에 찬 경제 시대로 나아가는 방법을 제시하고 있다. "정보 기술이 어떻게 조직을 21세기형으로 전환하는 데 도움을 줄 수 있는가"에 대한 영감을 제시하며, 모든 경영자와 관리자들이 이러한 변화의 물결을 전면에서 주도해 나가야 하는 이유와 그 방법에 대해서 주장하고 있다.

또한 컴퓨터 업계는 물론이요 제조업, 서비스업, 제약업, 의료업계 등 전 산업계를 망라하여 정보화 시대를 준비해 가는 선두 주자들의 현재 모습을 특유의 통찰력으로 보여 주고 있다. 뿐만 아니라 디지털 혁명이 교육계와 정부, 행정 당국, 군에 미친 영향과 정보 기술의 올바른 활용 방안에 대해서도 설명하고 있으며, 이것의 중심에 있는 디지털 신경망이 조직과 개인의 미래를 어떻게 변화시키고, 경쟁력을 향상시킬 수 있는가를 다루고 있다.

이제 빌 게이츠는 CEO를 떠나 '빌 앤 멜린다게이츠 재단'을 50조 원을 들여 설립한 후 부인과 함께 전 세계를 다니면서 기업의 사회적 책임을 다

하고 있다. 성공도 중요하지만 사회봉사와 공헌도 중요함을 몸소 실천하

고 있는 것이다.

HP의 CEO **맥 휘트먼**

미국 재계에서 가장 영향력 있는
여성 경영자

맥 휘트먼 (1956~)
· **1956**년 미국 뉴욕 출생
· **1978**년 프린스턴대 경제학 석사, 하버드대 MBA 졸업
· **1979**년 P&G 브랜드 매니저 · **1981**년 베인 & 컴퍼니 샌프란시스코 사무소 부소장
· **1989**년 월트디즈니 마케팅 담당 부사장 · **1998**년 이베이(e-bay) 대표이사 사장
· **2005**년 미국 재계에서 '가장 영향력 있는 여성 50인' 1위
· **2006**년 포춘지 선정 '미국 재계에서 가장 영향력 있는 여성 50인'
· **2009**년 e-bay 사직
· **2011**년 HP CEO 취임

맥 휘트먼의 리더십 포인트

- 나에게 사람보다 소중한 것은 없다.
- 조직 구성원들을 따뜻한 사랑으로 대하라.
- 도전을 두려워 마라.
- 경력 관리를 잘하라.
- 측정 불능이면 관리 불능이다.
- 자료를 철저히 분석하라.
- 부하가 자유스럽게 이야기하도록 하라.

미국 재계에서 가장 영향력 있는 여성 경영자

오프라인이 아닌 온라인에서 까다로운 조건 없이 누구나 자유롭게 팔고 싶은 물건을 등록하고 이를 구매하려는 사람들이 가격 경쟁을 통해서 입찰하는 경매 방식은 우리에게 더 이상 낯설지 않다. 그러나 이러한 온라인 경매가 낯설 뿐만 아니라 그 개념과 성공 여부조차 불확실하던 때에 과감히 이 업계에 뛰어들어 엄청난 성장을 이룩한 기업이 있다. 바로 세계 최대의 전자상거래 업체인 이베이(e-bay)다. 2005년 말 기준으로 등록된 회원 수는 1억 5천만여 명에 달하고(이는 영국과 프랑스, 스페인의 인구를 합친 것과 비슷한 규모이다), 30초마다 노트북 1대, 4초마다 책 1권, 18분마다 자전거 1대가 팔리며, 이곳에서 물건을 사고파는 이들의 거래 횟수는 이제 미국 나스닥의 주식 거래보다 더 많은 인터넷사이트라고 표현하면 경이로움은 더해진다.

'미국 자본주의 역사상 가장 빠른 속도로 성장하고 있는 기업' 이라고 일컬어지기까지 하는 이베이의 탄생, 성장 과정과 함께 이 보고서에서 리더십 포인트를 짚어보려고 하는 최고 경영자인 맥 휘트먼(Meg Whitman)을 영입하게 된 배경 등을 알아본다.

이베이는 일찍이 인터넷의 대중화와 온라인 전자상거래의 수요 증대를 예측한 설립자 피에르 오미디어(Pierre Omidyar)에 의해 탄생되었다. 그러나 수많은 기발한 발명품들의 시작이 그러했듯 이베이 또한 오미디어의 사소한 일상에서 그 개념이 고안되었다. 페즈(Pez)사의 캔디통을 수집하는 여자 친구가 더욱 진귀하고 독특한 것을 찾고 싶다고 투덜대는 소리를 듣고 인터넷으로 물건을 주고받는 전자상거래 방식을 떠올린 것이다.

온라인 경매는 원하는 상품을 찾기 위해 발품을 팔고 시간을 소비해야 하는 구매자의 비경제적 측면을 모두 제거한 획기적인 방안이었다. 그리하여 오미디어는 스탠포드대학교 MBA 출신으로 온라인 캐비닛과 낡은 책상 컴퓨터 한 대가 놓인 그의 아파트를 사무실로 하여 작은 옥션 웹사이트를 열게 되었다.

이들의 시작은 미미하였고 당시 P2P(peer to peer, 인터넷에서 이루어지는 개인 대 개인의 파일 공유 행위를 말한다) 시장은 그리 각광받지 못했다. 인터넷의 보급률이 낮았으며 대중화된다 하더라도 네트워크 인프라가 이를 수용할 수 있을 만큼 빠르게 발전할 수 있을지 확신할 수 없는 상황이었던 것이다.

그러나 이미 많은 벤처 캐피털리스트들은 휴렛 팩커드와 같은 전자기기 제조업체로부터 인터넷을 기반으로 한 회사에게로 관심을 돌렸으며 아이디어와 인터넷을 결합한 사업이 실리콘 밸리를 주도해나갈 것을 예측하고 있었다.

이베이 역시 새로운 시장을 창출할 가능성이 높은 회사에 투자하는 기업인 벤치마크 캐피털의 보브 카글로부터 투자 가능성을 인정받고 나서 500만 달러의 투자비용을 지원받을 수 있었고 이를 통해 사업을 확장할 수 있었다. 그 후로 이베이는 벤치마크 캐피털과 다시 접촉할 필요 없이 사업으로부터 얻은 흑자로 필요한 자금을 조달할 수 있을 만큼 급속한 성장을 이룰 수 있었다.

이처럼 엄청난 속도의 성장은 유능한 인재의 필요성을 대두시켰고 이베이는 곧 회사의 최고 경영자(CEO)를 찾아내야 하는 과제에 직면했다. 마이크로소프트의 빌 게이츠나 아마존의 제프 베조스는 기업의 설립자인 동시에 CEO로서의 역할도 수행할 수 있도록 변신을 꾀했지만, 오미디어는 이베이가 지닌 잠재력을 가시적 성과로 이어 줄 최적의 인재를 원했다. 탐색과 내부 심사를 거친 결과 최종적으로 결정된 사람이 바로 맥 휘트먼이었다. 그녀는 이베이의 기업 문화나 가치관과 부합하는 인물이었고, 그녀의 영입은 이베이가 새로운 국면을 맞이하는 데에 큰 기여를 했다.

항상 새로움에 도전

이미 베인 앤 컴퍼니(Bain & Company), 스트라이드 라이트(Stride Rite), 월트 디즈니 컴퍼니(Walt Disney Company), FTD(Florists Transworld Delivery)와 같은 이름 있는 회사에서 중역의 위치에 올라 커리어를 쌓아가고 있던 맥 휘트먼에게 이름조차 생소한 신생기업 이베이의 CEO는 그리 탐나는 자리가 아니었다.

벤치마크 캐피털의 데이비드 베이른이 이 자리를 제안하기 위해 그녀와 접촉을 시도했을 때 그녀는 장난감 회사인 하스브로 토이즈(Hasbro toys)의 아동사업부 총수를 맡고 있었고, 그 당시 그녀가 보인 반응은 이젠 유명한 일화로 남아 있다.

"데이비드가 나에게 실리콘 밸리에 있는 신생 인터넷 회사인 이베이에 관심 있느냐고 물었을 때 나는 전혀 없다고 솔직하게 대답했습니다. 남편은 신경외과 의사로 매스제너럴 병원에서 뇌종양 프로그램을 운영하고 있었고, 두 아이는 학교에서 행복하게 잘 지내고 있었습니다. 그리고 나는 1년 전에 하스브로로 옮겨왔고 모든 일이 순조롭게 되어가고 있는 상황이었거든요. 그래서 그곳을 나와 5,000킬로미터나 떨어진 곳으로 옮겨 가는 일을 고려할 마음이 눈꼽만큼도 없었습니다."

그러나 베이른의 설득 끝에 그녀는 결국 좁은 임대 사무실에서 근무하는 몇 십여 명의 직원들과 서른 남짓 된 젊은 오미디어의 스콜과 대면하게 되었다. 확신이 서지 않은 상태에서의 방문이었지만 그것이 그녀에게 도전해 볼 가치가 있다는 인식을 심어 주었다.

오프라인을 기반으로 운영되던 것을 단순히 온라인으로 끌어온 형태가 아니라, 온라인에서만 효과적으로 수행할 수 있는 사업 아이템과 이베이 사용자와 시스템이 감성적으로 결합되어 있다는 사실은 휘트먼의 마음을 움직이기에 충분한 이베이만의 매력으로 작용했던 것이다.

웨딩케이크 장식을 수집하는 여성부터 한밤중에 이베이에 접속하지 않으면 잠이 오지 않는다는 주부들까지 웹마스터에게 쏟아지는 편지를 보면서 휘트먼은 점점 확신을 가지게 되었다. 실제로 휘트먼은 감성적인 측면을 매우 중시하는 사람으로, 오미디어와 스콜이 그녀를 원했던 이유 또한 그녀의 성격과 자질이 유저들 사이의 커뮤니케이션을 바탕으로 유지되는

이베이의 기업 문화에 적합하다고 판단했기 때문이다. '감성'이라는 단어
는 이베이의 모토이자, 휘트먼의 경영 방식과 크게 결부되는 부문이다.

결국 휘트먼은 오미디어와 스콜의 제안을 승낙하여 1998년 3월 산호세
로 옮겨왔다. 처음에 휘트먼은 오미디어가 자신에게 어느 정도의 자율권
을 부여할지 가늠할 수 없었고 오히려 여러 사항에 개입함으로써 최고 경
영자로서의 역할을 상실하게 되지는 않을까 염려했다. 그러나 오미디어
는 기술 측면이 아닌 비즈니스 측면의 모든 업무를 흔쾌히 휘트먼에게 위
임했고, 휘트먼은 이러한 환경을 바탕으로 제약 없이 많은 시도를 감행할
수 있었다.

솔선수범

이베이가 불투명한 미래와 비슷한 업종의 수많은 경쟁업체들이 주는 압
력에도 불구하고 성공할 수 있었던 요인은 성장을 이룩하기 전 초창기에
내려진 두 가지 결정 때문이라고 분석되고 있다. 그 결정의 첫째는 모든 사
람이 모든 품목을 팔 수 있게 하자는 것이고, 둘째는 사용자들 사이의 거래
에 간섭하지 않는다는 것이었다. 이러한 결정은 제한된 품목만을 취급하
는 옥션 웹사이트와는 비교할 수 없을 정도의 천문학적 가치를 창출해 내
는 원동력이 되었다.

또한 서로 얼굴을 마주하거나 목소리를 들으며 대화를 나눌 수 없다는
제약에도 불구하고 온갖 물건이 손에서 손으로 전해지는 시끌벅적한 벼룩
시장의 분위기, 한국적으로 표현하자면 정(情)이 오가는 시골장터 분위기
가 느껴지는 공간으로 탄생시킬 수 있었던 것이다.

이러한 분위기는 친구들과 디즈니랜드에 가는 데 돈이 필요하다. 직접

그린 그림을 2달러에 팔고 싶다는 한 어린이의 상품 설명이나 두 살짜리 어린이가 초콜릿 푸딩을 재료로 직접 찍어 낸 손가락 프린팅, 루스벨트 대통령의 친필 서명이 첨부되어 있는 편지와 같은 상품들에 그대로 묻어 나온다. 이처럼 하나의 마을과도 같은 모습은 상호간의 신뢰와 공동 이해를 기반으로 했을 때 나타날 수 있고, 여기에서 우리는 민주적이라는 단어를 자연스레 연상하게 된다.

이처럼 이베이의 독특한 기업 문화는 곧 휘트먼의 경영 방식을 대변하는 것이기도 하다. 절대적인 권한을 행사하여 이른바 '카리스마가 있다'라고 일컬어지는 모습으로 직원들과 기업 전체를 이끌어 나가는 유형의 경영자가 이베이에 적합하다고 말할 사람은 없을 것이다.

"휘트먼은 결코 튀지 않는 리더다. 결코 보스처럼 군림하지 않지만, 임직원들을 훌륭하게 이끌어 간다. 그녀는 다스리지 않는 경영자며 경영하지 않는 경영자다."(유에스 뉴스 앤 월드리포트)의 윌리엄 메이어는 맥 휘트먼을 이와 같이 평했으며, 휘트먼 본인은 "직원 누구나 자유롭게 의사소통을 할 수 있어야 조직이 발전할 수 있다. 회의에서 토론이 벌어졌을 때, 이기는 사람은 상급자나 선임자가 아니라 '좋은 아이디어를 낸 사람' 이어야 한다"고 말하기도 했다.

휘트먼의 리더십에는 온화한 미소가 담겨 있고, 이러한 경영 방식은 '자아 없는 경영(selfless management)' 의 전범典範이라고 불리기도 한다. 직원들의 어떤 제안이든지 경청하여 부담 없이 받아들이는 동시에 그들 사이의 소통과 의견교환 또한 장려하여 이베이라는 거대한 커뮤니티를 운영하는 사람들 내부의 또 다른 커뮤니티를 활성화시키는 것이다. 이러한 유연성과 개방성은 직장을 자주 옮기면서 그 집단에 빠르게 적응하고 그에 맞는 능력을 발휘하기 위해 자신만의 고집을 버리고 주위의 조언을 소홀히 하지 않은 그녀의 경험에서 비롯된 것이기도 했다.

이와 같은 휘트먼의 민주적 리더십은 최근 들어 같은 여성 CEO로 종종 비교대상이 되는 전 휴렛 팩커드사의 CEO 칼리 피오리나가 보여 주는 방식과 대조적이어서 많은 관심을 불러일으키고 있다. 다음은 이코노믹 리뷰의 기사에서 발췌한 부분으로 두 사람의 차이가 드러남과 동시에 휘트먼의 강한 면을 엿볼 수 있다.

"미국의 한 온라인 경매업체의 여성 경영자가 화제다. 주인공은 인터넷 경매업체인 '이베이(e-bay)'의 '맥 휘트먼(Meg Whitman)' 회장, 제2의 '잭 웰치'로 불리던 칼리 피오리나(Carleton S. Fiorina) 전 휴렛 팩커드 회장이 창업자 가문과의 불화에 더해 실적 악화의 유탄을 맞아 낙마하면서 그녀의 '조용한 리더십'이 새로운 조명을 받고 있는 것 ……" 흥미로운 점은 그녀의 성공비결을 보면 거꾸로 휴렛 팩커드의 전 회장인 칼리 피오리나의 몰락 배경도 가늠할 수 있다는 것이다.

피오리나는 여러 면에서 휘트먼과의 뚜렷이 대조를 보이는 경영자로 평가받았다. 바지 속에 천을 불룩하게 넣어 남성의 성기를 연상하게 만들어 임직원 대상의 연설 막바지에 이를 갑자기 공개한 일화는 휘트먼과의 뚜렷한 지향점의 차이점을 보여 주는 대목이다.

언론이 휘트먼을 신뢰한 데 비해, 피오리나를 사람의 마음을 움직이는 데 능한 웅변가 정도로 폄하한 것도 이러한 맥락에서다. 피오리나는 주변의 조언에는 귀를 기울이지 않았다. 창업자 가문의 반대를 물리치고 콤팩과의 합병 안을 통과시켰지만, 양사 간 합병이 시너지 효과를 내지 못하면서 그녀의 위기도 깊어져 갔다.

부드러움과 온화함으로 대표되는 휘트먼의 경영 지침은 부하 직원들 위에 군림하여 통솔하는 독재자형 경영 방식이 더 이상 효력을 발휘할 수 없는 오늘날 우리에게 많은 것을 시사하고 있다. 하버드 비즈니스 리뷰는 "자신의 주장을 앞세우기 좋아하는 경영자는 실패할 확률이 높다"고 지적하기도 했다.

특히 서비스 관련 사업이 급증하고 있는 현실을 고려해 볼 때 휘트먼의 경영 마인드와 '고객은 하늘'이라는 지침(다소 상투적일 수 있으나 실제의 경우를 보면 매우 실천하기 어려운 부분이다)은 가족적인 분위기와 유대감을 중시하는 우리나라 문화와도 부합하는 면이 있으므로 긍정적으로 검토할 필요성이 있다.

뛰어난 분석력

맥 휘트먼이 뛰어난 감성 지수로 고객들의 요구에 즉각적으로 반응하고 유연함을 추구하는 경영자라고 해서 그녀가 업무나 대외적인 비즈니스에 있어 철저하지 않을 것이라는 생각은 그저 오해에 지나지 않는다. 앞에서 공동체적 유대에 기초한 이베이 문화에 대해 언급했으나 이를 통한 성장의 뒤에는 구조적으로 뒷받침하는 시스템이 줄곧 존재했으며 이는 전적으로 기술적 측면에 기댄 것이다. 즉 철저하고도 치밀한 기술력이 거대한 '감성 커뮤니티'인 이베이의 성장을 가능하게 했다는 뜻이다.

1999년 6월 이베이는 홈페이지가 다운되어 원상 복구되지 않는 위기를 경험했다. 모든 업무가 마비된 비상사태에서 CEO인 휘트먼은 컴퓨터에 관련된 지식이 없었음에도 불구하고 리더십을 발휘해야만 했다. 그녀는 자리에 앉아 기술 관련 부서의 직원들에게 상황 개선을 촉구하는 것이 아니라 직접 나서서 선마이크로시스템(Sunmicro Systems)의 스콧 맥닐리와 오라클의 레이 레인 등에게 도움을 청하였고 결국 해결책을 찾아 시스템을 정상화시킬 수 있었다.

그러나 휘트먼은 위기를 무사히 넘겼다는 사실에 안주하지 않고 이와 비슷한 상황이 또 발생할 것을 우려하여 기술적인 측면의 개선에 집중적인 노력을 쏟게 되었다. 설립자인 오미디어는 "그녀는 완전히 투혼을 발휘했으며 이제 관건은 기술 팀에 대한 리더십이었습니다"라고 당시의 상황을 떠올리기도 했다.

휘트먼은 또한 뛰어난 분석 능력을 가지고 있다. 한 경영진은 "그는 내가 보좌한 경영진 가운데 가장 현실적입니다. 그러나 휘트먼이 질문을 하기 전에 자신만의 답 숫자를 준비하고 있어야 합니다"라고 말했다.

휘트먼이 데이터의 치밀한 측정과 분석을 추구한다는 것을 알 수 있는 대목이다. 이러한 분석력으로 1998~2000년 닷컴 거품이 한창 부풀어 오를 무렵에는 버블 붕괴를 예견하기도 했다. 여러 문헌에서 발췌한 다음 부분은 그녀의 치밀한 면을 보여 준다.

휘트먼이 믿는 최대 무기는 데이터 분석력이다. 그는 평소 '측정불능이면 관리 불능(If you can't measure it, you can't control it)' 이라고 주장하며 자사와 경쟁사의 페이지 부수, 1회 방문 시 머무는 시간, 활동 회원과 비활동 회원의 비율 등 모든 데이터를 직접 챙긴다. 포춘지의 보도에 따르면 휘트먼의 치밀함은 '6월에는 월요일이 가장 한가하고 11월에는 금요일이 가장 바쁘다' 는 식의 통계를 직접 만들고, 6월 월요일마다 공짜상품을 집중 살포하도록 지시할 정도다.

몇 해 전, 이베이의 맥 휘트먼 사장이 한국을 방문한 적이 있다. 세계 최대 인터넷 경매업체를 이끄는 그녀는 바쁜 일정 때문에 10여 분도 채 안 되는 짧은 시간 동안 한 호텔에서 기자 간담회를 가졌다. 그녀는 거두절미하고 곧바로 본론으로 들어가 기자들의 질문에 대부분 구체적인 숫자를 들어 대답하였다. 그것은 참석자들에게 깊은 인상을 남겨 주기에 충분하였다.

그녀는 평소에도 숫자를 커뮤니케이션의 중요한 도구로 활용하고 있다고 했다. 유연하고 감정이 풍부한 외면과는 달리 그녀의 CEO로서 경영 판단은 정확한 데이터와 분석에 기초하는 것으로 정평이 나 있다. 예를 들어, "다이아몬드 반지는 6분에 1개씩, 스포츠카는 3시간에 1대씩 매물로 나온다"는 식이다. 이처럼 모든 업무를 정확한 숫자로 파악하는 것이 거의 생활화되어 있는 것이다.

지치지 않는 열정

안정된 보수와 직위를 보장받을 수 있었던 하스브로를 포기하면서 이베이를 선택했던 휘트먼의 결정은 이미 그녀의 도전정신을 나타내는 하나의 지표와도 같다. 그러나 그 이후에도 그녀는 이베이 사용자들과 업계, 언론을 놀라게 할 만한 과감한 시도를 끊임없이 단행하여 그녀가 이미 경영궤도가 안정권에 접어들었다는 사실에 안주하지 않는다는 것을 확인시켜 주었다.

그녀는 이베이에 정착하고 난 직후 비즈니스 확장을 위해 조언자의 역할을 해 줄 사외이사의 필요성을 절실히 느끼고 벤치마크 캐피털의 도움을 받기는 했지만 스타벅스의 CEO인 하워드 슐츠, 인튜잇의 회장 스콧 쿡과 같은 거물급 인사를 영입하는 능력을 보여 주었다.

또한 완벽에 가까울 정도의 데이터 측정과 분석에 심혈을 기울이면서도 마케팅 전략에 있어서는 머리를 쓰기보다 직접 몸으로 부딪혀 보는 진취적인 면모를 보이기도 했다. 전략을 분석하는 데에 집중하는 것보다 구상한 아이템을 직접 이베이 사용자들로 하여금 체험하게 함으로써 즉각적인 반응을 살펴보겠다는 것이었다.

물론 프린스턴에서 경제학을 공부하고, 하버드 경영대학원의 MBA 코스를 거친 그녀의 우수한 학력과 다양한 직장 경력에서 비롯된 신중함은 실험에 앞서 적용해 볼 마케팅 전략이 무모한 것인지 아닌지를 판단하는 데 무리 없이 작용했을 것이다. 그녀의 안목과 도전정신은 수익성이 검증되지 않은 인터넷 전화 업체인 스카이프(Skype)를 26억 달러에 인수했을 때 더욱 빛을 발했다.

처음 이 소식이 발표되었을 때 시장은 냉담한 반응 일색이었고 이베이의 주가는 하락을 면치 못했다. 이윤을 내지 못하고 있는 기업을 지나치게 비싸게 사들였다는 이유에서였다. 하지만 이베이의 주가는 곧 원상회복되었고, 미국 언론이 이를 '맥 휘트먼 효과'에 따른 것으로 볼 정도로 휘트먼은 시장에서의 신뢰도를 확고히 해 나가고 있었다.

가장 최근인 2006년 5월에는 야후와의 전략적 제휴를 발표함으로써 검색 1위 업체인 구글과 마이크로소프트를 견제하겠다는 야심찬 계획을 내비치기도 했다. 이처럼 끊임없이 새로운 것을 탐색하고 시도하려고 하는 그녀의 도전정신과 열정은 그녀가 이베이에 꾸준히 헌신하는 이유이기도 하다.

경영철학

맥 휘트먼이 지금까지 보여 온 행보는 많은 이들의 이목을 집중시키기에 충분했다. 물론 그녀가 추진했던 모든 프로젝트가 성공을 거둔 것은 아니다. 한 예로 일본에서는 업계 진출 이후 내내 2위 자리를 고수하다가 결국 물러나야 했던 쓰라린 경험을 겪었다. 그러나 그녀는 '조용한 리더십'으로 대표되는 그녀 특유의 경영 방식으로 직원들은 물론 이베이 사용자들, 업계 인사들과 언론에게서까지 인정을 받으며, 이베이 CEO 위임 당시 570만 달러였던 회사의 총수입을 무려 43억 달러로 끌어올려 놓았다.

이로 인해 거부가 되었지만 그녀는 이러한 결과에 쉽게 만족하지 않고 자신만의 감성에 기초한 경영을 지속해 나갔다. 그녀는 어느 장소에나 격식을 따지지 않는 편한 옷차림으로 나타나 사람들의 긴장을 풀어주어 자유로운 조직 문화를 창출해 냈지만 그녀의 말 한 마디 한 마디에는 청중을 압도하는 힘이 실려 있다고 한다. 엄마처럼 푸근한 인상, 수수함, 온화한 미소, 그리고 편안한 분위기와 한 기업의 최고 경영자로서 진취적이고 사람들의 시선을 끌어당기는 강한 힘을 동시에 지니고 있는 것이다.

이베이 설립 초기에 오미디어와 스콜의 두 가지 결정이 이 기업의 운명을 결정짓는 중요한 열쇠로 작용했다는 사실을 앞에서 언급한 바 있으나, 이러한 이베이 공동체가 안정적으로 유지되도록 기여한 사람은 단연 맥 휘트먼이라 할 수 있다. 이베이가 구매자들과 독특한 유대를 형성하여 그들의 만족도를 높이고 있다는 사실을 구체적으로 보여 주는 예가 있다.

순수 추천 고객지수(NPS)라 불리는 수치를 이용하는 것인데, 이는 고객이 단순히 만족하느냐 만족하지 않느냐를 조사하는 단계에서 그치지 않고 "당신이 거래하는 기업을 주변 친구나 동료에게 추천하겠느냐"고 물어 본

후 '추천하겠다'는 고객의 비율에서 '추천하지 않겠다'는 고객의 비율을 빼는 것이다. 그리고 이 때 결과적으로 산출된 수치가 기업에 대한 로열티가 높은 진정한 고객을 나타낸다. NPS는 고객의 실제 행동 기업의 성과와 매우 높은 상관관계를 보이는 것으로 조사되었다. 이 리서치에서 미국 기업들의 평균 NPS는 5~10%에 불과한 반면, 이베이는 코스트코 아멕스 카드 등과 함께 NPS가 50~80%에 달하는 우수기업으로 선정되었다.

지금까지 이베이의 탄생과 이베이만이 향유하고 있는 문화 그리고 이 거대한 커뮤니티를 큰 잡음 없이 이끌어나가고 있는 CEO 맥 휘트먼의 리더십에 대해 알아보면서, 우리 기업들도 권위적이고 폐쇄적인 기업 문화에서 벗어나 좀 더 진취적이고도 개방적인 분위기를 형성하여 개인의 무한한 아이디어를 이끌어내는 성과를 얻었으면 하는 바람을 가지게 되었다.

또한 CEO라는 위치가 주는 권위에만 안주하여 개인의 업적 달성에만 급급할 뿐, 직원과 기업의 소비자들에게 직접적인 관심을 쏟으려 하지 않는 수많은 CEO들에게 맥 휘트먼의 리더십 유형은 좋은 본보기로 다가갈 수 있을 것이다.

e-bay를 최고의 기업으로 성장시킨 휘트먼은 2004년에 포춘지 선정 가장 영향력 있는 여성경제인 50인 중 1위로 뽑혔으며 2009년에 e-bay를 떠났지만 그의 도전은 계속되어 2011년 1월에 휴렛팩커드(HP) CEO로 취임하여 새로운 도전에 발을 내딛는다.

성공한 사람들의
리더십 노하우

2011년 6월 10일 초 판 1쇄 발행
2012년 11월 5일 수정판 1쇄 발행

지은이 | 김승묵
펴낸이 | 진욱상
펴낸곳 | 백산출판사
등록 | 1974. 1. 9. 제1-72호
주소 | 서울시 성북구 정릉 3동 653-40
전화 | 02)914-1621, 02)917-6240
팩스 | 02)912-4438

http://www.ibaeksan.kr
editbsp@naver.com

ISBN 978-89-6183-477-3   03320

값 13,000원